極私的ヤクザ伝

昭和を駆け抜けた親分41人の肖像

山平重樹

徳間書店

目次

宅見勝

取材帰りの航空機内で偶然にも遭遇して…

第一印象が極めてよくなかった。もしかしたら、その印象をずっと引きずっていたのかもしれない。

五代目山口組・宅見勝若頭に対して、私が最後までいいイメージを持てなかったのも、案外そんなところに起因していたような気がする。

その時、私は31歳。駆け出しのヤクザ記者だった。昭和59年11月11日午前、私が搭乗した旭川空港発、羽田行きの一番機——東亜国内航空120便は大層混んでいた。相棒のカメラマンと隣りあわせの席が取れず、二人掛けの前後席と相なり、飛行中の打ちあわせもままならなくなった。それならばと、フライト前の時間を、相棒の隣りの通路側の席に座って、彼としばし話し込んでいた。

やがて、私の席の当事者がやってきた。私は真後ろの自分の席に移らなければならなかった。その人は、自分の席に座っている私を見て、ムッとした顔になった。そこには、

〈ワシの席やのに、なんで他のヤツが座っとるんや！〉

というような、世にも不快げに怒った表情がありありと浮かんでいた。

その人が誰あろう、宅見勝若頭であったのだ。

私はあわてて席を立とうとしたところ、驚いたのは我が相棒のカメラマン、宅見氏に席替えを提案しているのだ。宅見氏にも連れがいて、どうやら席を前後に割り当てられた様子、事情はこちらと同じで、それは宅見氏側にも好都合、すぐに交渉成立となった。

実はこの相棒、宅見氏が何者かも知らない、ヤクザ取材などしたこともなければ、そっち方面はズブの素人のカメラマン。知らないがゆえとはいえ、その大胆さには恐れ入った。

それは私も似たようなもので、ヤクザ取材は専《もっぱ》ら関東中心、さすがに宅見氏は知っていたが、山口組のことは直参の顔さえろくに知らなかった。この日は急遽、旭川へ取材に駆り出されたのだが、旭川空港の光景には、思わずブッ飛んだ。

同空港ロビーは背広の襟に山菱のバッジを光らせた、一目でそれとわかる男たちでいっぱいなのだった。私でさえ顔を知っている山口組の大物クラスもあっちこっちに見られた。姐さんと思しき女性たちもいて、談笑の輪ができていた。

宅見 勝

これほど数多《あまた》の菱の代紋《バッジ》を目のあたりにしたのも初めてだった。そのバッジがやたら大きく目に飛び込んできて、圧倒されてしまう。なんと、戦闘的で斬新、デザインセンスが抜群なことか——などと、感心している場合ではなかった。

この大勢の山口組メンバーと一緒に同じ羽田行きの便に乗りあわせるハメになってしまったのだ。

折しも、風雲急を告げていた関西極道界。この年6月、山口組は真っ二つに割れ、四代目山口組と一和会が誕生、早くも和歌山や九州・別府で激突し、あわや全面戦争かという一触即発の様相を呈していた。

そんな中、この日の朝、四代目山口組の直系組長である大分・別府の二代目石井組・秋山潔組長が、懲役1年4カ月の刑を務め終え旭川刑務所を出所。その出迎えのため、山口組幹部・直参たちが大挙して来道、旭川に繰り出してきていたのだった。

秋山組長は同日午前6時に旭川刑務所を出所すると、旭川市内のホテルでいったん休んだのちに旭川空港入りしていた。

それにしても、機内において私に見せた宅見氏の所作は大物らしからぬものだった。当時、すでに四代目山口組の若頭補佐という最高幹部の身。もっと貫禄ある所作、たとえば、

「何や、アンちゃん、席、違《ちご》とるで」

と笑ってみせるとか、

「お、ワシ、間違えたかいな」

と渡世人らしく一歩引いてくれていたら、私の印象もだいぶ変わったものになっていたかもしれない。

こっちはどっから見ても、大人しい顔をしたただのカタギのアンちゃん。間違っても一和会のヒットマンには見えようはずもないのだから。ましてこの日は直参組長の放免出迎えの慶事、めでたい日ではないか。

ともあれ、その便での私と相棒の座席はかなり前方の、前から3列目か4列目くらいだった。

すぐ後ろの席には宅見勝若頭補佐ともう1人、私が顔を知らなかっただけで、直参であったのは間違いない。

私の右斜め前、通路を挟んで一列前の三人掛けの座席に座っていたのが、渡辺芳則若頭補佐、益田佳於舎弟頭補佐、益田組・益田啓助組長であった。竹中正久四代目と中山勝正若頭がこの一行にいないのはわかっていたが、他に主役の秋山潔組長をはじめ、木村茂夫若頭補佐や名神会・石川尚会長、美尾組・美尾尚利組長、後藤組・後藤忠政組長の顔ぶれがあったのも確かで、周りは山口組だらけという、めったにない便となった。

飛行中、渡辺芳則若頭補佐は読売新聞の社会面を熱心に読んでおり、時折、隣りの益田兄弟に話しかけているのが目についた。

この機内における初遭遇で、私はむしろ、後の五代目、渡辺芳則若頭補佐に好印象を抱いたのだった。

旭川からの便は定刻通りに羽田に到着し、降りる段になって、自然の流れで、渡辺、益田佳於、啓助氏の親分衆が先頭に立ち、ドアが開くのを待っていた。

すると、後方で急病人が出た模様で、体調が悪くなった婦人をストレッチャーに乗せて運んできた女性乗務員が、先頭グループに、

「先に降ろしていただけますか」

と申し出ると、渡辺若頭補佐が、

「どうぞ、どうぞ」

と応えて道を譲った所作が、実に感じがよかった。

私はそれを間近で目撃したというだけの話なのだが、竹中四代目が一和会ヒットマンによって暗殺され、山一抗争が勃発するのは、まさにこの2カ月半後のこと。それから丸4年にわたる血で血を洗う山一抗争を経て、山口組が完全勝利し、渡辺五代目―宅見若頭体制が生まれることになろうとは、いったいこの時の誰が予測し得たであろうか。

加茂田重政

敗軍の将、兵を語る「ホンマのこと書くか?」

私が韓国・釜山に滞在する加茂田重政氏に会うため、下関港から関門海峡を渡ったのは、平成元年6月7日のことである。

下関港における関釜フェリーの出港シーンは感動的であった。「釜山港へ帰れ」の曲が高らかに鳴り響き、船上の人と見送る人たちとの間でおびただしい数の紙テープが乱舞し、互いに手を振りあって、

「さようなら、元気で!」

「アイゴー!」

と(日本語・韓国語双方の)別れを惜しむ声が飛び交う中、船がゆっくりと岸を離れた。ジーンと来る光景に、私が思い重ねたのは加茂田氏のことだった。

氏もまた釜山に渡航する時、この光景に出会っているとしたら、これほど氏の心象風景にピタリと来るものはなかったのではないか。デッキに独り佇んで、この情景にしみじみ浸りながら、己の訣別した世界に思いを馳せ、孤独を噛みしめて……。それこそ天下を揺るがす大抗争に敗れ去った悲運の将に似つかわしい姿ではないか。なんと絵になることか——と。

だが、よく考えたら、あの加茂田氏が飛行機のファーストクラスには乗っても、フェリーで釜

山に渡るはずもなく、勝手な思い込みに、我ながらおかしくなった。

ヤクザ抗争史上最大の過激抗争といわれた山口組と一和会の山一抗争が、一和会・山本広会長の引退と解散で完全終結したのは、わずか3カ月前の同年3月のこと。一和会ナンバー2の加茂田副会長が引退し、加茂田組を解散したのはそれより早く、およそ10カ月前の前年5月であった。

加茂田組2000人軍団といわれ、一和会最大最強の武闘派と称された加茂田重政の離反が、一和会にもたらしたダメージは計り知れないほど大きかった。それから間もなくして起きた一和会総崩れ現象の決定的な始まりとなったのは間違いない。

それほど一和会における加茂田氏の存在は大きく、いわば、その存亡のカギを握る男でもあった。一方で、その派手な言動もやたら目立って、メディアにも〝男・加茂田〟と称されたり、華々しくテレビや週刊誌にも登場、「ワシのタマ取りに来るならきたらええ。きたら一人も生きて帰さんから」といった率直なコメントは大向こうを唸らせるには十分だった。

全国の加茂田組系列事務所に掲げられたスローガンは、「男になりたい　男でありたい　男で死にたい」。

関東の親分衆の中にも、

「加茂田さんはいいですね、あの生き方といい、スタイルが。私は好きですねぇ」

と評価するムキがあったり、カタギの間でも人気があったのは確かだった。

それだけに山一抗争半ばで離脱するという事態は信じ難く、その所作にも首を傾げ失望する者も少なくなかった。こんな声も聞かれたものだ——。

加茂田重政

「山口組相手に一歩も引かずにバンバンやりあってた時は、さすが〝男・加茂田〟は伊達じゃないと思ってた。けど、最後に男を下げた。北海道の幹部が殺されたのに、その報復をシブって幹部たちに総スカンを食らって離反され、結局、引退・解散に追い込まれたんだから。男になれず、男で死ねなかった人だったな」

と、なかなかに手厳しい弁を述べてくれたのは、民族派・重遠社を主宰し論客として知られた三浦重周氏。言行一致の彼が、故郷の新潟港で見事な割腹自決を遂げたのは、後年のこと。そんなサムライが一時的にせよ、加茂田ファンであったというのだから、世の中、面白い。

面白いといえば、その敗軍の将を訪ねて、はるばる海を渡っていく私もまた、負けじと酔狂というものであったかもしれない。が、それは私が強く望んだことでもあった。

翌8日朝、ひとり釜山港に着いた私を、ニッコリと出迎えてくれたのは、新右翼リーダーの野村秋介氏であった。そもそもこの加茂田氏を訪ねる旅が実現したのも、野村氏のお陰だった。

前年暮れ、たまたま野村氏は釜山に旅行する機会があり、宿泊先のホテル近くを歩いていた時、

「秋《しゅう》さん」

と声を掛けられた。振り向いた先にいたのが、加茂田氏だったという。まったくの偶然で、思わぬところでの思わぬ再会に、2人はビックリした。

2人は千葉刑務所の同窓生であった。片や昭和35年の明友会事

件、一方は昭和38年の河野一郎建設相邸焼き打ち事件によって懲役12年の刑を受け、昭和40年代の一時期をともに同じ千葉刑務所で過ごしたことがあったのだ。

そこで野村氏は初めて、かつての獄友である元一和会ナンバー2が、組を解散して引退したあと、釜山に移住していることを知ったのだった。加茂田氏は釜山では専《もっぱ》らホテル住まいであった。その話を聞いて、

「ぜひお会いして、話をお聞きしたい」

と、私が飛びついたのは、物書きとしては当然であったろう。その願いを野村氏は叶えてくれ、今度の釜山行きとなったのだが、どうやら彼はアポイントを取っていないようだった。

住まいにしている釜山ホテルを訪ねても、加茂田氏は不在なのだった。

〈えっ、まさか、アポなし？〉

私の思いを察しても、

「なあに、大丈夫」

野村氏は平然たるもの。そんなところへ計ったように親分はホテルへ帰ってきて、「あれ、秋さん？……」と驚いている。

〈やっぱりアポなしだった〉とわかった次第だが、私にすれば、それどころではなかった。実物の加茂田重政と初めての対面とあって、やはり緊張は隠せない。

そんな私を、野村氏が、

「この山平君が、加茂田の親分のことを書きたいと言ってるライターです」

と、ストレートに紹介してくれたのだった。すると、加茂田氏は私を見て、

「ホンマのこと書くか？　山口組のホンマのこと書くんやったらええで。けど、ワシがホンマのこと喋ったら、山口組は潰れてまうで！」

のっけからまくしたてた。


加茂田組を解散し自らは引退、一和会を離反したあとで、韓国・釜山に移り住んだ加茂田重政氏に対し、

「一種の所払いのようなもんと違うか」

「日本にはおられんから身を潜めとるんやろ」

といった、とかくネガティブな噂も立っていた。

が、実際のところは、氏は山一抗争以前から韓国には頻繁に行っており、かねて親交のあった韓国のマフィア、七星会のボスとの縁による釜山移住だったようだ。事実、釜山での加茂田氏には逃亡者、隠遁者といった暗い影はみじんもなく、根っから釜山ライフを愉しんでいるふうにしか見えなかった。現地妻ともいうべき彼女もいて、ブティックを経営する大原麗子似の美人だった。

その彼女の運転する車で、私が加茂田氏に案内してもらったのは、釜山ホテルから少し離れた、釜山版江の島といわれる海辺の景勝地であった。

同行した野村秋介氏とは、ここで別行動となって、加茂田氏とともに赴いた先には、確かに鎌

倉・江の島ばりの美しい風景が拡がっていた。車を降り、加茂田氏と2人で海辺を歩いていると、日本人観光客も多かった。その中には、ひと目で渡世人とわかるグループもいて、彼らは私たちを見るや、目引き袖引きして、

「見ろ、加茂田だ！」

と囁きあっているのが目の端に捉えられ、やはり加茂田氏はその世界の有名人なのだなと再認識させられたものだ。

「この間もやな、ここらで『お〜、兄弟！』とワシを呼ぶ者がおるさかい、誰やろて見たら、（山口組直参の）伊豆健児なんや。他にもいろんなのが来るで」

と加茂田氏。2人で近くの喫茶店に落ち着くと、話題はおのずと山口組のこととなった。なにしろ、山一抗争が完全終結し、五代目山口組・渡辺芳則組長―宅見勝若頭体制が発足したのは、つい1カ月ほど前のことだった。

「渡辺なんて、ワシらから見たら、小僧っ子もええとこや。つい最近までそう見とったがな」

加茂田氏にすれば、渡辺組長、宅見若頭憎し――となるのは無理からぬところであったろう。だが、そのあまり、

「宅見はな、あんなもん、バーテンやっとった男や」

とも言ったが、それは甚だ垢抜けない発言で、ヤクザ前のキャリアなど人さまざまであろう。まして、そこから今の地位なら、まさに裏社会における立志伝中の人物ではないかと思ってしまうのだが、むろん私が言い返せるはずもなかった。ただ、話の中で強く印象に残ったのは、

「宅見いう男は機を見るに敏いうんかな、今の山口組はどないなっとるんか、知ろう思たら、あの男の動きを見とったらよかったわな。宅見は、どっから風が吹いとるか、誰より知っとる男やった」

なかなかに鋭い指摘というべきではあるまいか。

いろんな話を聴いていて仰天したのは、山一抗争の発端となる暗殺の舞台となった竹中正久四代目の彼女のマンションを、一和会側はどうして知ったのか——と、私が訊いた時、氏が、

「警察が教えてくれたんや」

事もなげに答えたことだった。これには、驚くとともに、やはり……と、鼻白む思いがしたものだ。

また、肝心の一和会脱退、自身の引退、加茂田組解散の真相については、

「週刊誌に書かれとるような話は、みんなデタラメや」

と、巷間伝わる話をきっぱり否定したものだ。

それは札幌の加茂田組直参が射殺されたことで、強く報復を主張する幹部たちと、「報復資金は出せん」と消極的な加茂田組長との対立に端を発するとされていた。両者の意見は対立したまま結論が出ず、1週間後に再び話しあわれることになった。だが、その話しあい当日、主だった幹部7～8人がボイコット。怒った加茂田組長は「もうやめや！」と怒鳴って表の組看板を取り外し、翌日、山口組に自身の引退と組の解散を表明したというのだ。

「ワシが2億円の報復資金出さん言うたとか、幹部らがボイコットして云々いう話も嘘や。解散

はなるべくしてなったもんや。幹部らの気持ちはとうに山口組のほうに向いとったんや。菱の代紋やないとシノギでけんいうてな。ワシの知らんとこで、まとまって山口組に行くいう話も進んどったんやな」

と、氏は話してくれたが、果たして真相は何処にあったのか。どちらにせよ、はっきりしているのは、加茂田組の離反が一和会崩壊の呼び水となったという厳とした事実であったろう。

さて、その夜、私は野村秋介氏とともに釜山一のクラブで、生バンドの演奏をバックにした加茂田氏の歌を聴くハメになった。鳥羽一郎の「男の港」の替え歌で、加茂田組の唄。

「〽神戸長田の番町の村で産声あげた加茂田組　腕と度胸じゃ誰にも負けぬ　ありがとう服役の人よ　暑さ寒さが身に沁みる」という歌詞で、加茂田氏は情感たっぷり、シビれるような歌いっぷりだった。野村氏は深く感じ入るところがあったのだろう、ポロポロと大粒の涙を流している。

ちなみに、山一抗争をモデルにした東映映画「激動の1750日」が公開されたのは翌年（平成2年）9月のことで、加茂田氏役を演じた渡瀬恒彦が劇中、「人生劇場」を歌うシーンがあったが、歌ははるかにモデルとなった人のほうが上手かった(笑)。映画は渡瀬にけじめのライフル自決を遂げさせるなど、実物を超えてたいそう〝男前〟に描いていた。が、俊藤浩滋プロデューサーから聞いたところによれば、たまたま新幹線でバッタリ加茂田氏と出くわした際に、感謝されるどころか、

「何でワシを殺すんや!?」

とクレームを受けたという。

さもありなん、私が釜山で受けた加茂田氏の印象も、ヤンチャなガキ大将がそのまま大きくなったような、どこまでも負けず嫌いで、無垢な少年の心を持った豪傑そのもの——という感じであった。

井上喜人

レジェンドが語った横浜愚連隊四天王の実像

〈えっ？　まさか……〉

突然、目の前に現れた人を見て、私は半信半疑の体になった。

そんな私の反応を楽しそうに見遣《みや》りながら、隣りで、

「わかるよな、井上のキーちゃんだよ」

と少し得意げに紹介してくれたのは、住吉連合会（現・住吉会）の長老、家根弥一家七代目の村山洋二総長であった。

「あ、井上喜人さん！……」

立ち上がったまま、私の躰は硬直した。誰あろう、戦後の関東ヤクザ界のレジェンド、あのモロッコの辰、林喜一郎、吉水金吾とともに横浜愚連隊四天王といわれ、稲川会の基盤を築いた一人とされる井上喜人その人なのだった。

「はあ、初めまして、あの私は……」

しどろもどろになりながら挨拶しようとする私を、村山氏は、

「こいつは変な世界に興味を持って変なことを書いてる変わったヤツで、聞いたら法政だっていうから、なるほどなと思ってな。オレや安藤の後輩だ。あそこはときどき変わったのを出すんだ

よ」

などと紹介してくれているのだが、氏の言う「安藤」とは、かの安藤昇さんのことで、同じ法政大学といっても時代が違うし、後輩などとんでもない。なんと畏れ多いことを仰るか。

それでもレジェンドは、恐縮しきりの私を一瞥すると、ニコニコしながら村山氏の説明を聞いている。その姿は好々爺そのもので、かつてモロッコの辰と2人で東海道を暴れまくり、街道筋の親分衆を震え上がらせたということが信じられないほどだった。

「それでオレたちの古い話を書くのはいいんだけど、こいつは嘘ばかり書きやがってね……」

住吉連合会にあっては頑固一徹の長老、御意見番で通る村山氏が、なお私のことを、井上氏に愛情のこもった紹介をしてくれる。

私は当時、モロッコの辰や四天王を主人公にした「横浜愚連隊物語」というタイトルの実録小説を雑誌に連載中であった。

井上喜人

「けど、モロッコの辰《たつ》ちゃんのことも、他のヤツのこともよく調べて書いてるよ。洋ちゃん（村山氏のこと）の実家が満州の奉天で、甘味喫茶店をやってたなんて知ってるヤツは、もういないんじゃないか」
と、井上氏は初めて口を開いた。これには私も思わず内心で〈おおっ！〉と歓声をあげていた。連載を読んでくれているという驚きとともに、私をカバーしてくれたことが何より嬉しかった

のだ。〈なんとやさしいんだろう。この人は！〉と感動ものであった。

時は昭和62年7月15日、昭和のスーパースター・石原裕次郎が世を去る2日前のことである。約束通り、同日午後、東京・浅草6丁目の家根弥一家本部を訪れた私の前に、村山氏は井上喜人氏を伴って現れたのだ。それはとんだサプライズで、村山氏の同行者は井上氏だけではなかった。他に、横浜愚連隊ＯＢの中井進氏、そしてもう一人、若き日は〝ピストル坊や〟の異名で鳴らした佐々木正人氏も一緒であったから、なんとも凄い顔ぶれになった。

佐々木氏は戦前からの銀座の顔で、ピストル坊やの愛称は、童顔なのにやることは真逆、常に拳銃を持ち歩いていたことからついたものだ。ある日、顔パスで大劇場に入ろうとして、

「入場券を買ってください」

と木戸を突かれた氏、

「よし、今、買ってやらあ」

やおら6連発の銃弾をショーウインドウに撃ち込んだという話も伝わっている。今ではすっかり物静かな紳士そのものである氏とも、私は初対面だった。中井氏とはもう何度か取材で会っていた。さながら、その場は横浜や銀座の元愚連隊の同窓会のような雰囲気となった。

「モロッコがいた頃は面白かったなあ……」

村山氏がしみじみ言えば、井上氏もそれに応じて、

「辰ちゃんが死んでどのくらいになるのかな？」

と遠くを見つめた。

モロッコの辰こと出口辰夫が、ヘロイン禍と肺結核とで34年の生涯を閉じたのは昭和30年1月30日のことで、すでに32年の歳月が流れていた。井上の喜ぃちゃんとて、稲川を追われる形でカタギとなって、はや20年以上経つはずだった。

井上氏がモロッコの思い出をポツポツと語ってくれた。

「あれは戦後間もない頃だった。オレと辰ちゃんは同じ時期に短い刑で服役し、先に辰ちゃんがシャバに出て、オレが1年くらいあとに出たんだよ。で、また以前のようにつるんで遊び出した。2人とも愚連隊さ。そんなある日、2人で熱海のほうへ博奕を打ちに行こうとして、横浜駅から東海道線に乗ったんだよ。小田原駅で列車が停車して、ふっと向こうを見ると、東京行きの列車が停まってるんだな。すると、辰ちゃんが、そこのホームに知っている人間を見つけて、

『お〜い、兄貴ィ！』

と手を振ってるんだよ。向こうも気がついて、『お〜』と応え、笑って手を振ってるんだな。その人が稲川の親分だったから、オレは驚いたよ。

やがて両方の列車は反対方向に走り出して別れたわけだけど、オレはあとで辰ちゃんに怒ったんだよ。

『おい、辰ちゃん、話が違うだろ！　オレたちは金輪際、兄貴や親分と名のつく者は持たねえ、生涯一本で行くって誓ったじゃねえか。それをおまえはいつの間に兄貴分を持ったんだ!?　おかしいだろ！』

ってさんざん問いつめると、ヤツはケロッとして言うんだな。

『なあに、「兄貴」って言ってりゃ、ゼニになるんだよ』って」

モロッコらしい人を喰った話ではあろう。が、稲川親分とて、そんなモロッコの魂胆などとうに見抜いたうえで小遣いをあげていたのは間違いない。

こののち、モロッコ、井上喜人ともども稲川聖城（当時は角二）という親分に惚れ込んで、舎弟ではなく若い衆として仕えることになるのだから、推して知るべしであろう。

吉水金吾

「自分は臆病」と話す四天王の喧嘩信条

私が吉水金吾氏と初めて会ったのは、浅草の家根弥一家本部事務所で村山洋二総長から井上喜人氏を紹介された6日後、昭和62年7月21日のことである。

若き日に横浜愚連隊四天王と称され、今も伝説的に語り継がれるモロッコの辰、井上喜人、吉水金吾、林喜一郎。そのレジェンド2人と、石原裕次郎が死んだ日（同年7月17日）を間に挟んで立て続けに会っていたかと思うと、感慨もことさらのものがある（四天王のうち早世したモロッコは別にして、林喜一郎氏には最後まで会えずじまいになったのは残念だが……）。

私が「横浜愚連隊物語」という実録小説を書くにあたって、この吉水氏がどれだけ情報源《ネタ元》になってくれたことか。横浜・南太田で自動車整備工場を営む吉水氏の事務所へ、私は何度も取材のために通ったものだ。

記憶力もよく、弁も立って話題も豊富、いわば横浜の昭和裏面史の生き証人ともいえる氏の話は滅法《めっぽう》興味深くて、時間が経つのも忘れてしまうほどだった。大抵は午後早くに会っても、帰る時にはとっぷり日が暮れているのが常であった。

場所は横浜の事務所と決まっていて、きれいに齢を重ねた夫人とお弁当をいただきながらの取材となったこともあり、今となれば懐かしい思い出である。

氏は若輩の私に対してやさしかったが、笑顔を見た記憶はほとんどなく、やはり背筋のピンと伸びた、気骨ある筋金入りの大正男という感がしたものだ。

横浜愚連隊四天王は後にそろって稲川聖城氏（当時は角二）の若い衆となり、稲川会の地盤を築いたが、吉水氏は早くに渡世を引退して事業家に転身し、カタギとしても成功を収めた。

愚連隊・ヤクザ時代を振り返って、氏がこう言いきったのが、強く印象に残っている。

「僕が今あるのもそのおかげでね、筋道とか我慢を学んだからですよ。そういう道を歩んだがために、人との約束を破らない、嘘をつかない、あるいは義理人情ってことが、自分の頭から消えないんですよね。刑務所に入って自分なりに精神修養もしたから、事業をしていても粘りがあるわけね。人を裏切らないし、泥棒みたいなことをして金を儲けることもないし……。だから、子供にも言うんですよ。そういう世界にいたけど、お父さんは弱い者いじめをしたこともないし、恥じることはひとつもしてないからって」

うーむ、昔の愚連隊やヤクザ社会には、まだそういう美風が残っていたということであろうか。

吉水金吾氏は大正8年10月、横浜市南太田町（現・南区庚台）の生まれ。伊勢佐木町に出て愚連隊デビューしたのは昭和9年、15歳の時。横浜各地から馳せ参じた選りすぐりの愚連隊が覇を競う中、吉水は持ちまえの腕っ節と度胸でたちまち頭角を現していったという。蒔田出身の林喜一郎と出会ったのもこの時分で、2人は意気投合し、兄弟分同然の仲となった。

昭和14年、召集令状が届き、翌年に北支派遣軍要員として甲府の連隊に入隊。北支に渡り、中国大陸を転戦するも上海で敗戦を迎え、翌21年1月、横浜に復員。再び愚連隊の世界へと返り咲いたのだった。

「新橋のカッパの松が殺されたあと、僕は二代目松田組に助っ人に行って捕まり、小菅刑務所に送られたんだけど、出てきた時に出迎えてくれたのが、モロッコだった。それが最初の出会い。彼は料理屋で放免祝いをしてくれて、兄弟づきあいをしましょうってことになった。井上喜人はまだ前橋刑務所に入ってたんで、そのあとすぐにモロッコと一緒に面会に行って知りあったんだね」

かくて戦後間もなくして四天王は出会い、愚連隊が群雄割拠する横浜を制覇していくことになるのだ。

「最終的にはモロッコとオレと林と井上の4人が、関東を握ったわけですよ。もう横浜じゃなくて関東です。どこ行ったたって、4人のうち1人だけが行けばおしまいなんだ。愚連隊当時、この4人に逆らう人間はいなかったですよ。林と僕は、15の子供の時からずっと一緒、モロッコと井上が仲いいでしょ。そして4人は兄弟分みたいなつきあいになってたからね」

吉水金吾

四天王の前に敵なし――というわけである。決して虚勢を張ったり、大言壮語などしない人の発言だけに、なるほど凄かったのだろうなと頷《うなず》かずにはいられなかった。なにしろ、この吉水氏、自らを「臆病」と言って憚《はばか》らない人なのだ。

「臆病ってことは、警戒心が旺盛なんです。僕は愚連隊でも稲川の時でも、喧嘩する前に、相手の力を試すわけです。行きあたりばったりでは喧嘩しない。それをやったら、殺されちゃう場面がいくらでもあるわけだ。それを、待てよと、その場で謝って帰ってきたわけ。向こうにすれば、何だ、吉水が謝ったぞとなる。こっちはその間に、敵の兵隊の数や、兄弟分関係とか全部調べちゃう。よし、勝てるとなれば、こっちもそれだけの態勢をとって、ワァッと行く。そうすると、今度は向こうがへいつくばって謝るから、こっちが先に謝ったことが消えてしまう。僕は臆病なんですよ」

単に強いというだけでなく、合理的な考えかたのできる人物でもあったということであろう。

私が吉水氏と最後に話したのは平成5年10月20日のこと。同日、新右翼リーダーの野村秋介氏が築地の朝日新聞社で壮絶な拳銃自決を遂げる事件が起きた時、真っ先に電話をくれたのが、吉水氏であったのだ。ご自身は面識はなかったようだが、私と野村氏との交流を知っていたからで、

「あんたが一番哀しい思いをしてるだろうと思ってね」

と慰めてくれたことが、胸に沁みた。

「彼は若い頃、モロッコの一統にいたんだよな?」

「ええ、塚越の辰ちゃんという人のところに……」

「ああ、懐かしい名前だ。いい男だったよ。……けど、オレよりずっと若い人が、先に……寂しいね」

その電話の声が、今も耳に残っている。

村山洋二

語り出した青春時代のすべてが昭和裏面史

私は今まで昭和のいろんな渡世人や親分衆と出会い、彼らをモデルにした実録小説を書いてきた。いずれも物語の主人公にするに相応《ふさわ》しい男の魅力と波瀾に富んだ人生を送ってきた人物たちばかりだった。

が、そんな中で、あれほど話を聴く機会に恵まれながら、どうしてその人のことを主役に据えた物語づくりに取り組まなかったのだろうと、今も悔やまれる親分がいる。住吉会の長老、家根弥一家七代目の村山洋二総長である。

ともかく氏にお訊きしたのは他の人の話ばかりで、御自身のことはほとんど聴かずじまいに終わったような気がする。なにしろ、総長が若い時分からつきあったメンバーが凄かった。

大正7年、満州・奉天に生まれ、同志社大学中退後、法政大学を昭和17年に卒業、学生愚連隊《グレン》として鳴らし、戦前から横浜や銀座で顔を売ったという村山氏が10代の頃から濃密な交流を持った顔ぶれというのが、横浜の愚連隊の始祖とも言える松永武、その兄弟分である松田義一、さらには〝モロッコの辰〟こと出口辰夫、井上喜人、吉水金吾、林喜一郎の横浜愚連隊四天王、そして〝銀座警察〟署長と言われた浦上信之、高橋輝男、並木量次郎、中村市世、向後平、浜本政吉……また、中盆の名人と言われ、早逝した高橋浅太郎、名古屋の導友会初代である松波鉦之助とは五分兄弟分であったという。いずれ劣らぬ大物ばかり、天の配剤とでもいうべき巡りあわせの妙なのだった。

まさに、村山氏から訊《き》いたのは昭和ヤクザ史を鮮やかに彩った伝説的な面々のエピソードばかりなのだから、ついつい、そちらに夢中になってしまったのだ。

私の「モロッコの辰　愚連隊列伝」「私設銀座警察」「破天荒ヤクザ伝・浜本政吉」（いずれも幻冬舎アウトロー文庫）の作品群は、村山総長なくして完成できなかったかもしれない。いや、できたとしても面白さは半減していたであろう。私は各作品で総長をあたかも狂言まわしのように登場させて物語を構築したものだった。

ともあれ、村山氏は古い時代の横浜や銀座の裏社会や裏面史に精通していた。それは氏の生きた青春そのものに他ならなかったからでもあるのだが……。

村山氏が学生グレだった時分、「兄貴」と呼んで慕っていたのが、戦前から戦後にかけて横浜で名を馳せた愚連隊の大物、〝メリケン武《たけ》〟こと松永武であった。彼はスラッとした長身にピシッとスーツを着こなし、ボルサリーノ風ソフト、赤茶色に染めたコールマン髭で仕込み杖のステッキを常に持ち、運転手つきの黒のフォード・セダンを乗りまわす――というスタイルで、不良少年たちをシビれさせた。横浜の乙仲《おつなか》（港湾荷役会社）大手の大村組をスポンサーにして、自身も波止場作業員の小頭として采配をふるい、ひと声かければ、本牧、北方、伊勢佐木町の愚連隊200人くらいは瞬時のうちに集まったといわれる。本牧を根城にして、ダンスホールや「東亜」、「スター」といったチャブ屋のあらかたの面倒も見ていたという。

村山洋二

このメリケン武の兄弟分が、戦後、新橋駅前に拡がった膨大な闇市の利権を一代で摑みとった〝カッパの松〟こと松田義一で、そのカッパの舎弟が〝バカ政〟こと浜本政吉であった。
村山氏が後の兄貴分、浜本と初めて出会ったのも、このチャブ屋でのこと。浜本と知りあうや、以前にも増して銀座で遊ぶようになった村山氏によれば、
「当時は少年院や寄せ場へ行って、『おまえ、どこの者だ?』と訊かれて、『銀座の何某です』と答えても、『バカヤロ、銀座に不良がいるもんか』ってバカにされるのがオチだった。不良や愚連隊といえば、浅草が本場だったからね。それを開拓したと言っちゃおかしいが、銀座にもうるさいのがいるんだってことを世に知らしめたのが、浦上信之だった。もともと銀座にも力のある不良はいたんだけどね。戦前から鳴らしたのは、〝不良の神様〟益戸克己の系列で赤星猛、伊藤照夫、北沢一郎、〝硫酸ポチ〟こと中村市世、慶應の学生グレに慕われた並木量次郎、〝ジャジャ馬五郎〟こと横山五郎、その舎弟で〝電機のサブ〟、〝花売りジョージ〟、映画俳優の浅川信夫を新橋ダンスホールで斬って売り出した鈴木健ちゃん、竹下の英ちゃん、カッパの松、浜本政吉……」
と、詳細に話してくれたものだ。中村市世の〝硫酸ポチ〟の異名については、いつも硫酸入りの小ビンを持ち歩き、いざという時に硫酸を相手にぶっかける不意打ちを得意としたからといわれる。体が小さくて、素手では相手に勝てないがために生み出した一か八かの戦法だった。異名にある硫酸の由来は戦法にあるわけ

だが、ポチのほうは部屋住み時代に、門限に遅れて鍵を掛けられ閉め出されたことがあり、仕方なく犬小屋に寝るハメになった。そうとは知らずに翌朝、餌を与えようと犬小屋に近づいた姐さんが、「ポチ」と呼んだところ、「すいません」と出てきたのが中村市世で、姐さんは腰を抜かさんばかりに驚いたからだという。

「ポチは負けん気だけは人一倍強かった。ある時、力士にやっつけられて悔しくて、相撲部屋へ乗り込み硫酸をぶっかけたことがあった。それで指詰めろとなって、『上等だ。1本じゃ威勢悪いから全部詰めてやらあ』って、5本詰めたって話もある。本当に指がなかったからなあ。とんでもないフーテンだったよ」

こんな話が、村山氏の口からポンポン飛び出すのだから、たまらなかった。

「銀座の並木通りには喫茶店がいっぱいあって、昭和13年頃は珈琲が15銭、それにピーナッツがついた。音楽は直輸入盤のクラシックな曲ばかり聴かせてくれたな。ビリヤードは1球5銭で撞けた。不良少年はみんなカネがないから、丼物を賭けたりしたわけだ。同じ不良でも軟派のほうの連中はスケート場が溜まり場、硬派のほうは拳闘クラブへ通ってボクシングを習うヤツが多かった」

村山洋二氏の話は断然、面白かった。

「昔の不良少年は華があって弱い者いじめはしないし、今の連中とはだいぶ違ってたね。だから、オレも不良に憧れて学生のくせに学校にも行かずに毎晩、横浜・本牧のチャブ屋ばかりに通ってた。本牧のボスで、オレが兄貴と慕ったメリケン武《たけ》が主だったチャブ屋の用心棒をやってたからね」

チャブ屋とは、戦前の本牧にあった独特の風俗で、外国船船乗りを相手にしたあいまい宿、いわば高級遊郭とでも言ったらいいであろうか。神戸や函館の港町にもあったとされるが、本牧のそれがあまりにも有名で、その語源は英語の軽食屋を指す「チョップ・ハウス」が訛ったものとか。村山氏が通い出した昭和11年頃の本牧チャブ屋街には、30数件もの店（大概の屋号は○○ホテル）が軒を並べ、盛んであったという。

「そりゃあ、チャブ屋というところは芸者とか遊郭、キャバレーやカフェとも違って独特でね、他にはない魅力があったよ。吉原の本部屋が5〜6円の時代に、1泊12円だったから格が違う。オレは5円で行けたんだけどな。女だって気位が高くて誰とでも寝るわけじゃないんだ。良家育ちやら元不良女学生とか垢抜けた女も多かった。遊郭なんかと違って、暗い感じはなかったな。メリケン武が用心棒をしてたのは、キヨホテルや梅の家ホテルと並ぶ高級チャブ屋として知られたスターホテル、それとトーアホテル。あんな面白いところはなかったよ」

チャブ屋はいずれも木造2階建ての洋館、1階はダンスホール、生バンドやSPレコードによるジャズやタンゴ等の演奏があり、2階に個室が並ぶというスタイルだった（スターホテルだけは鉄筋3階建てであった）。最盛期には街全体で2〜300人の〝チャブガール〟が待機していたという。

この本牧チャブ屋街の顔で、村山氏が「兄貴」と呼んだメリケン武は、映画監督の内田吐夢や映画俳優の江川宇礼雄が横浜の札つきの不良少年だった時代の仲間でもあったという。

「メリケン武と兄弟分だったのがカッパの松こと松田義一で、彼は舎弟の浜本政吉を連れてしょっちゅう本牧のチャブ屋に来てた。オレが浜本と初めて会ったのもそこでだったし、あの神戸のボンノ、菅谷政雄も友だち——後に東映の大プロデューサーとなる俊藤浩滋を連れてよく来てたな。だから、ボンノと浜本の仲も、この時代からだから古いんだよ」

松田義一がこの時期（昭和11～12年）、本牧のチャブ屋トーアホテルに通いつめたのは、同ホテルのナンバーワン売れっ子と熱烈な恋に陥ったからだった。

名をルミといい、目の醒めるような美女ぶりに、連日客が列をなし、かつてのキヨホテルの伝説の〝メリケンお浜〟と匹敵するほどの人気を博したのだ。腕に流れ星の刺青があって、通り名が〝流れ星のルミ〟。そうした不良っ気も魅力的だったが、プライドも高く、気にいらない客は絶対とらなかったという。

そんなルミが唯一惚れた相手がカッパの松で、松田もルミにぞっこんとなった。2人は結ばれるはずであったが、松田が上野で傷害事件を起こし、10カ月の刑で千葉刑務所に服役中、悲運に見舞われる。ルミは肺結核に侵され、若い命を散らしてしまうのだ。

奇しき縁というか、その後、松田の妻となったのは、ルミの姉の芳子であった。「戦後初の女親分」としてニュース映画にも登場する、あの関東松田組二代目組長・松田芳子である。

ニュース映画で観る芳子は、なるほど美人だ。その姉よりもなおきれいだったというのだから、ルミの女っぷりも推して知るべしであろう。村山氏は、この松田夫妻とも家族ぐるみのつきあいをしていたという。

戦後、新橋駅前の露店市場（闇市）を一手に押さえた松田は、昭和21年6月10日、昔の元舎弟だった男から射殺されてしまう。

松田の跡目を継承した芳子は、新橋マーケットを巡って台湾省民との間で血で血を洗う抗争事件、世に言う「新橋事件」に突入。その抗争を乗りきった後も、二代目芳子にはまだまだ試練が待っていた。組織の弱体化は免れず、女子には何かと荷が重い。村山が芳子と松田組参謀格から、

「二代目を助けてほしい。新橋を守ってくれないか」

との要請を受けたのは、そんな時であった。

「そりゃ、手助けしたいけど、オレが松田組の助っ人として表に出るわけにはいかなかった。あまりに新橋界隈の一統と近かったからな。そこで、その役目、新橋をよく知らない人間に頼むしかないだろう。それならオレの馴染みの横浜から呼ぶのが一番いいとなって、では誰がいいかなと考えた時、パッと頭に浮かんだのが吉水金吾だったわけさ」

言わずと知れた横浜愚連隊四天王の一人で、吉水はその要請に応え、松田組の助っ人として新橋にやってくるのだ。吉水、モロッコの辰、井上喜人、林喜一郎の四天王が揃いぶみする以前、もちろん4人が揃って稲川会入りするよりだいぶ前の話だ。

村山氏は後に浅草の名門・家根弥一家の七代目を継承、住吉一門にも連なって、住吉会の原点ともいえる港会結成に参画、同会副会長という要職を務めたほど。いわば関東ヤクザの生き証人的な存在であった。

私にすれば、怒られたことも何度かあって怖い存在であり、見るからに猛き日の利かん気な面影をそのまま残した頑固な老侠そのものだった。

その実、見かけによらず、気のいい人で、質問をすれば、ざっくばらんに何でも教えてくれる気さくな親分でもあった。

浅草の本部でお話を伺っていると、お孫さんであったのか、時としてよちよち歩きの幼児が事務所に紛れこんでくることがあった。その時の老侠が幼児をあやす姿はまさに好々爺そのもの、私は思わず内心でホーッという驚きの声をあげずにはいられなかった。

松山眞一

「最後のカリスマ」の死で斯界の昭和が終焉

令和4年5月7日夜、極東五代目松山眞一親分が逝去した。享年94。日本神農界のドンというより、ヤクザ界における〝最後のカリスマ〟ともいうべき人物の死に私が真っ先に思い抱いたのは、

〈ああ、これでヤクザ界の「昭和」も真の意味で終わったなあ〉との感慨である。

今は遠くなった、あの懐かしい昭和の匂いをふんぷんとさせ、ネットもケータイもなかった、アナログな激動の時代を象徴するような親分こそ、松山眞一に他ならなかった。

私が松山五代目と出会ったのは、ヤクザ取材を始めてまだ駆け出しの頃（昭和60年6月）で、東京・池袋の事務所に訪ねたのが最初である。その印象を、私はこう書いた。

《獅子のたてがみを思わせるような銀髪。人を射すくめるような鋭い眼光。強い意志力を示すキリリと真一文字に引かれた唇。身長170センチに満たない小柄ではあるが、背筋をピンと伸ばしたその全身からは、覇気に溢れた男の迫力が伝わってくる。

何よりも右頬に走る六寸あまりの刀疵が、修羅を駆け抜けてきた男の過去をすべて物語っている》（「政界往来」昭和60年8月号）

ともあれ、実にインパクトのある人で、この印象は私だけでなく、他の雑誌関係者等からもよ

く聞こえてきたし、松山五代目の写真を最も多く撮った故・中村龍生カメラマンも、常々こう言っていたものだ。

「あれほどオーラがあって、絵になる人は他にいない。これ以上ない最高の被写体、この親分を撮るために、オレはカメラマンになったのではないかとさえ思えたほど(笑)」

この中村カメラマンとともに、私も当時の極東眞誠会(現・極東会松山連合会)の機関誌「限りなき前進」(極東会・池田亨一会長代行が編集長、年2~3回、55号まで刊行)の取材を手伝ったこともあって、その後も松山ドンと会う機会は少なくなかった。そのつど、ドンは何かと気を遣ってくれ、あたたかい言葉をかけてもらったことが、その柔和な笑顔とともに、今も心に残っている。

が、その実像はカタギにはやさしいが身内には厳しく、昔気質で一本気、こと喧嘩となれば引くことを知らない武闘派としてつとに知られていた。平成2年、俗に言う〝山極抗争〟では、日本列島を縦断するような大規模な抗争が展開される中、極東会が山口組を相手に一歩も引かずにわたりあったことが、今も語り草となっている。

それは関西のほうでは驚きだったらしく、そちら方面の非山口組組織関係者から、ヤクザ専門実話誌に、

「極東会いうんはテキヤやったわな?」

との問い合わせが入り、

「テキヤがなんで山口組とあんなに戦えるんや?」

とつくづく不思議がったという話も残っている。関西ではテキヤといえば、一部をのぞいて、あくまで祭りや縁日で商売する露天商であって、とても武闘派というイメージは考えられなかったからであろう。

だが、松山眞一こそは闘う神農人《テキヤ》であり、業界内の評価も、

「ヤクザをやるために生まれてきたような男」

というのが専《もっぱ》らだった。

テキヤの神様は、「百薬を嘗《な》めて医薬を知り、路傍に市を開いて交易を教えた」といわれる中国の伝説上の「神農黄帝」。テキヤの親分の別称は神農（様）と言い、守らなければならない道は、博徒の任侠道に対して神農道である。

また、神農黄帝には、別名「炎帝」との呼び名もあると知って、私は思わず膝を叩いた。これぞまさしく松山五代目のイメージそのままではないか、と。

松山眞一

以来、私は『炎帝《ドン》』のタイトルで五代目を主人公に据えた実録小説を書きたいと念願してきた。松山親分の半生記をメインに、テキヤとは何かということを存分に盛りこんで、誤解されがちで知られざる神農世界をしっかり描ければと考えたのだ。氏の御存命中にそれが実現できなかったのは甚だ残念でならないが、今後、挑戦する機会があるやもしれない。

松山親分は昭和2年、東京・板橋区大谷口の生まれ。極東の中

興の祖である関口愛治の一家を名乗った三浦周一との出会いは、松山が愚連隊として池袋の街で暴れまくっていた18歳の時。戦後の混乱期、斬った張ったを繰り返し、他の愚連隊を制圧していく松山の姿が嫌でも三浦の目に止まったのだ。こうして松山は極東・三浦の一統に連なってたちまち頭角を現し、関口愛治からも可愛がられるようになったという。

氏は、当時の思い出をこう語ってくれたものだ。

「三浦周一という人はすごく情のある人だったね。三浦が僕を関口の親父さんのところへ連れていってくれたんだ。親父さんも立派な人で、強さとやさしさを兼ね備えていた。三浦が、『この親分は、ゼニカネを目当てにしてきたような人じゃない。弱きを助けてきた親分だ』って教えてくれた。僕はね、その弱きを助けるってことが、この稼業の一番大事なことだと思ってるんだ。あとは義理人情。それから決して裏切らないってことだな。関口の親父はそれらを全部大切にしていた人なんだよ」

松山親分は興に乗った時など、話が弾んで止まらなくなることが多々あった。ただ、時として話があっちこっちに飛んでしまうこともあって、並の人なら途中で気がついても、あれ、オレは何の話をしてたんだったかな――と、なってしまうところを、氏の場合、いつのまにか話はまた元に戻って最後は見事に整合性を持たせるのが常だった。

ああ、頭のいい人だなと感じられたものだが、記憶力もよく、若き時代の話はまことに痛快であった。

松山親分と最後に会ったのは、何年前のことになるだろうか。その一代記の映像化を強く望む俳優兼Vシネマプロデューサーの岡崎二朗氏に同行してのことだったのはよく憶えている。

確かに映画関係者にとっても、松山眞一こそは、いまだ映像化されていない〝最後のカリスマ〟であるのは間違いない。

福原陸三

四代の御代を生きた渡世人の洒脱な所作

私がおつきあいをしていただいた数多い親分衆の中で、一番の年長者は住吉会滝野川一家四代目の福原陸三総長で、明治（40年10月23日生まれ）、大正、昭和、平成という四代の御代を生きた渡世人であった。

面識を得たのは氏の最晩年である平成3年1月、総長が83歳の時で、それから亡くなられる平成7年4月4日までの4年間、東京・大塚の自宅に何度もお伺いして話を聴いたものだった。

その取材から生まれたのが、氏の生涯をモデルにして描いた私の実録小説「悠々ヤクザ伝　福原陸三　住吉会名誉顧問の疾風怒濤の半生」（幻冬舎アウトロー文庫）であったが、残念ながら、その刊行は総長の死後になってしまった。氏は87歳で亡くなるまで現役を貫いて、間もなく米寿を迎えようとしていた。そんな矢先の逝去であった。

私と会った時分は、元気そのもので、体調の悪さなどまるで感じられなかったが、その実、すでに医師から「末期の前立腺癌で余命4カ月」と告知されていたというのだから、信じられなかった。酒も煙草も止めておらず、好きな山登りや旅行に興じ、自らジープを駆って長野や秋田のほうにまで出かけるほどのスーパー爺ぶりを発揮していた。

風邪をこじらせ肺炎を併発して入院したのは平成7年に入ってからのことで、氏は自分の死期

福原陸三

も悟っていたようだ。夫人には遺言を認め、葬儀のことまで、

「棺は良材を選び、内外共木目美しく仕上げる。桐・檜等を、出入りの大工に突貫作業で仕上げて貰う」

「覆いは木目が透けて見える薄ものを用い、裾を引き、ガン箱をニューデザインとする」

「装束は季節に応じ、白麻または白羽二重とし、輸入香水をたっぷり使用する。シャネルの5番がよかろう」

「職業僧は一名でよし。読経は簡潔に、適度に音楽・歌謡を流す」

「お悔やみ無用のお別れパーティーを設営し、今日までの触れあいを喜んで貰う。万年馬鹿で生きた俺のしまいの祭典とご理解希《ねが》う」

と指示していた。なんともはや、粋で洒脱、垢抜けた親分であったことか。

「万年馬鹿」どころか、驚くべき博学で、文字通りのインテリ（小学校は1年から6年まで首席で総代、神童と称されたが、中学からは一は一でも一流の不良少年になり下がり、日大予科中退だという）、論文やエッセイ等の著作もある文章家で、請われれば講演も行うなど、関東任侠界きっての論客といっても過言ではなかった。何より、およそヤクザらしからぬ風貌と物腰、話をしてもそこらのカタギの紳士など及びもつかないような品格が感じられたものだ。

　福原氏がいかに古いキャリアの持ち主であったか。若い時分には、上州屋二代目・梅津勘兵衛、住吉一家二代目・倉持直吉という、自分たちには到底歴史上の人物としか思えないような親分から可愛がられたという事実を以ってしても、それは明らかだ。

氏は梅津勘兵衛の思い出をこう語ってくれた。

「先生は長谷川伸原作の『沓掛時次郎』という映画に、珍しく怒ったことがあってね。時次郎が一宿一飯の恩義によって喧嘩の先陣を切り、相手を斃《たお》して、その女房子どもを背負って旅するなんていうことは、ヤクザ道を誤って伝えるもんだ。一宿一飯の恩義なんて言葉は旅修業にはないんだ――って言うんだよ」

福原氏がつねに「先生」と呼んで尊敬し、何かと教えを請うた梅津は、こう続けたという。

「武士は伏して死せずと言い、轡《くつわ》の音に目を醒ますたしなみは、ヤクザも同じ。いずれの男の道も油断があってはならないんだ。禅宗の修行僧の如く、旅から旅へ、諸国の親分衆の人格に接し、風格に触れて修業を積むんだよ。決して一宿一飯を求めてのことではないし、諸国の親分衆も、単なる交際のために旅人を上げ下げするんじゃない。あくまで真の俠客、いい男を育成鍛錬するためのものなんだ」

愚連隊出身で博徒の旅修業の経験のない福原総長には、少々耳の痛い話であったようだ。また倉持直吉についても、総長には、親分の滝野川一家三代目・西村民蔵の代理で出席した戦時中の忘れられない会合の思い出があるという。それは東部軍参謀本部が関東国粋会（大正8年、床次竹二郎内相らの肝煎りで、梅津や倉持らを中心に全国の親分衆が結集して結成された大日本国粋会の関東版）に対して、軍への協力を求めてきた時のこと。倉持は当初、

「お女郎じゃあるまいし、夜ごとに変わる枕の風――じゃないんだ。司法省から頼まれた仕事（空襲で爆死・焼死した屍体の運搬や焼却等）をおっぽって、右から左と東部軍に乗り換えるわけにはいかねえ」

と蹴ったのだが、それを福原氏が、

「叔父さん、敵が上陸してくるっていうんだから、もうそれどころじゃないですよ」

と説得して、翻意させたという。さらに後日、蛎殻町の旅館「大阪屋」に関東国粋会の親分衆を集めたうえで、今度は倉持が、

「お国の一大事である今こそ私らの出番！」

と檄を飛ばし、全員の賛同を得たという。かくて戦争末期、関東の親分衆はこぞって東部軍に協力することになったのだった。

その2度の会合をセッティングし、親分衆を集めるべく奔走したのが福原氏であった。それは単なる昭和裏面史のひとコマという以上に、大きな歴史的な出来事であったろう。国の危急存亡の時、博徒たちは一致団結し、梅津勘兵衛の言う「任侠の意気」を見せ、いわば侠客道の真髄を見せたのである。

私もまた、福原陸三という任侠の真髄を肌で知る老侠のもとを定期的に訪れてお話を聴けたのは、大変意義深い経験であった。あたかも旅修業中の若者のように、氏の人格に接し、風格に触れて修業を積んでいる最中にあるような、そんな厳粛な気持ちになったものだった。

富永 清

沖縄ヤクザ史がそのまま個人史と重なる

長らく米軍の統治下にあった沖縄が本土復帰を果たしたのは、昭和47年5月15日のことで、令和4年はちょうど50周年にあたる。

その5月15日を生誕の日としたのが、沖縄ヤクザの〝顔〟でもあった旭琉會の富永清会長で、本土ヤクザとの熾烈な戦いを繰り広げた歴史を知っている身とすれば、それはイロニーというか、何か象徴的な符合であるような気がしたものだ。

旭琉會関係者が時々、口にしたのは、

「実は本土復帰の日は、富永会長の誕生日に合わせたものなんですよ」

とのジョークで、それを真に受けてしまう本土の同業者もいたというから、なんともはや……。それだけ沖縄におけるドンとしての富永会長の力量や存在感は、飛び抜けていたということであろうか。

確かに半世紀にもわたって血で血を洗う抗争に次ぐ抗争、分裂と大同団結を繰り返し、一本化は不可能とされてきた沖縄ヤクザ界の統一が実現できたのも、

「富永会長なくしてはあり得なかったであろう」

と、業界筋では言われ、まさに不可能を可能にし、奇跡を呼び起こした――と評されるゆえん

である。

私も氏と接することで、よくそのことが実感できたし、何よりも、そのいわく言い難いカリスマ性に魅入られたものだ。

私が沖縄を訪れ、初めて富永会長にお会いしたのは昭和61年春のことで（当時は三代目旭琉会理事長）、その後も何度か取材させてもらう機会があった。が、平成に入るや、沖縄ヤクザ界はまたぞろキナ臭くなる。三代目旭琉会と沖縄旭琉会とに分裂し、第5次抗争が勃発。2年にわたった抗争もどうにか終結を見たものの、両者の緊張関係はそのままに予断を許さぬ状況が続いていた。

そんな中、私が久しぶりに富永会長を訪ねたのは平成23年初夏のことで、私の用件は取材というより、ズバリ、

「富永会長の評伝を書かせて頂きたい」

との申し出であった。
10年ぶりぐらいの対面ではあったが、氏はさらに貫禄を増し、圧倒的な存在感は何ら変わっていなかった。それでも、「やあ、久しぶりだね」というふうな、10年もの御無沙汰を感じさせない氏の気さくな応対に、こちらの緊張もすぐに解けた。
私の申し出は意外なほどあっさり受け入れられた。氏に対して取材の申し込みはそれまでも多方面から少なからずあったと聞く

が、本人はそれを大概断っていることも、私は知っていた。どこを気に入ってくれたのか、氏はなぜか私には好意的なのだった。

タイミングもよかった。ちょうどその頃、両者の雪解けが始まって、沖縄ヤクザ界はかなりよい方向に向かっていた。長い間、緊張関係にあった両陣営の統一の機運もにわかに高まって、まさにその機が熟しつつあったのだ。ついにはこの年11月26日、悲願の一本化が実現。「旭琉會」が誕生し、その発足及び富永会長を親とし同會幹部19人を子とする親子盃の儀式が執り行われたのだった。

私はこの儀式のシーンを、実録小説「旭龍　沖縄ヤクザ統一への軌跡——富永清・伝」（幻冬舎アウトロー文庫）冒頭でこう綴った。

《——とうとうここまで辿り着いた……。

目の前に居並ぶ男たちを見遣るにつけ、万感胸に迫っていかんともしがたいものがあった》

《名実ともに沖縄ヤクザ界のドンとなる男——富永清は、改めて気を引き締めて「子」となる者たちを見据えた》

この「旭龍」は翌平成24年7月から丸1年間、週刊誌の連載が続いた。富永会長との交流（取材）は、3年越しに及んだわけで、それは私にとって得難い時間となった。取材場所は専ら《もっぱ》中頭《なかがみ》郡北中城《きたなかぐすく》の同會ゲストハウスの応接室や会長室であったが、時として地元沖縄（コザ）市の中の町や諸見百軒通り、あるいは那覇・松山などの夜の街に繰り出すこともあって、富永会長という人格に接し、その風格に触れるにはまたとない機会だった。

かつてのコザ最大の繁華街で、富永一家の事務所もあったという諸見百軒通りは昔日の面影はなく、会長も、

「今や、別名〝年金通り〟と呼ばれてますよ」

と苦笑したものだ。

また車で那覇・松山に赴いた時、仰天したのは、

「ドンが来ている！」

というので、どこでどう聞きつけたものなのか、店のまわりにたちまち野次馬が群がったことだ。まさに沖縄裏社会のスーパースターなのだ――と実感させられた瞬間だった。

私が氏から強く感じたのは、よく言われているような図抜けた手腕や器量、見識ということ以上に、その芯にある真面目さであり、なかなかのロマンチストであるということだった。カラオケで好んで歌うのは「忘れな草をあなたに」「あざみの歌」といった抒情歌であり、ゲーテをこよなく愛し、

「人生長さゆえに貴《とうと》からず、たとえ一瞬であったとしても、男の人生にとって欲しいのは〝光彩〟ではないか」

「いつも現在を楽しみ味わい、人を憎まぬこと。そして未来は神に任しておけ」

とのゲーテ語録を手帳に書きとめておくような人物が富永会長であった。

そんな会長が最も苦悩したのは、抗争で誤射事件が発生し高校生や警官を死なせてしまった時だった。抗争相手側が引き起こした事件とはいえ、その責任を転嫁するつもりなどなく、

「いっそ腹を切って、お詫びしようか」

とまで思いつめ、後々まで胸の痛みがとれることはなかったという。

それだけになおのこと沖縄ヤクザ界の平和と統一は、富永会長の悲願ともなったのだった。

「そりゃ長かったですよ。けど、一応の道筋はつけて次の若い世代への責任の一端は果たしたということです」

と、氏はしみじみと語ってくれたものだ。

かつて一切存在しなかったヤクザが、沖縄に誕生したのは戦後のことである。
米占領軍が設置した県民収容所の中から登場した〝戦果アギャー〟(戦果を挙げる者の意)と呼ばれる猛者たちが、その原点とされる。つまり、米軍隠退蔵物資の略奪者である彼らこそ、沖縄ヤクザの祖なのだったが、その歴史は戦国時代さながらで、
《沖縄の暴力団の歴史は、鮮血に彩られた対立抗争の歴史である。分裂しては闘い、潰し合い、そして統一し、再び争って分裂することを繰り返してきた》
と警察資料にもあるように、血みどろの抗争に次ぐ抗争の歴史であった。
終戦直後(昭和21年)に生まれ、まさに沖縄ヤクザ史がそのまま個人史と重なる旭琉會・富永清会長の生涯もまた波瀾万丈、苦難と試練、重圧の連続で、終生、気の休まる暇とてなかったのではあるまいか。
もともとは子供の頃からスポーツ万能、高校で出会った柔道に打ち込み、その名門校である国

士舘大学に入学後も有望選手として期待され、本人も日々柔道の稽古に励んでいた。が、2年生の時、寮の先輩の理不尽なヤキに我慢できず、傷害事件を起こし退学を余儀なくされる。体育教師になる夢も破れ、失意のままに沖縄・久米島に帰郷。1年後にコザへ渡り、ヤクザの門を叩いた。

世が世であれば、沖縄裏社会のドンならぬ体育教師の道もあったのだ。なるほど、体育教師!!　私など、そこに大きな落差を感じるどころか、逆に腑に落ちるというか、むしろ、さぞや生徒に人気の熱血教師が誕生していただろうなと容易に想像もついた。

氏は、ヤクザという生きかたを選んだことに対し、こう述懐したものだ。

「当時、普天間抗争が新聞で連日報じられていて、山原（コザ）派の幹部には、久米島の大先輩もいたし、血の滾《たぎ》りを覚えたんです。そういう世界へ裸一貫で飛びこんで、どこまでやっていけるか、自分を試してみたかった。この渡世に入ったことは後悔してません。自分が想像してた以上に男っぽい世界でしたし、男として共感できる先輩たちにも出会えましたからね」

沖縄と本土ヤクザとの違いは博奕ひとつとっても明らかで、コザの常盆はホンビキやバッタマキならぬアメリカンダイス。賭場《シキ》は米軍基地の中のカマボコハウスと呼ばれる営舎で、そこは治外法権でもあった。米軍責任者に相応のチップを渡せば、簡単に借りられたという。

修業時代の若き富永会長が賭場でつとめたのは、ホンビキでいえば中盆にあたるステッキマンという賭博の進行兼仕切り役。

客の米兵の中には、負けが込んでくると、基地の中の武器を横流ししてカネを作る者も出てき

た。45口径の大型拳銃やカービン銃、手榴弾……等々が博奕の抵当《カタ》となったのだ。もっと仰天するような話もあって、

「焼きイモ屋の煙突のオバケみたいな、バズーカ砲まで持ってきた賭博中毒の米兵もいましたよ」

さすがにバズーカ砲まで登場することはなかったが、本土では考えられないような武器が使用される沖縄抗争の凄まじさは、広大な基地を擁する特殊な事情があってのことだった。

コザ派のドンで富永会長の親分であるミンタミー（目玉）・ヨシミーこと新城喜史は、ギョロ目の顔役、「ツメの先まで沖縄ヤクザ」といわれる一方で、無類の賭博好き、博奕狂としても知られるボスだった。

「好きだけど下手。マカオのカジノで20万ドルを一晩でスッても顔色ひとつ変えないんですよ。帰りの車の中では、高イビキをかいて寝てしまうような肝の太さを持ってましたね」

と富永会長。

ヤクザ渡世に入門するや、氏が若くして頭角を現していったのは、抗争の最中、自ら死地を志願するような胆力や武闘派ぶりもさることながら、何より掛けあいや交渉力が抜きん出ていたことにもよる。親分の新城も早くにそれを見抜いていたようだ。

本土復帰を前に山口組が沖縄進出の動きを見せ、那覇に事務所を設置、その直参組織の若頭が来沖した時も、新城に交渉役を命じられたのは富永だった。ミンタミーはあえて24歳の富永を掛けあいの矢面に立たせ、試練を与えたのだ。

後に沖縄のドンとなる男も、それに応え、天下の山口組相手に一歩も引かずに堂々と渡りあい、その難局を乗りきったのだった。

ミンタミーに可愛がられたドンは、彼が宜野湾のナイトクラブ「ユートピア」で射殺された時もガードでついていた。一瞬の隙を突かれ、ヒットマンの銃弾に斃《たお》れ、血の海に沈んだミンタミー。頭を撃たれ、その脳髄はクラブの床に飛び散っていた。

ドンは自分の上着を脱ぎ、その飛散した親分の脳髄を上着に包み込むようにして掻き集め、涙したという。

富永ドンの信念は、

「吾が義侠の意とするは其行世《そのぎょうせ》法不軌《ほうふき》なりとも誠の天意を身に体して信行《しんぎょう》必ず果《か》とする厄困《やくこん》に赴くすでに存亡死生す唯任侠を惜しみ其徳を恥じる」

ヤクザであることが世に背いた生きかたであっても、自分の信じるところに従って、どんなに世間に叩かれようとどんな苦難が待ち受けていようと歯を食いしばって耐え抜き、任侠の真実を顕現することが大事なのだ――と、自分なりに解釈していた。

会長が師と仰いだ那覇の琉球山法華経寺の鹿糠堯順《かぬかぎょうじゅん》という住職から教わった文言だという。

何にせよ、自分が選びとった任侠という生きかたに対して、確固たる信念の持ち主であったのは間違いない。

私にしても、氏との交流は楽しく得難く味わい深いものであった。ユーモアセンスもなかなかのもので、親友の三代目工藤会・溝下秀男会長ばりであったから、もしかしたらその影響もあるのかなと勝手に推測したりしたものだ。精悍な顔からポロッと出るジョークの巧まざるユーモア。

今となっては、忘れられない思い出である。

石間春夫

「喧嘩が健康の秘訣」武闘派親分の真骨頂

〝北海のライオン〟こと四代目山口組初代誠友会（本部・札幌）の石間春夫総長を指して、「北海道ヤクザ史を変えた男」と命名したのは、我ながら言い得て妙であったと思う。

それほど石間の下した、ひとつの決断は、北海道ヤクザ社会に激震を齎《もたら》し、その世界を根本から変革したのは確かだった。

では、その決断とは何であったのか？　それこそは自身の四代目山口組入りであり、自ら率いる一本独鈷の初代誠友会が山口組直系組織になることであった。そのために山口組もいち早く獄中の石間に接触し、最高幹部たちは札幌拘置所の総長を訪ね、面会を重ねた、両者の間で暗黙の了解が成り立とうとしていたのは、昭和60年1月のことである。竹中四代目と石間との面会の日程も間近に予定されていた。

そんな最後の詰めを目前にして、突如勃発したのが、一和会ヒットマンによる竹中組長暗殺という衝撃的な事件だった。

だが、それでも石間の山口組入りの固い意志は、些《いささ》かも揺るがなかった。同年4月5日、山口組定例会においてその旨は発表され、居並ぶ直参組長たちから拍手が沸き起こった。北海道に初の山口組直系組織が誕生した瞬間であった。

この日から北海道ヤクザ界は目ざましい変貌を遂げていく。

それまでは名にし負うテキヤの金城湯池——道内三大組織といわれた源清田、寄居、丁字家を始め、極東、両国家、東京盛代、会津家、花又、武野、木暮、梅家、関東小松家……といった神農組織が全道にひしめいて、博徒といえば、初代誠友会、越路家、鍛冶家、三心会等々の独立組織の他に山口組、稲川会、住吉会、松葉会など内地の広域系列組織が一部、存するだけで、比率から見ても、圧倒的なテキヤ王国であった。

だが、初代誠友会の山口組入りによって、そんな北海道の勢力バランスは崩れ始めた。テキヤ神話も、もろくも崩れ去っていく。

北海道ヤクザ界はたちまち山口組、稲川会、住吉会を始めとする内地の広域勢力の草刈り場と化したのだ。道内博徒の一本独鈷並びにテキヤ組織は雪崩を打ってその系列下に組みこまれていく。北海道から独立組織とテキヤ勢力の大半が消え去ってしまうのは、あっという間の出来事だった。

そうした状況下、6年半の刑期を務め終え、石間が宮城刑務所を出所したのは、自身が四代目山口組舎弟となった4年後、平成元年1月21日のことである。

私が札幌の初代誠友会本部を訪ね、石間総長を直撃取材したのは、その8日後の1月29日、シバれる昼下がりだった。総長は派手なタテジマのスーツ姿で私を迎えてくれた。

いかな〝北海のライオン〟とはいえ、シャバに出たばかり、さすがに長い獄中暮らしによる疲れは隠せぬ様子であった。しかも長い間、昼夜独居の拘禁生活を余儀なくされて、一種の拘禁病

石間春夫

であるのだろう、「言語障害に陥っている」との本人の弁だった。

だが、取材が始まるや、そんなことは微塵も感じさせなかった。口調こそ重々しかったものの、しっかりと淀みなく、内容も論理的できわめて明快。多くのドンがそうであるように、単なる武闘派ではない、頭の良さが感じられた。

約7年ぶりに社会復帰して、北海道業界のあまりの変わりように、さぞや驚かれたのでは？

——との私の質問に開口一番、

「いや、別に驚きはしない。復帰する前から当然予想された結果だね、こういう状態になるというのは」

との答えが返ってきた。総長はこう続けた——。

「私の場合、北海道の現状もわかってたしね。当時、北海道の極道の大部分が結集して、北海道同行会という組織を作ってたけど、各首脳の考えかたを私なりに分析してみても、あってなきに等しいというか、親睦会の域を超えるものではなかった。対外的なトラブルがあっても、それに対抗できるような組織にはなり得ない、と。それでも同行会の改造を狙っていろいろと手を打ってみたけど、私も道警から常に狙い撃ちされる身で、長い懲役へ行くことになってしまったわけさ。その時点で、今日の事態はもう読めていた。北海道が大手組織の草刈り場になるというのは、私は99％予測できましたね」

インタビューはおよそ2時間弱。私が驚いたのは、当時取材する機会が多かった北海道や東北のヤクザ界で、ここまできっちり喋ってくれる親分がいるということに対してのものであった。しかも、こちらの質問に沿う形で要点を外さず、「ノドの調子が悪い」とのことで、確かに声はしわがれていて滑らかではなかったものの、悉《ことごと》く打てば響くように応えてくれるのだ。

概して口が重く、口ベタの人が多いとされる北海道・東北地区の親分衆の中では、稀ともいえる存在であったような気がする。

「……はっきり言って、私自身の身体が重たくない（病気がちでない）んであれば、北海道同行会をまとめていく気持ちもあったし、今の山口組との縁組もなかったと思うね。だけど、刑務所に7年間入らなければならないということになれば、私も自分の組織が可愛いし、だいたいが山口組との縁も、三代目の田岡親分との縁組の話が何回かあって、それはこっちの都合でご破算になったということもあったし……。その当時の山口組に対する気持ちもあるしさ。山口組には兄弟分もいたし、私が柳川組の北海道支部長をやった時代からのつきあいのある人間もいたし……」

総長の言うように、初代誠友会はかつて「殺しの軍団」といわれた柳川組に属したこともあり、もともと山口組は古巣であった。

それが再び一本独鈷に戻るや、「反山口組」を掲げる北海道同行会の主力メンバーとして活躍。「加茂田軍団」とも称された三代目山口組加茂田組の北海道進攻に際して繰り広げた北海道同行会と加茂田組200人との攻防戦は、今も語り草となっている。

初代誠友会の石間春夫総長は、よりによってなぜあの時期——一和会ヒットマンによって竹中正久四代目が暗殺されたばかりというタイミングに、あえて山口組入りを決断したのか。しかも組長ばかりか同時にナンバー2の中山勝正若頭まで斃され、勢いづき意気上がる一和会に対し、山口組は創設以来の最大の試練を迎えていたと言っていい。

なおかつ石間総長はどちらかといえば、山口組より一和会のほうにつきあいのある人間が多かったというのだ。

「むろん山口組にも一会の野澤儀太郎、金田組の金田三俊、章友会の石田章六といった柳川組時代の兄弟分はいたし、一和会のほうにも旧柳川組関係者がいたわけだけど、一和会創立者の古手株とのつきあいのほうが多かったんですよ。それと、獄中の私に接触してきたのも一和会のほうが早かった。うちの事務所に最初に山本広や加茂田重政から電話があったようなんだ」

と石間総長。なおさら一和会を選択していてもおかしくなかったわけだ。

では、なぜ、一和会ではなく山口組だったのか？

私はストレートに石間総長にその疑問をぶつけたものだ。総長の答えはこうだった。

「なぜって言われれば、われわれの稼業というのは筋道——筋というもので食っているわけでしょ。やはり、一和会のとった行動というのは、筋が違ったんじゃないか——まあ、私の判断だね。山口組から出るちゅうことはおかしい、と。結局、どっちに勢いがあるかという問題じゃなくて、筋の外れた組織は選べない。筋を違えた組織がどういう末路をとるかなんてことは予測できたしね……」

その一方で、総長の口から、つい本音が漏れたのは、

「山本広という人とは深く話したことはないけど、何ていうか、肌が合わなかった。それに加茂田重政とは過去に因縁があってね、あれが一和会の音頭をとっていなければ、オレの考えも変わったかもしれないね」

というもので、要は一和会ナンバー1と2が嫌いで、ついていけるタイプではなかったというのだ。

加茂田との因縁というのは、加茂田組200人の北海道進攻よりずっと以前、石間がまだ柳川組北海道支部にいた時分のことだ。

2人はわずかの期間だが、北海道の旭川刑務所で一緒になったことがあったという。加茂田は病舎にいたが、石間は一級受刑者の被服係として割と自由に所内を歩ける立場にあった。同じ山口組でも柳川組舎弟でエダの石間は、本家直参の加茂田のことを一応立てて、毎日煙草を調達したり、その世話をしたという。加茂田は態度が大きく、石間の兄貴分の柳川次郎を「次郎」と呼び捨てにするのも、総長は気に入らなかった。

「本人同士ならそういう呼びかたもいいかもしれんけど、オレの前では『柳川の兄弟』とか、言いかたがあるんでないかい」

と、石間は本家直参にもズケズケ物を言ったという。それから間もなくして加茂田は千葉刑務所に不良押送になったこともあって、それだけの縁である。双方にとって甚だ印象の芳しくない

出会いであったことは容易に想像がつく。

ともあれ、石間総長が7年近い服役を終え宮城刑務所を出所したこの時期（インタビューは出所8日後の平成元年1月29日）というのは、一和会解散、山本広会長引退直前で、山一抗争の決着もほぼついていた。それは石間総長の予測通りでもあった。

最後に私が石間総長に訊ねたのは、

「長い間、この渡世に生きてきて、総長が一番大事にしてきたこと、信念とは？」

というもので、氏からは、

「それはね、カタギの人から言えば、鼻で嗤うような問題かもしれんけど、この渡世というのは昔も今も、それこそ徳川幕府時代から全然進歩しない稼業でもあるからね。渡世のしきたり、筋道というか、これだけは通さなきゃならないということ。それは明文化されてるわけでもないけど、それだけは厳守しなきゃならないということだね」

との答えが返ってきた。

出所後の石間総長は精力的に活動を開始。組織固めに取り組むと同時に留守中、他の広域組織に比べ後れをとった勢力拡大にも意欲的に乗り出した。初代誠友会はこの年、札幌を本拠に室蘭、函館、苫小牧、静内、帯広、稚内など、全道に隈なく拠点を築いて、わずか1年で1千人体制を豪語するなど、またたく間に膨れあがっていく。

当然ながら、その過程で他組織との衝突が絶えず、初代誠友会は抗争を繰り返した。とりわけ凄まじかったのは、9月末、同じ札幌の稲川会系組織との間で起きた〝札幌抗争〟だった。わずか半日で、双方なんと60数発（！）もの銃弾が乱れ飛ぶという、前代未聞の発砲回数を記録したのだ。

私が再び札幌の初代誠友会本部に石間総長を訪ねたのは、その札幌抗争の手打ちを終えた直後のことだった。8カ月ぶりに再会した石間総長は、1月とは打って変わって、驚くほど血色も良く生気溌剌、何より覇気に溢れていた。

私が率直にそのことを指摘すると、総長はニッコリとして、

「喧嘩してるからだよ。喧嘩すると元気になるんだ。オレの一番の健康の秘訣」

と嬉しそうに応えてくれたが、とても冗談とは思えなかった。なるほど、これぞ骨の髄まで武闘派——と心底思い知らされた瞬間であった。

石間総長が劇的な死を迎えるのはそれから3カ月後、平成2年1月4日。あと2カ月で60歳、還暦を目前にしてのことである。

本部からの帰宅途中、札幌市内の北一条通り交差点に差しかかった時だった。赤信号で停車した石間の車に、拳銃を持った2人のヒットマンが襲いかかった。

「パーン！　パーン！」

直後、何発もの銃声が鳴り響いたのだった。

激しい雪が舞い散る中、北海のライオンと呼ばれた男は、その名に相応しい壮絶な最期を遂げたのだった。

長岡宗一

ジャッキーが「逆破門状」を出した理由

今もネオン街のカラオケでよく歌われるアウトロー系スタンダードナンバーのひとつに、

〽義理や人情に憧れた
十九　はたちが花だった
ここはその名も雁来町

という「484《よんぱちよん》のブルース」がある。484というのは、札幌刑務所を意味する。かつての住所が札幌市苗穂町四八四番地だったためで、その目と鼻の先にあるのが雁来町だ。この町で生まれ育った北海道伝説のヤクザが、「484のブルース」のモデルとされる荏原哲夫である。雁来《かりき》町の荏原《えばら》であることから、ついた異名が〝雁来のバラ〟。

戦後の札幌を舞台に顔を売った雁来のバラが、白昼のススキノにおいて、対立組織の刺客たちに襲撃され、短くも波瀾に満ちた生涯を閉じたのは昭和31年2月18日のことだった。

雁来のバラ亡きあと、北海道ヤクザ界に一大旋風を巻き起こした男が、バラの舎弟で、〝ジャッキー〟の通り名を持つ長岡宗一であった。ジャッキーは、戦後の騒擾《そうじょう》事件として有名な「津別事件」を収拾した北海道の大親分である会津家の小高龍湖に逆破門状を突きつけ、兄弟分の石間春夫とともに、北海道に初めて山菱の代紋（三代目山口組柳川組北海道支部）を掲げた男として知られる。

だが、ジャッキーは兄弟分であった柳川組二代目・谷川康太郎との盃直しを拒んで、40歳という絶頂期に、ヤクザ渡世からきっぱりと身を引いた。カタギになるや、かねて念願だったボクシングジムの経営に乗り出し、第2の人生においても見事に成功を収め、平成6年に69年の生涯を閉じたのだった。

私が初めて長岡氏に会ったのは、昭和62年4月25日のことで、前日に取材した初代誠友会の田村武志総長代行の仲介で会えることになったのだ。この時、長岡氏はヤクザ渡世を引退してから22年が経っていた。すでにジムオーナーとして多くの有望選手を育て上げ、北海道ボクシング界で確固たる地歩を築いて、地元の名士でもあった。

とはいえ、かつての道内ヤクザ界でジャッキーといえば、知らぬ者とてなかった存在。北海道のドンに反旗を翻し、「殺しの軍団」と怖れられた柳川組にも背を向けた、いわば〝反逆児〟としてのイメージは強烈であった。そのジャッキー氏が私の宿泊先であるホテルまで出向いてくれるというのだから、ありがたい反面、ひどく緊張して待ったことをよく覚えている。

ところが、目の前に現れたジャッキー氏は連れもなく、たった一人。小柄ながら胸板も厚くガッシリした躰《からだ》つきに往時の面影を残しつつも、その所作にヤクザ臭はまるで感じられなかった。物腰も柔らかく、歳相応の貫禄ある紳士で、受け答えも自然体。たとえば、

「武志は今でもフラッとジムに来ては、サンドバッグを叩いてるんだわ。好きなんだな、ボクシングが」

と前述の田村代行を「武志」と呼ぶのも、現役時分のジャッキー氏の実子分であったがため。また、北海道（岩見沢）弁なのであろうか。特徴的な「んだわ」という話しぶり、その語尾にアクセントを置く響きが耳に優しく、私の緊張を解いてくれた。おかげで何ら構えることなく話ができた。

「私は昔から童顔でね、ヤクザに見られることはなかったんだわ。愚連隊からテキヤ、また愚連隊に戻って最後は山口組の柳川組。柳川組との縁は、たまたま谷川康太郎という男に出会って、彼に惚れこんでしまったから。それだけなんだわ」

率直に自身の来歴を語ってくれたものだ――。

その通り名の由来も昭和22年2月、札幌で開催された「北海道ボクシング選抜選手権大会」に長岡氏が出場した時に遡る。彼が3ラウンドで相手をKOすると、ラジオ中継を聞いて声援を送っていたバイト先のEMクラブの米軍将校が思わず、「オー、ヤツはジャッキーだ！」と叫んだからだった。アメリカで強い男の愛称として使われていたのが〝ジャック〟で、小柄な長岡に対し、将校はもっと愛敬のある〝ジャッキー〟の愛称を贈ったのである。

また、長岡氏が雁来のバラの舎弟となったのは戦後間もない20歳の時。たまたま雁来のバラを始め、7～8人の愚連隊が集まって札幌ススキノ交番襲撃という、新人の度胸試しが行われようとしていた。新米の誰もが怖気づき尻込みする中、「オレがやる」

長岡宗一

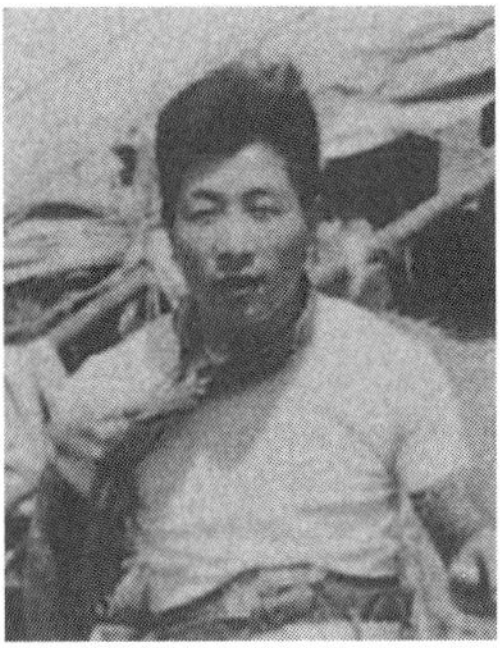

と手を挙げたのがジャッキーで、まっしぐらに交番に突進した。そのドアを開ける寸前、先輩の1人に止められ、

「よし、合格だ。今日からお前はバラやんの舎弟だ」

とお墨付きを貰ったのが始まりだったという。

ジャッキーは雁来のバラの死の翌年、小高龍湖の一家名乗りを許され、志半ばで斃《たお》れたバラの夢を果たすかのように札幌を制覇していく。勢力拡大も目ざましく、昭和36年には構成員が400人近い大所帯になっていたという。そうなると、ジャッキーを妬むあまり、親分の小高にあることないこと讒言《ざんげん》する輩も出てくる。そうしたことが重なり誤解も生まれ、次第に2人の間に亀裂が生じ、それは修復できないほど大きくなっていく。ついには、ジャッキーの独立宣言——逆破門状へと至るのだった。

そもそも兄貴分のバラが小高の実子分となったことで、ジャッキーはその一門に連なったに過ぎず、この縁は偶然の産物とも言えた。だが、後にジム経営者となったことを思えば、長岡氏に幸いした面がある。それは小高が北海道アマチュアボクシング界における大変な実力者であったことだ。昭和24年、戦前に小高が創立した北海道拳闘クラブ（北海道アマチュアボクシング連盟に改称）が北海道体協に正式に加盟。その実現に向けて奔走し、以後一貫して北海道アマボクシング界の発展に寄与してきたのが小高であった。

ジャッキーは会津家一門となるや、小高のボディガードに抜擢され、常にその側に仕える身となった。おのずと道内のアマボクシング大会の全試合に立ちあうことになるのだから、その縁は

運命というしかなかった。

〝雁来のバラ〟の異名をとり、北海道伝説のヤクザとして今も斯界で語り草になっている荏原哲夫。一の舎弟だった〝ジャッキー〟こと長岡宗一も、その凄みの一端を目のあたりにした一人だった。

ある日、二人で札幌ススキノを歩いていた時のこと。突然、すぐ近くでパーンという花火のような音がしたので、長岡は驚いてバラを見遣った。道行く人たちも、何事かとまわりをキョロキョロしている。

が、荏原は顔色ひとつ変えず、「帰るぞ」と言い、ジャッキーとともにタクシーに乗った。ジャッキーの弁によれば、

「私もその時は何が起きたのかわからなかったけど、兄貴は腰のベルトに米軍の45口径拳銃を挟んでいたんだわ。それが重くてズレるので、兄貴が直そうとしたところ、暴発したんだわ」

二人で雁来町の自宅に戻ると、バラはジャッキーに、

「ヨードチンキと脱脂綿を用意してくれ」

と命じ、ズボンを脱いだ。

見ると、太股が血まみれで、その内側を弾丸が斜めに貫通した痕があった。

「兄貴はヨードチンキを塗った脱脂綿を針金の先に付けて、自分の手で傷痕に貫通させて消毒してるんだわ。見ているこっちのほうが蒼くなったよ。なのに兄貴は口笛を吹きながら事もなげに

やってるんだわ」

大の男でも悲鳴をあげるであろう荒療治。それを自らの手で平然とやってのけるド根性ぶりに、ジャッキーはわが兄貴分ながら、改めて舌を巻いたという。

雁来のバラが殺されたあと、長岡は北海道一の大親分、小高龍湖の一家名乗りを許された。それはジャッキーにとって天の配剤ともいえるような巡りあわせだったろう。

二人が生涯を賭けて情熱を燃やし取り組んだ共通のテーマがボクシング。そんな二人が稼業上の親子となれば、どれほど強い絆となることか。誰もがそう思うところだが、事態は案に相違して真逆の方向へと向かい、二人の仲は険悪となり、ついには袂を分かつ。

ジャッキーは独立宣言——世にいう〝逆破門状〟を業界に送付、長岡一統400人を引き連れ、小高のもとを離れた。それはヤクザ界における掟破りに等しく、小高も間髪をいれず、長岡を破門した。ジャッキーはヤクザ界の反逆者となったのだ。

ジャッキーが私にしみじみ述懐したのは、

「今、振り返ってみると、オレと小高の親父は似すぎていたのかもしれんなあ。お互い本当にボクシングが好きでね。生涯深く関わったところも同じ。気性だって、まっすぐなとこが似てるんだわ。だから、うまくいかなかったのかもね……。反対の性格ならよかったんだわ」

小高に逆破門状を出した長岡は、間もなくして道内の2つの大きな愚連隊勢力と手を結び、「北海道同志会」を結成する。一つが長沼町に勢力を張る〝北海のライオン〟こと石間春夫の一統、もう一つが砂川市の谷内二三男の一派で3人は五分兄弟盃を交わすのだ。

それからしばらくして、ジャッキーは、山代温泉でストリップ劇場を経営していた舎弟の紹介で、1人の男と出会う。三代目山口組柳川組最高幹部（のちの二代目）の谷川康太郎だった。2人は会って話をするうちにたちまち意気投合、初対面の日に、五分兄弟分の縁を持ったのだった。

「札幌で会って話をしたんだけど、北海道にはまるでいないタイプで、関西風の垢抜けたセンスを感じてね、ああ、頭の回転の速い男だなぁと強く魅かれるものもあったし、互いに波長が合ったんだわ。むこうも私に対し感じるところがあったのか、すぐに『兄弟分になろう』って」

とジャッキー氏。やがてその縁を通じて、長岡、石間、谷内の3人は、柳川組柳川次郎組長の舎弟盃を受け、北海道同志会はそのまま三代目山口組柳川組北海道支部となった。昭和37年暮れ、北海道で初の山菱の代紋が掲げられたのだ。

だが、ジャッキーはその後、紆余曲折を経て、昭和40年11月、ヤクザ界を引退する。彼がそれを発表したのは、懲役2年6カ月の刑を終え、釧路刑務所を出所した3日後、定山渓温泉で行われた放免祝いの席上であった。まさに40という不惑の歳に鮮やかな出処進退、見事な男の引き際を見せたのだった。氏の弁は、

「引退は刑務所の中で決めてたことだったんだわ。温泉ホテル大広間での放免祝いで、大勢の柳川組幹部の居並ぶ宴の最中、背広の襟から山菱のバッジを取り外してさ、それを三方に置いて谷川康太郎に差しだしたんだわ、深々と頭を下げて。会場は水を打ったように静まり返って、谷川は唖然とした顔をしてた……」

私が会った時分の長岡氏は、とてもそんな派手なパフォーマンスをするような人には見えなかった。物静かで生真面目、律儀で几帳面、冗談ひとつ言わない謹厳実直な紳士そのものという感じだった。実に筆まめな人でもあり、時々頂く手紙にも、その性格はよく表れていた。

氏からは崩れた感じとか、不良の臭いはかけらも感じられなかった。

私が今でも残念に思うのは、氏の背中の刺青を見せてもらえばよかったな――ということ。当時はとてもそんなことを頼める雰囲気ではなかったが、氏のことだから、お願いすれば、見せてくれていたと思う。

男女交合三態の浮世絵――一つは局部丸見えの正常位の体位、二つ目は同じく後背位、三つ目は男女が抱きあって交合しているという世にも妖しげで嬌《なま》めかしい絵図が、氏の背中一面に彫られていたのだ。

なぜ、こんな絵を？　と彫師に訊かれて、長岡氏は、

「魔除けには違いないですが、私はバラの兄貴のように後ろから撃たれて殺されたくない。正面から敵と戦い、一太刀でも入れて死ぬのが本望だからですよ」

と答えたという。

マッサージ嬢も思わず陶然となったという、このなんとも官能的でエロチックな刺青を、ぜひ私も一度実物を拝みたかった。

矢島武信

立教大学卒の異色親分が語った安藤組の真相

先日、わが家の押し入れから、表紙に「昭和61年　二率会」と記された、文字通り骨董品級の取材ノートが見つかった。

なにせ、今から36年前、ケータイもネットもなかった時代の代物で、二率会というかつての関東二十日会所属の名門も今や、その代紋が消え去って久しい。

ノートの頁を繰ると、中ほどに取材日11月8日とあり、実に懐かしい親分の名が載っていて、私は思わず、ホオーッと嘆声を漏らしていた。しかも、2時間近いインタビューの中身がすべてテープ起こしされ、20頁にもわたって記載されているではないか。

それを読み進めていくうちに、私はかの親分の話しぶりや表情、笑顔、所作まで、その日のことをつい昨日のことのように、鮮やかに思い返していた。

その人は昭和8年生まれであるから、当時は53歳のバリバリ（今なら若手もいいところだが）、脂の乗りきった壮年期を迎えていた。だが、親分は生来のベビーフェイスもあって、若々しく、とてもそんな歳には見えなかった。

私が今もはっきりと憶えているのは、少年のようなくりくりっとした眼（失礼！　だが、作家になった舎弟の安部譲二も同じような表現をしていたはず）、そして何より印象に残っているのは、その眼を終始キラキラさせて熱っぽく語ってくれたことだった。思い出すだに懐かしさがこみあげてくる。

その親分の名は、矢島武信。当時の肩書きは二率会常任相談役兼事務局長、小金井一家（八代目堀尾昌志総長）新宿東初代——つまり、日本一の歓楽街である新宿歌舞伎町を含む新宿1〜3丁目を縄張りとする貸元であった。幕末の大侠客・小金井小次郎の譜に連なる名門博徒一門の最高幹部でありながら、立教大学出身で、戦後の有名な元安藤組幹部という異色の経歴を持つ親分でもあった。

新宿の氏の事務所を初めて訪れた私が、手土産の菓子折（せいぜい2000円くらいのもの）を差し出すと、親分は少し驚いたようだった。それを手にとってしげしげと眺めながら、

「へえ、ヤクザの事務所にこういうものを持ってくる人もいるんだねえ……」

と感心したように言ったものだ。続けて、

「二率会といっても、世間にはあまり知られてないでしょ。だから、僕はこういう取材の話があれば、極力受けるようにしてるんだよ。知ってもらうことも大事だからさ」

と、会の広報役をも自認、なかなかの開明派でもあった。大学出ヤクザでも立教大学というのは珍しく、私は今に至るも、氏以外、お目にかかったことがない。何より、数々の伝説で語り継がれる安藤昇率いる安藤組の幹部だったという人物。胸躍らせての取材となったのは言うまでもない。

氏は東京・神田の生まれ。きれいな東京弁で歯切れもよく、やはり〝垢抜け感〟は抜きん出て

いた。

「立教？　確かに変わってるよね。今は社会学部になってるけど、僕らのころは文学部社会学科なんだよね。世は言論の自由とか言われ出して、マスコミやそういう方面、面白いなと思ってね、受けてみたら受かったたという感じだね。僕は実家が西武新宿線の武蔵関で、高校が赤坂見附にあった日大三高。高田馬場へ出て山手線で渋谷まで行って、そこから地下鉄で赤坂見附へ通ってた。ちょうど乗り換え駅の渋谷が遊び場、溜り場だったんだね、不良少年団を作ってね、そこで安藤さんを知ったわけ。立教行ってからも、ダンスホールやなんかにトグロ巻いて、ダンスパーティを荒らしてまわったり……ずっとフラフラしてたんだ」

矢島氏が立教大学を卒業したのは昭和30年3月のこと。氏が選んだ就職先は、本社が渋谷、安藤昇社長の東興業——世にいう安藤組であった。

「今で言うと、スカウトなんだろうね。やっぱり不良少年団のボスだったでしょ、何十人もチンピラ連れてね。安藤さんも戦力になると思ったんじゃないかな。こっちも憧れてたし……。ヤクザには試験がないからね、入るのは大学入試より楽（笑）。入ってからは大変だけどね」

氏が安藤昇組長から安藤組新宿支部（支部員約50人）を任されるのは、安藤組に入って半年後、昭和30年10月のこと。組入り即幹部待遇同然であったわけで、異例のスピード出世といっていい。

「あの頃は渋谷に、花形敬さんとか名の売れた先輩がいっぱいいてね。遊びづらいというか、頭を押さえつけられちゃうところもあるでしょ。つまらないからね。じゃあ、自分の力で開拓しようというんで新宿支社——安藤組というのは、親分のことを社長、支部のことを支社と言わせたり、ダボシャツや雪駄履くなら、ネクタイ締めろ、靴を履け、ドスを持つなら拳銃《ハジキ》持て、って感じでね。だから、安藤組は東興業、新宿支部は東興業支社で、国際企業と名づけたのかな。今考えると、安藤さんがアメリカ映画を真似してたようだね」

もともと新宿は安藤組と縁が深く、安藤昇の出身地であり、学生時代に暴れていた地。もっといえば、戦前、安藤の親分筋にあたる〝愚連隊の神様〟と呼ばれる万年東一がホームグラウンドにしていたところだ。

「新宿に出た頃は何もわかんなかったからね。恐いもんなかった。誰が偉くてどこにどういう人がいるか、とにかく当たりゃ嚙みついていればよかったんだもんね。負けてもともと。取られるもの何もないし……。無鉄砲で無茶苦茶。安藤組に入った時だって、別にヤクザと意識して、覚悟して入ったわけじゃないよね。思いきり遊びたい、思いきり暴れたいという、それだけだったから」

そして氏が安藤組に正式に入門して3年後、昭和33年6月11日、安藤組の名を一躍、世に知らしめ、警視庁に捜査四課（いわゆるマル暴）を新設させることになる事件が勃発する。東洋郵船の横井英樹社長襲撃事件である——。

昭和33年6月11日夜に起きた安藤組幹部による東洋郵船・横井英樹社長襲撃事件。重傷を負った横井社長が〝乗っとり屋〟の悪名も高い実業家であったのに加え、警察が下山事件以来といわれる捜査網を敷く中、安藤昇組長を始め幹部たちの逃亡生活は3週間にも及んだことで、マスコミは連日大々的に報じた。安藤昇と安藤組（正式には東興業）の名は全国に知れわたったのだ。

この事件で逮捕されたのは、安藤以下、安藤組赤坂支部長の志賀日出也、実行犯の千葉一弘、他に花形敬ら幹部計7人だった。

安藤組新宿支部の矢島武信は、この横井事件には直接関与しなかったという。

「僕はまだ入ったばかりの頃だったからね。チンピラだったから、ああいう大事な場面には連れて行ってもらえなかったんだね（笑）。あれはだいたい渋谷と赤坂の人間とでやったんだ」

これによって、安藤は懲役8年、志賀は同7年、千葉が同6年、他の4人の幹部も1年から2年の懲役刑に服するなど、安藤組は大きな打撃を受けた。その間隙を突くように他組織の渋谷進出や、警察の徹底的な取締りもあった。安藤組は次第に勢力を失っていく。

昭和38年9月には、代行として安藤組の留守を預かる伝説の男・花形敬が刺殺される。翌39年9月、安藤昇が前橋刑務所を仮出獄、安藤組は活気づいたが、その2カ月後の11月7日に起きたのが〝レストラン「外苑」事件〟であった。

同事件の主役を務めた安藤組幹部は2人、1人が殺された西原健吾、もう1人が矢島武信だった。

当時の新聞が事件をこう報じている。

《同夜八時ごろ、港区赤坂青山北町レストラン「外苑」二階の客席で、渋谷区南平台バク徒錦政会渋谷支部（岸悦郎支部長）の組員N（23）K（21）S（26）と、同会と渋谷でナワ張り争いをしているグレン隊安藤組（安藤昇組長）の組員西原健吾さん（31）同矢島武信（31）とが話をしているうちに激しい口論となり、安藤組側の矢島がイスをふりあげた。このため錦政会側のSがかくし持った短刀で矢島を刺し、さらにNが西原さんめがけてピストルを続けざまに四発発射、うち三発が西原さんに当った》

錦政会側の3人は、そのまま外に待たせてあった乗用車で逃走。西原は喉、左胸、右腕などを撃たれ同夜8時半頃に死亡、矢島は頭や顔を斬られて重傷を負ったという。矢島が当時のことをこう振り返る。

「レストラン『外苑』は野球場並びのちょっと先にあった。……あれから22年経ったんだね。今となったら、そんな荒っぽい話も懐かしく思い出されてね。もう年寄りなのかね。痛かったとか、悔しかったとはあんまり感じないね。一緒に行った西原は殺され、僕も重傷を負ったんだけど、左頬の傷口を12針縫って抜糸したら、そのまま警視庁に連れれて行かれちゃった。病院からドテラ姿のまま（笑）。ひどいことするよね、警視庁も。今でも雨なんか降ると、傷は疼くよ」

安藤昇が最も可愛がったという西原健吾。前年9月に刺殺された花形敬に続く、この西原の死が安藤に組解散を決意させたといわれる。西原は矢島の1歳下の昭和9年生まれ。花形の舎弟で国学院大学時代は空手部主将として活躍。喧嘩も無類に強かったという。

「僕らは話しあいの頭しかなく、武器は持ってないんだから。当時の安藤組は単純というか、自信過剰だったのかな。乱闘になった時点で、もう勝負は見えてるよね。向こうは拳銃や刃物を持ってきてるんだから。西原とは仲もよかったけど、その前に僕の舎弟の喧嘩が発端で花形が殺されちゃったでしょ。だから、花形の舎弟の西原には借りがあった。こいつのためには何かしなければという気持ちがあったからね。あの時も西原を守ろうと思って奥の席に座らせたのが仇となっちゃった。西原を奥にすれば、何かあっても、オレが盾になってあいつを守れると単純に考えたんだね」

ところが、相手側にすれば、目の前の矢島にはドスを振るえても、奥の西原には刃物が届かない。そこで、西原に拳銃が向けられることになってしまったのだ。

「あの場面は修羅場だよね。今でも西原が撃たれ、崩れ落ちて苦しそうな顔になるのを、フッと思い出すことがある。目の前で殺されたんだからね。もうちょっとオレが気を遣ってやれば、あいつは助かったかと思うと、なんとも複雑な気持ちにもなるし……西原のことは忘れられないよね、鮮明に記憶に残ってるよ」

安藤組解散後、矢島は花田瑛一ら残党とともに、安藤の許可を得て「東興業」（本部・青山）を再結成。

そんな矢島が、二率会小金井一家新宿五代目の堀尾昌志（後の小金井一家八代目総長）に見込まれ、「オレのところに来ないか」と誘われるのは、それから間もなくのこと。矢島に用意されていたのは、「跡目代行」のポストだった。

2人の間で養子縁組みが行われるのは昭和45年7月、矢島が銃刀法違反による懲役1年半の刑を終え、網走刑務所を出た直後のことである。さらに昭和53年1月には堀尾総長から新宿東（新宿1～3丁目、歌舞伎町）の縄張りを分け与えられ、小金井一家新宿東初代を襲名、矢島は日本一の盛り場の貸元となった。

それから8年後、私は氏の直撃取材に臨んでいるのだった。脂の乗りきった男盛りを迎え、矢島は自信に溢れているように見受けられた。インタビューで、氏が繰り返し口にしたのは、「ヤクザは真面目さが肝心」ということだった。

「何であっても、生き様が真面目じゃない人はダメだよね。ヤクザもそうですよ。真面目に生きてないとね。死ぬ時は人のために計算しないで死ねる男にならないと……。僕は精神的にもヤクザになってよかったと思ってるもん。自分の生き方には自信を持ってるから」

最後に照れたように、

「けど、ヤクザが真面目って変だよね」

と童顔を綻ばしたのが印象的だった。

松田武嗣

「南海の松」の異名は運命を予見していた

戦後、テキヤ全盛の北海道ヤクザ界にあって、〝北海道三本松〟と謳《うた》われた3人の名物親分がいた。〝北海の松〟こと中田松次郎、〝般若の松〟こと松本武男、そして〝南海の松〟こと松田武嗣の3人である。

私が南海の松の一代記を書きたいと思ったのは、平成4年4月24日、小樽の隣り町・余市で初めて本人に会ったその日のうちだった。それほど氏の話は面白く、痛快であったからだ。

もともと松田氏を訪ねた目的は、〝雁来のバラ〟こと荏原哲夫に関する取材で、2人は子供の頃から仲の良い兄弟分であったと聞いていたからだ。

松田氏の自宅は、余市のニッカウヰスキーの工場近くにあり、まわりを見渡せば日本海の海が広がるという、いかにも南海の松に相応しい眺望が待っていた。

自宅玄関を入ると、大きな帆船の模型が置かれているのも、その家には似つかわしく、まるで主の夢の名残りであるかのようだ。

「やあ、どうぞどうぞ。今日は何、荏原の話ってかい？　なんもなんも。懐かしい名前だなあ。もう死んでどれくらいになるんだい？　えっ、36年って？　そんなになるんかい」

御年67歳の松田氏は初対面の私に対し、極めて気さくでフレンドリー、見るからに元気印のパワフル老人、陽と陰で区分すれば、決定的に〝陽〟の人であった。とはいえ、氏は14年前の53歳の時、大きな交通事故に遭い、肩甲骨、あばら骨、大腿骨など全部で14カ所を骨折、下半身不随の重傷を負い、車椅子生活を余儀なくされていた。さらに3年前には、末期の肝臓癌が発見され、担当医から余命半年と宣告された身であるというのだ。

これには私も「えっ!?」と驚き、耳を疑わざるを得なかった。下半身不随のうえに、余命宣告——となれば、常人はそれだけで呆然自失となり、絶望の淵に沈んでしまうだろう。

それなのに、かつて南海の松の異名をとったこの老人は、まるで何事もないかのようにケロッとして大層明るかった。夫人に聞くと、3年前、医師からその旨を宣告されたときも、氏は些《いささ》かも動じることなく、

「そうですか。先生に預けた命ですから。好きなように治療してください」

と淡々と応えたという。

「北海道に南海の松あり」

と謳われた理由の一端が窺えるような気がした。

「半年保《も》たないって言われたのが、もう3年も保ってるんだから、どうなってんのかね。不思議ですよ、荏原のようないい男が早く死んで、オレみたいな憎まれモンが長生きするんだから」

若い頃はさぞやおっかない面相であったろうと思われるギョロッとした三白眼が、人懐っこく微笑んだ。氏の場合、目も鼻も口も大きく、顔全体が大振りで長い間、潮風に吹かれた人のように肌も浅黒かった。いかにも南海の松のニックネームが似つかわしかった。

「雁来のバラって人は、いい男だったですか？」

私が質問を開始すると、

「うん、いい男だったなあ。僕と同じ歳でね、初めて会ったのはお互い15の時、室蘭の日本製鋼所で、僕はそこの技術養成校に入学した養成工、荏原は国民徴用令で引っ張られてきた徴用工。もう不良少年の巣窟で、毎日喧嘩沙汰が絶えなかった。荏原は札幌で名を売って知られていたし、僕も南海の松なんて名乗って、粋がってた。ヤツとはすぐに意気投合して兄弟分になったんですよ」

「北海道なのに、どうして〝南海の松〟なんて異名がついたんですか？」

「日本製鋼所の番長で宮谷という、5つくらい年長の私の兄貴分がいたんですよ。この宮谷が、ある時、『おい松田、おまえ、今日から〝南海の松〟と名乗れ』って言うわけですよ。何の意味もない思いつきでね、映画か戦記物雑誌を見たかなんかして、よほど〝南海〟という語呂を気に入ってたんでしょ」

しかも、この兄貴分は木綿針を3本使った荒っぽいやり口で、松田の二の腕の内側に、南海の松と四文字の刺青を彫ったという。さらにそれを囲んだ短冊まで彫る念の入れようだった。

かくて〝南海の松〟が誕生、やがてその通り名は地元の小樽はおろか、札幌を始め道内の不良連中の間に広まり、定着していく。偶然とは恐ろしいもので、何の意味も由来もなかったはずのネーミングが、まるで松田の運命を予見していたかのように、後年、ピタリとハマってくる。

17歳の時、松田はひょんなことから神戸で南洋航路の船乗り（機関員）となり、終戦の約1カ月前に兵隊にとられるまでのおよそ3年間、南方の海々を駆け巡ることになるからだ。文字通り〝南海の松〟となったのである。

「荏原とはガキの頃からつるんで遊んだ仲。喧嘩が好きなのは2人とも一緒なんだけど、街を歩いてても喧嘩を売られるのはいつもバラのほう。オレはこの通り、見るからにタッパもあって、いかつい顔をしてるけど、ヤツはホラ、通りすぎた女の誰もが振り返って見るといわれた美少年で、大人しい顔をしてるから、ナメられるんだな。相手にすりゃ、まさか雁来のバラとは思わないから、知った時にはあとの祭り。で、ヤツは手加減なしなんだ。バンバンやっつける。『兄弟、もうやめとけ』と止めても容赦しない。ワヤなんだわ」

ワヤとは山口や広島方面の方言でデタラメの意。そんな言葉が自然に氏の口を突いて出るのも、若い時分は旅が多く、西日本で暮らしたこともあったせいだ。

「ワヤっていえば、『仁義の墓場』で有名な石川力夫。オレが凶状旅で東京の中野に住んでた頃、石川とは新宿を根城にしてよく一緒に遊んだけど、荏原によく似てるんだわ。ワヤでヤクネタでオシャレなところが、まるで一緒」

石川が「大笑い30年の馬鹿騒ぎ」の辞世を残し府中刑務所の屋上から投身自殺したのは、昭和31年2月2日。雁来のバラが札幌ススキノで射殺されたのはそれから16日後の2月18日のことで、ともに31歳だった。

南海の松の取材は愉《たの》しかった。話は痛快無比、余市の自宅のまわりは日本海の絶景が広がっており、応接間の窓からも海が見渡せた。その地平線を眺めながら、松田はフッと私に、

「オレの最後の地には、ここが一番相応《ふさわ》しいべや」

と漏らしたこともあった。

終生、海への憧憬を抱き続けた男が南海の松で、戦後の小樽では小学生の間でもその名は知られていた。

昭和30年代、小樽の地元紙が「港の目」というコーナーで、地元の小学生数十人に「大きくなったら何になりたい」とアンケートを試みたところ、その答えの中には脱獄王の「白鳥由栄」などとともに「南海の松」の名もあったという。

私が小樽から車で余市の松田邸に通っていたのは、平成4年から5年にかけてのことだが、小樽の盛り場でも、南海の松の名はまだ伝説として残っていた。レトロな戦前からのキャバレーもまだあって、キャリア30年、60ン歳というホステスさんも在籍しており、私がとぼけて、彼女に、

「昔、小樽には有名なヤクザがいたそうですね」

と訊いてみると、

「ああ、それは南海の松よ」

と即座に答えが返ってきた。

「昔、この店にも何度か来たことあるわ。おっかない顔してるから最初は女の子が誰もつかない

のよ（笑）」

「へえ、そうなんですか」

「でも、話が面白いし、やさしいから、すぐに人気者。見かけと違って、とてもいい人でしたね」

この話を仕入れた私が、さっそく松田に披露すると、彼は哄笑し、

「見かけと違って――はないよな。こう見えても、僕は海陽亭の女将から、石原裕次郎のお父さんに似てるって言われたことがあるんだよ、マジで」

海陽亭とは、小樽では知られた老舗料亭で、戦前の一時期、船会社の重役として小樽に住んでいた石原慎太郎・裕次郎兄弟の父親も常連客であったという。

南海の松の名をいっぺんに有名にしたのは、昭和25年9月11日に起きた「青函連絡船殺人事件」。

この日午前、松田たち3人は青森発函館行きの国鉄青函連絡船「大雪丸」デッキで競輪選手一行6人と揉め、乱闘を繰り広げ、死者まで出す騒ぎになったのだ。松田らは函館水上署に逮捕され、傷害致死罪による懲役4年の刑を受けた。

明治41年の就航以来初の殺人事件とあって、松田の悪名は小学生の間にまで広がるハメになったのだ。

この刑を務め終え、札幌刑務所を出所後も松田は小樽に腰を落ち着けることはなかった。釧路で起こしたささいな傷害事件の逮捕を拒んで逃亡生活に入り、東北、関東、北陸などを転々とし、凶状旅を続けたのだ。その間、およそ8年。

「女房と小さい連れ子、若い衆3人を連れての珍道中でね。そら、あんな面白いヤク旅もなかったなあ。行く先々で事件に巻き込まれたり、それ以上に、自分でもいろんな事件を引き起こしたもんですわ。南海の松が行くところ、つねに事件あり――ってね。さしずめ僕は〝歩く事件〟といったところで……」

〝歩く事件〟とはよく言ったもので、氏のユーモアセンスはなかなかのものだった。と同時に、どんな深刻な状況に陥っても、笑い飛ばしてしまうような氏の不屈の性根、精神的ダンディズムには感服せざるを得なかった。

なんとかその物語が描けたらとの思いと、海の眺望にも魅せられて、私の余市通いが始まったのだった。

松田の8年もの凶状旅にピリオドが打たれたのは、昭和35年春、茨城で催された葬儀に出席するため、会場の寺へ赴いた時のことだ。情報を摑んだ刑事たちが葬儀会場に張り込み、松田の来場を待ち構えていたのだ。寺に着くなり、刑事たちに取り囲まれた松田は、すぐさま状況を察知し、観念した。

刑事がその手に手錠を掛け、逮捕しようとした時、

「松田は逃げも隠れもしないんだから、葬儀が終わるまで待ってくれ」

とストップをかけ、刑事を説得した人物がいた。葬儀参列者の一人で、業界の重鎮である極東の関口愛治であった。

さらに葬儀が終わると、関口ら関東の錚々たる親分衆が、松田のために、

「将来ある者が懲役に行くんだ。何かと物入りだ。助けてやろうじゃないか」

と参列者からカンパを募り、ソフト帽に集まった金額は15万円（昭和35年当時）を超えたという。

そのあとがまた南海の松らしかった。3人の刑事によって茨城から北海道まで護送される段になって、次の列車を待つ間、一行は駅前食堂に繰り出した。

そこで一杯やっているうちに、いつのまにか飲めや歌えのドンチャン騒ぎになっていたという。刑事たちもすっかり南海の松のペースにハマってしまったのだった。

末期肝臓癌で半年と宣告された松田の命は結局5年保《も》った。鼠径《そけい》部から透視しながら抗癌剤を詰め込む2度の治療が成功し、不思議に癌細胞はどこにも転移しなかったのだ。

私が彼と出会ったのは、そうした癌発覚後4年目の安定期であったが、5年目、平成5年に入って、その容態は急激に悪化する。同年3月下旬の頃には、松田は自分の死期をほとんど正確に予期していたようだ。

夫人には自分の葬儀のことを、

「坊さんは3人、お経は30分、呼ぶ人間は60人（カタギのみ）、出棺の時は村田英雄の『人生劇場』を流してくれ」

との遺言まで残していた。遺影も、メッシュのハンチングを被ったお気に入りの写真を選んでいた。1年ほど前、妻に撮ってもらったものだった。

時折襲いくる激烈な痛みをも耐え抜いて、松田は、

「人間、滅びる時だから、簡単にはいかないよな」

と粋な科白を吐き、不敵な笑みを見せたという。

最後まで〝南海の松〟を貫いて、松田武嗣は平成5年4月7日、67年の波瀾の生涯を閉じたのだった。

浜部一郎

【特別編】最後の生き証人が明かした実録「仁義なき戦い」

病室で見せた「衰えぬ貫禄」

それは32年ぶりの再会であった。

「総長、川口です。その節はお世話になりました」

二代目東組の副組長を務める二代目清勇会・川口和秀会長の挨拶に、病室のベッドに横臥する老侠は、ひたと相手の眼を見据え、

「――おお……会長……」

とうなずき、感無量の面持ちになった。

しばし2人は黙って互いの眼を見つめあう。何を語らずとも、胸奥で2人がわかりあい、共感めいた思いを共有しあっている様子が、周囲の者にもひしひしと伝わってくる。

それは感動的なシーンだった。とりわけ盟友の川口を、この山口・徳山の病院に案内してきた西山俊一郎は、誰よりも胸を熱くさせていた。

西山は病室を訪れるなり、

「元老、ワシがいつも言うとりました大阪の清勇会の川口会長です。元老のことを心配し、こう

して来てくれましたで」

と川口を紹介、２人の32年ぶりの対面が適《かな》ったのだが、もとより老侠は川口のことを憶えていた。ヤクザ渡世を引退してすでに30年、それでも30歳も年少の川口に対して「会長」と呼んで立ててくれる姿に、西山は、

〈さすがは最後の侠客よ〉

と内心で唸らずにはいられなかった。川口もまた、

〈老いて入院中の身とはいえ、まだまだしっかりされとるなあ〉

との思いを強くし、ヤクザ渡世に生きる者なら、その名を知らぬ者などいない老侠に、改めて畏敬の念を抱いた。

　精悍な風貌、鋭い眼光と堂々たる体軀（現役時代は１８０センチ、１００キロあったという）、威風辺りを払う貫禄で、「山陽道にこの親分あり」と謳《うた》われた面影は、老齢の身となった今でも充分に残っていた。

　齢91歳、生きた伝説ともいえる任侠人――目の前の老侠こそ、浜部一郎その人であった。山口・徳山で生まれ育ち、10代の頃から「周防の虎」と名を馳せ、戦後すぐに浜部組を旗揚げ、「仁義なき戦い」といわれた広島ヤクザ抗争の渦中の者たちと親交を結び、共政会の結成にも参画、脱会後は下関の名門〝籠寅〟の譜を継ぐ名侠・合田幸一親分の盃を受け、合田一家若頭を経て同二代目を継承した男が浜部だった。

川口和秀が現役時代の浜部総長と直接的に触れる機会があったのは、昭和53年3月、抗争で死去した兄弟分・侠道会池澤組幹部の滝下健夫の葬儀の時、それから4年後の池澤組幹部とみずから率いる二代目清勇会幹部の兄弟盃の時の2回だった。

前者では、浜部は三代目共政会幹部・門広の依頼を受けて後見人を引き受け、後者では盃の見届人として式典に列席してくれたのだった。

むろん当時は、20代の川口にとって浜部は格違いの仰ぎ見るような存在。挨拶だけでとても話などできるものではなかったが、その恩義はずっと忘れていなかった。

浜部は昭和58年に引退し、川口はその6年後の平成元年、いわゆる〝キャッツアイ事件〟という冤罪で逮捕され、22年間の獄中暮らしを余儀なくされて以後、両者は相まみえることはなかった。

その浜部と昔から昵懇にしていたのが、川口の盟友・西山俊一郎だった。

香川県善通寺市で土木建築会社を経営する傍ら、NPO法人「日本青少年更生社」を主宰し、犯罪更生運動に真剣に取り組む西山も、元山口組系組長で、現役時代は〝ボンノ〟こと菅谷政雄組長率いる菅谷組の四国支部長まで務めた人物。菅谷組の解散に伴なってみずからもヤクザ渡世を引退したのがいまから33年前、32歳の時だった。

浜部総長とは趣味の土佐犬を通して知り合い、大会などでたびたび顔を合わせているうちに総長に可愛がられるようになり、互いに渡世を離れてからはグンと親しくなった。

西山が前述のような浜部と川口の縁を知ったのは、川口が獄中で冤罪と闘っている時、たまたま実話誌に載った一葉の写真を見たからだった。

それは川口の兄弟分・滝下健夫の葬儀の時のもので、浜部、侠道会・森田幸吉会長、共政会・門広幹部、川口の4人が写っていた。

ワシは揉めごとが好きなんや

西山はその写真を浜部に見せながら、

「元老、私の親友とこんな縁があったとは知りまへんでしたわ。川口会長のこと覚えとられますか？」

と訊《たず》ねた。浜部はしばらくその写真に見入ったあとで、

「ああ、覚えちょるよ。兄弟分の本葬で弔辞読んどった大阪の男前の若い衆がおったな。今、どうしとるんや？」

「はあ、殺人の冤罪で長い懲役務めてるんですわ」

「ふ〜む、そうやったんか。頑張って務めてくれと言うてくれ。そんで帰ってきて、九州へ下ってくるようなことがあったら、いつでも徳山へ寄ってくれ。ワシは金がないけん、何もできんけど、カツ丼でもみんなで食べんか、のう」

浜部の温かい言葉が西山にはどれだけうれしかったことか。

2人でそんな会話を交わしたのが今から10年ほど前、浜部総長が80歳になった頃で、まだ矍《かく》

鑠《しゃく》としてバリバリ、土佐犬の大会にも顔を出していた時分だった。

西山はその浜部の言葉を胸に刻んで、川口が出所したらいつか川口会長を連れて徳山へ浜部総長を訪ねていくことを実現したいと願うようになっていた。

そして川口が出所したのは3年前。ついにそれが実現する機会が訪れたのだった。

この1月下旬のことで、浜部とはやはり土佐犬を通して古くからいいつきあいをしている西山の実兄の西山良三も同行することになった。

そのメンバー、西山兄弟、川口会長の一行に、なぜか私も同行させてもらえる運びとなり、伝説の〝周防の虎〟、「仁義なき戦い」の最後の渦中の親分とお目にかかれる光栄に与ったばかりか、冒頭の浜部・川口の感動的なシーンを目のあたりにすることができたというわけだった。

浜部総長の姐さんも、30数年前の若き時分の川口会長を写真で知っていて、今の印象とはだいぶ違うのか、

「何だか川口さんはその頃より今のほうが若く感じられますね」

と不思議がったり、

「今日は皆さんがいらっしゃってくれたお陰で、うちのはいつもよりよく喋るし、とても調子いいみたいです。最近は食欲も旺盛で元気なんですよ」

ともおっしゃった。確かに浜部総長、姐さんや西山御兄弟と何ごとか話をされていたのだが、残念ながら私にはその徳山弁がほとんど理解できなかった。あとで西山氏に訊《き》いてみると、総長が口にしていたのは、

「ワシャあなあ、揉めごとや喧嘩が好きなんや。話というのは揉めれば揉めるほど面白いんじゃや」

とのことで、なるほど〝周防の虎〟はいまだ健在といったところだろうか。

そのうちに畏まっている私にも、西山氏は気を遣ってくれ、

「何か訊きたいことがあれば訊けばいい」

と言ってくれたものだから、思いきって、

「あのう、映画の『仁義なき戦い』では浜部総長の兄弟分であった呉の樋上実という人をモデルにして田中邦衛が演じてますが、こう何かズルくて打算的、あっちにスリ寄ったり、こっちにスリ寄ったり……あまりよくは描かれてません。本当のところはどうだったのでしょうか？」

と訊いてみた。なにしろ映画の田中邦衛、みんなで殴り込もうという場面でやおら泣き出し、

「ワシャ死ぬいうて問題じゃないが、女房の腹に子がおって、これからのこと思うと可哀想で可哀想で」

と戦いから逃れようとして、ズルさが際立っていた。

すると姐さんは苦笑しながら、

「あんなんじゃないですいね。樋上さんはよくこっちにも遊びにきてましたが、とても気持ちのいい人でね。うちのとはとても気が合《お》うてましたね」

浜部総長は、概して「仁義なき戦い」の映画には甚だ懐疑的だったようで、原作者の飯干晃一氏が訪ねてきた時も、

「おんどれ、嘘ばかり書きやがって！　卑怯者が英雄になっちょるじゃないか」

と怒りをぶつけたこともあったとか。

総長が変わらぬ高い評価をしてきたのは、今は亡き三代目共政会・山田久会長で、

「三代目は立派な男だった。頭もよかったし、根性もあった」

と常々評しているという。

腕一本でのしあがってやる

浜部一郎は大正11年11月10日、瀬戸内沿いの山口県都濃郡大華村櫛ヶ濱（現・周南市櫛ヶ濱）に生まれた（なぜか役所へは翌12年11月10日生まれと届け出たため実年齢より1歳下になっている）。俗にゴンゾウ稼業（石炭を運ぶ人夫）の父の稼ぎも乏しいうえに、兄弟（兄2人、姉2人、弟2人）が多く、少年時代は赤貧洗うが如しで、ろくに小学校にも行けなかったという。

それでも尋常小学校高等科を卒業と認めてもらい、浜部は日立製作所笠戸工場へ就職、真面目に働いていたが、2年目のある日、出世も学歴で決まるという会社組織の不条理を痛感する出来事があり、

「よし、それなら、ワシはこの体一つ、腕一本でのしあがってみせる」

と決意、会社を辞めた。

それからは地元の徳山を根城に喧嘩に明け暮れる日々を送ることになって、持ち前の腕と度胸で連戦連勝、いつしか「周防の虎」と呼ばれ名を馳せていく。

やがて〝かしめ屋〟（現在の交鋲工）の現場の頭領《ボーシン》として呉の海軍工廠へと赴くことになり、そこでも連日、荒くれ仕事師やボンクラ（愚連隊）たちと喧嘩三昧の日々。「周防の虎」の名は広島・呉方面でも売れていったのだが、戦後の「仁義なき戦い」と呼ばれた広島抗争の当事者たちとの交流も、この頃から始まったものだった。

浜部一郎が地元・徳山の青木章平親分の盃をもらったのは、昭和17年夏、19歳の時である。とはいえ、青木はヤクザではなく、もともとが資産家の教養人、それが度外れた博奕好きが高じて博奕打ちになったという変わり種で、いわゆる〝旦那の博徒〟であった。

「盃をください」

という、地元でも有名な暴れん坊の顔を、青木章平はまじまじと見つめた後で、

「よし、よかろう」

と受け入れ、親子の契りを結んだのだった。

「ワシも音に聞こえる浜部という男の顔が見たかったんじゃ……」

と青木は漏らし、後に、

「いっちゃん、将来、あんたの上座に座る人はおらんだろうが、カタギと年上の者に対しては上座に勧めろ。断られても二度勧めろ。それでも、『いや、あんたが……』と言われたら、迷わずに上座に座らせてもらえ」

と浜部を諭した。

翌18年、浜部のもとに赤紙（臨時召集令状）が届いて、浜部は広島の第五師団・西部第六部隊

野砲第三中隊に入隊する。

軍隊時代の浜部は、勝新太郎の映画「兵隊やくざ」さながら、上官に平気で逆らい、理不尽な新兵いじめをする輩は殴り倒すような破天荒な兵隊で、「五師団始まって2人目のワル」として定着したという。

ちなみに1人目が、戦前、広島一と謳われた親分で、原爆で死んだ渡辺長次郎。

「この人が生きていたら、『仁義なき戦い』は起きなかっただろう」

と言われた親分だった。

そんな浜部が除隊を余儀なくされたのは肺結核が発覚したからだった。どうやら入隊前、呉で背中に鯉の刺青を彫った時、すでに罹患していた彫り師から伝染《うつ》されたものらしかった。

病院や療養所へ移されても退屈のあまりワルさばかりする浜部は、とうとう病院長から療養半ばの21歳で自宅療養を命じられる。

だが、徳山へ帰っても遊郭住まいを続けているうちに体調は悪くなり、毎日、洗面器一杯の喀《かっ》血《けつ》があった。

空襲も激しくなって、

「もうワシの命も長くない」

と浜部はやけくそになり、連日、好きな酒を二升から三升も飲んだ。

「馬に蹴られりゃ馬を斬る。人に触れられりゃ人を斬る」

とぶつぶつ独り言を呟きながら――。

刀を持って喧嘩を止めに…

昭和20年8月15日――敗戦の日を、浜部一郎は櫛ヶ浜の自宅で迎えた。

第三海軍燃料廠と大浦油槽所があった徳山は、たびたび米Ｂ29の空襲を受け、街は大半が焦土と化した。

浜部も生きているのが奇跡というほかなかった。紙一重で焼夷弾から難を逃れ、肺結核のほうも、浴びるほど飲んだ酒で悪化するどころか、逆に栄養補給となったのか、体調が回復したのは不思議だった。

玉音放送も聞かなかった浜部は、夜の波止場で、

〈ああ、これで日本も終わったか……〉

と悄然と佇んでいると、向こうのほうで酒を飲み、何やらおだをあげている声が聞こえてきた。

見ると、制服警官２人組だった。

浜部は無性に怒りがこみあげてきて、

「おどれ！　こん外道が！」

と２人を海に叩きこんでいた。

敗戦のショックと焼け野原と化した郷土、すべてを失い、ろくに食べ物もなく、人々の心も荒んで無秩序と混乱が支配し、跳梁跋扈する愚連隊や無頼の徒。

そうした中、浜部は以前にも増して暴れまくる日々を送るようになっていた。

そんな〝周防の虎〟を慕って、浜部のまわりには大勢の血気盛んな若者が集まりだした。それが50人にも達した時、浜部は親分の青木章平の許しを得て、徳山市一番町の青木宅1階を彼らの事務所とした。

浜部がまずぶつかったのは、朝鮮人、台湾人の不良グループで、どこの都市でもそうであったように、彼らは「戦勝国民」と称して横暴の限りを尽していた。飲食店やヤミ市、遊郭などでの無銭飲食や乱暴狼藉、強盗や暴行・傷害・殺人、軍需物資の強奪・横流し……。

無力な警察は彼らを取り締まることもできず、逆に浜部に、

「親分、あいつら、木っ葉《こっぱ》にしてくれえ！」

と頼み込む始末だった。

浜部は彼らのワルさを聞きつけるや、愛車の米国製500CCバイク・インディアンを駆って現場に乗りつけ、コルト45口径2丁拳銃をボスに突きつけて押さえこみ、その悪事を一掃した。

そのうちに彼らの中には、「親分」と慕う者も出てきて、金儲けに長けたある台湾人のボスなど、

「あったほうがいいから」

と浜部のために、徳山市内で初めての個人用の電話まで引いてくれたという。

そんなある日の夕方、浜部が一の子分・乙治と事務所で飲んでいると、馴染みの遊郭の妓楼「名月」の女将が、助けを求めて飛び込んできた。聞くと、特攻隊あがりの30人ほどの面々が、店の前で、中にあがった米兵3人を殺そうとして息まいているという。

浜部はただちに乙冶とともに「名月」へ駆けつけ、

「待てぇ！　いまさら米兵殺したところで、負けた日本は戻らんぞい！」

と彼らの前に両手を拡げて立ちはだかった。捨て身の止め役を務め、

「喧嘩したいなら、オレが相手じゃ、来んかい！」

と引っさげてきた日本刀を抜いた。

その気迫に気圧されたのか、さしも命知らずの特攻あがりたちも1人去り、2人去りしている
うちに散り散りとなり、いつか1人もいなくなっていた。

機関銃を装備した10台ほどの米軍ジープがサイレンを鳴らしながら「名月」に到着したのは、
浜部がきれいに片をつけたあとのことだった。

2日後、米軍はジープに大きな木箱をいっぱい積んで浜部のもとにやってきた。

「ミスター・ハマベ、プレゼントです」

木箱にはチョコレート、ビスケット、ウイスキーがぎっしり詰まっていた。

「もっとあります」

別の木箱も3つほど運んできた。45口径拳銃600丁と実弾2万発だった。

「いや、60丁でええ。サンキュー、サンキュー」

万事、こんな調子だった。

悪漢の左腕を斬り落とした

昭和28年10月27日、親分・青木章平が死去、浜部が浜部組を旗揚げしたのは、その喪明けを待ってすぐのことだった。地元の遠石八幡宮で発会式が行われ、旧青木邸に「浜部組」の看板が掲げられた。

すでに組員は50人を超え、シノギも潤沢で、カシメ業や賭場のテラ、パチンコ店、バー、キャバレーなどからの破格のカスリ——なにしろパチンコ店だけで徳山を中心に東の光市から西の新南陽市にかけてその数100軒、1軒3万円で計100軒から毎月300万円ものカスリが入ってきたのだ（当時の公務員の初任給が5500円）。

浜部は50人余の組員に給料を払い（当時、子分に給料を払うヤクザ組織など全国どこにもなかったろう）、シボレーに乗り、クルーザーを所有し、幹部8人と夜な夜な盛り場を飲み歩き、多額のチップを払ってもなお使いきれなかった。

自分の賭場のテラ銭ばかりか、徳山周辺の他の賭場からもカスリが入るようになったのは、理由があった。

知人の博徒たちから、

「賭場荒らしに困っとる」

と相談を受けたのが始まりだった。

浜部はさっそく乙治を連れ、

「よし、殺《ヤ》っちゃろうや」

とトラックで賭場荒らしの自宅に乗り込んだ。戸田に住む通称〝悪漢トク〟という男だった。浜部と乙治は玄関を蹴破って入ると、悪漢トクはあわてて台所のほうへと逃げていく。2人が追い込み、乙治がトク目がけ刀を力いっぱい振りおろした。直後、トクの左肩から鮮血が噴きあげ、左腕がポーンと飛んでいった。


が、トクの根性も凄まじかった。片腕を斬られても立ちあがり、台所の窓ガラスを突き破って逃げていく。

追おうとする乙治を、

「もうええ！　追わんでええ！」

と抑え、2人で外へ出ると、浜部は顔が妙に生温かいのに気がついた。鮮血が流れているようで、頰に触ると、手がそのまま口の中まで入っていく。

「――？　……」どうやら乙治の刀は浜部の頰まで斬り裂いたらしかった。

すぐに知りあいの病院に駆け込むと、院長は、

「浜部君、長物がもう10センチ入っていたら、首が落ちてたぞ」

と言って脅かした。

たまたま地元出身の歌手・灰田勝彦も居合わせ、彼も見守る中での手術となったが、幸い大事には至らなかった。

かくて悪漢トクを退治したことで、他の賭場からのテラも入るようになったという次第だった。

この一件、徳山署刑事の知るところとなったが、

「いっちゃんも怪我しとるから喧嘩両成敗でいい」

と事件にならなかったというから、当時の警察はおおらかなものだった。

浜部は戦後すぐに山口刑務所へ服役したのを皮切りに、刑務所へは何度か務めることになるのだが、最初、徳山から山口刑務所へ送られる際は、オート三輪（バタンコ）に取りつけた拡声器から、

「市民の皆さん、ただいま浜部一郎を山口監獄へ押送しております。安心して職場に帰ってください」

と空襲警報解除放送さながらであったというから、文字どおり〝周防の虎〟扱い。

2度目の服役は鳥取刑務所で、同刑務所始まって以来2人目という「決闘罪」によるものだった。

それは同じ徳山の兄弟分Kと揉めて抗争となり、双方の若者に死者1人ずつ出る事態となった時のことだ。

「しかたない。Kを叩き斬ろう！」

と浜部は決断し、K本人に決闘状を出した。

約束の日時、決めた場所で愛刀の長曽根虎鉄を抱いて待っていると、やってきたのはKではなく、警察であったというわけだった。

「この男のためなら死ねる」

昭和37年5月半ば、呉の山村組・山村辰雄組長が広島市最大勢力の岡組・岡敏夫組長の跡目を継承、両組は山村組として合併する。

浜部一郎が徳山市の丸福ホテルにおいて山村組幹部の樋上実と五分兄弟盃を交わすのは、その翌日のことだった。

樋上組組長・樋上実は昭和21年3月、呉に山村辰雄を組長とする山村組が結成された当初からのメンバーで山村組長の腹心であった。

映画「仁義なき戦い」で金子信雄が演じた山守義雄のモデルとして知られているように、山村辰雄は老獪で人心を操るのが巧み、権謀術数を巡らして組を支配してきた親分だった。

そのため内紛が絶えず、岡組を統合して一挙に勢力拡大がなった時、山村組に残っていた初期構成員は樋上と美能幸三だけになっていた。権力闘争の末に身内同士で殺しあい、多くの者が死んでしまったからだった。

第2次広島抗争は、この残された2人の古参幹部——樋上と美能の対立によって口火を切ることになる。

38年4月、美能が山村に破門されると、その半月後に呉市今西通りで樋上組組員が美能組幹部亀井貢を射殺、これが抗争の発端になったのだ。

10代の時分からカシメ工の現場の親方として呉海軍工廠へ通っていた浜部は、広島や呉の不良・極道とは早くからつきあいが生まれていた。そうした交流の中で、親しくなった1人が樋上であった。

「ミー」「いっちゃん」

と呼びあう仲となり、

「この男のためなら一緒に死ねる」

と意気投合して交わした兄弟盃だった。

だが、樋上と兄弟盃を交わすと間もなくして浜部は懲役3年の刑で広島刑務所への服役を余儀なくされ、やがて秋田刑務所へと不良押送されている。そのため、第2次広島抗争が勃発し激化した時期、幸か不幸か、浜部はちょうどシャバを留守にしていたことになる。

広刑からともに秋田へ不良押送された広島の岩本組組長・岩本敏行とは工場も隣りあわせたため、岩本が毎朝、工場の端から大声で、

「御《おん》～大《たあい》、おはようございま～す」

と挨拶し、浜部も、

「お～い、岩本、喧嘩するなよ。やったら殺してしまえ！」

と返すものだから、関東の連中は、

「おい、広島はヤバいから相手にするな」

と囁きあったという。

浜部が秋田刑務所を出所したのは昭和39年のことで、山村組を中心に広島の一本化を目指した

政治結社「共政会」が結成される直前のことだった。

浜部と入れ替わるように兄弟分の樋上が拳銃不法所持で逮捕され、刑務所入りが決まったのも同時期で、樋上は、

「すまんが兄弟、ワシのあとをみてくれんか。共政会に入ってくれんかのう」

と浜部に頼んだ。

「共政会へ入らんでも、ミーの留守を守っちゃるよ」

「いや、兄弟、広島は難しいとこじゃけぇ、頼むけぇ共政会へ入ってくれ」

樋上の熱心な頼みに、最後は浜部も折れた。

昵懇にしていた笠岡の浅野組・浅野真一組長からも再々誘われていたこともあって、浜部は、

「わかった」

と承諾。

こうして昭和39年6月、会長・山村辰雄、副会長・村上正明、理事長・服部武のもと、広島・共政会が発足、浜部は樋上実、原田昭三、吉田満とともに「常任理事」に名を連ねたのだった。

肚を括ってケジメの「断指」

昭和40年11月、広島・共政会は山村辰雄が引退し、二代目会長を服部武が継承、顧問は村上正明、副会長が原田昭三、樋上実、理事長に山田久が就任した。

初代山村会長体制は1年5カ月の短期に終わり、広島の新時代の到来でもあったが、これを機

に、浜部一郎は共政会脱会の意向を固めていた。浜部の中で、

〈ここいらが潮どきじゃろ。いよいよ地元の俠雄　合田幸一の盃をもらう時が来た〉

との思いが募って、抑えきれないものになっていたのである。それまでは合田の名にことさら反発し、その任俠人としての偉大さをいくら耳にしても、

〈合田何するものぞ〉

ぐらいにしか思っていなかった。が、その実、常に気にかかる存在であったのも確かである。

かつて浜部が指を詰めた一件も、合田幸一が関与していた。

浜部組組員が岩国で合田一家の若衆と揉め、相手を殺してしまう事件が起きた。両者の抗争は免れ難い事態となった時、仲に入ってくれる親分があった。

大阪の初代松田組組長・松田雪重という、時の氏神としては申し分のない大物だった。だが、松田雪重が調停のため下関の合田一家へ出向いても、それが合田の意志であったのか、それとも何か手違いがあったのか、合田幸一には会えずじまいに終わった。松田は己の力不足を恥じ、

「ワシの仲裁では貫禄不足ということか。ワシもそれだけの男いうことや。もうこの渡世を引退するしかあるまい」

と言ったものだから、これには浜部も責任を感じ、肚を括った。断指してけじめをつけることにしたのだ。

指を落としたのは、兄弟分の樋上実の舎弟・打越組若頭・山口英弘の広島・昭和町の自宅であった。浜部はマナ板の上に自分の左手小指を載せると、出刃包丁を当てがい、その上から、

「頼むわい」

山口の若衆・大下博に金槌で思い切り叩かせた。浜部の小指は先からポロッと落ちた。

結果、両者の抗争は手打ちとなったが、浜部の断指を知った合田幸一は、松田と会うのを拒んだ憶えはなかったので、

「2人に済まんことをしたのう」

といつまでも気にしていたという。

そんなこともあって、浜部は伝え聞く合田の徹底的に筋を通し、任侠精神を堅持しようとする姿勢に畏敬の念を抱くとともに、その人柄にもしだいに傾倒するようになっていた。

共政会を脱会し、合田幸一の盃をもらう——との決断を、浜部が真っ先に伝えた相手は、獄中にある共政会・服部武会長の留守を守って采配を振るう理事長の山田久であった。広島の羽田別館で共政会の会合があったとき、浜部は山田に、

「共政会には世話になったが、そろそろ徳山に帰りたい。郷土の大先輩の履物を揃えたいんじゃや」

と申し出た。さすがに山田も最初は驚いたものの、浜部の決意の固さに、

「……そうですか。浜部の御大がそこまで考えられたんなら、私も止めません」

と応え、それを了としたのだった。

はたしてその申し出に山田久以上に驚いたのは、合田幸一本人であった。いきなり下関に訪ねてきた、かの〝天敵〟ともいえる浜部の口から、

「親分、私に盃をくれませんか」

とのセリフが飛び出したのだ。思わずその顔を黙ってジッと見遣ったあとで、合田が試すように、

「それなら一番末端じゃ」

と告げると、浜部は喜び、

「結構です。履物を揃えさせてください」

と頭を下げたものだから、合田は満面の笑みになった。その笑顔に、浜部は打たれ、

〈よし、ワシはこれから命を賭けてこの親分を守り抜いていくぞ！〉

と胸に誓ったのだった。

「思った通りの親分じゃった」

合田一家の始祖は「不世出の侠客」として一時代を築きあげた〝籠寅の御大〟こと保良浅之助。

籠寅一家の全盛期には、その代紋に連なる配下は約８０００人を数え、下関を本拠にして、日本各地はいうに及ばず、朝鮮半島の釜山にまで勢力は及んで、

「籠寅が首を横に振れば、関釜の荷役は止まってしまう」

と言われたほどだった。

浅之助の引退後、３人の実子がそれぞれに事業を引き継いだが、籠寅二代目を継承した長兄・保良寅之助が昭和39年に死去。その跡目を継承したのが二代目若頭の合田幸一であった。

だが、合田は、

「その名誉ある名跡をそのまま引き継ぐのはあまりに畏れ多い」

として、籠寅三代目を名乗らず、代紋だけを継承（籠寅の代紋に自分の名の〝幸〟の一字を入れた）、合田一家を興したのだった。

合田幸一もまた剛毅一筋で昔気質、博徒一筋の渡世を歩んで俠名は広く浸透していた。その合田幸一の盃を42歳で受けた浜部は、2年後の昭和43年5月、合田一家の若頭に抜擢された。それまで合田一家にはなかった役職であった。

若頭に引きあげるまでの2年間、合田は浜部を末端の若い衆扱いに徹した。

そのため、合田と昵懇の神戸の四代目大嶋組組長・大森良治が、ある宴席で、下座に座る浜部を見かねて、

「合田の親方、最近、眼が悪うなったんと違いまっか。みんな、心配してまっせ」

「何のこっちゃ」

「浜部はどこに座ってまんねん？　席が違いまっしゃろ」

「ありゃ、うちじゃ新参者じゃけん」

「ほう……」

合田はあくまで頑固だった。その実、大嶋四代目に指摘されるまでもなく、浜部がどれだけの男か、誰よりも見抜いていたのが、合田であった。

昭和45年、浜部は新聞で、「日本道路公団が某社へ関門橋の工事を発注した」との記事を目に

した。全長１０６８メートルの吊り橋で、鉄鋼材料３万２０００トンで工事費総額３００億円という。

「合田に何の挨拶もないやないか！」

浜部は工事を受注した大手土建会社の下関支社へ単身で乗り込んだ。そのうえで、仁義を知らぬ相手をさんざん脅しあげた。

翌日、支社の所長らが、合田幸一のもとを訪れ、

「１億円と言われましたが、どうしても半分しか都合がつきません」

と５０００万円を持参してきたものだから、合田も驚き委細を訊くと、浜部の仕業という。

「そら、申しわけない」

むろん金は受けとらず、そのまま持って帰らせると、合田はすぐに浜部を呼びつけ、

「おどれ、おまえは山賊か！　ワシは山賊を若頭にした憶えはないぞ！」

と烈火のごとく怒鳴った。

「けど、ヤツらは親分に挨拶にきてません」

恐る恐る応える浜部に、

「土建屋がヘルメットを脱いだら、額に塩を噴いとるのを知っとるか。ええか、浜部、何ぼ積まれても手を出せん金がある。一万円に命を賭けるのが合田の渡世じゃ」

凜として言い放つ合田。

〈やはり、この親分は……〉

浜部は感動を新たにせずにはいられなかった。

〈正真正銘、ワシが思った通りの親分じゃったわい！〉

極道に金儲けはいらん、ひたすら男の器量を磨け——と口癖のように言い、どんなにうまみのあるシノギが目先にあっても博奕以外には一切手を染めなかった男。とりわけ女とシャブをメシのタネにすることを厳しく禁じ、「女を食い物にするのは男のクズ。シャブは身を滅ぼすばかりか、亡国の道につながる罪悪」という極道姿勢を貫いてきたのが、合田幸一であった。

骨肉の抗争を命懸けで仲裁

合田は翌日、浜部に、一、貧乏しても心の帳面（世話になった人）を忘れるな。二、殺るべき相手はどんな手を使っても必ず殺れ。三、カタギの人からは一円も取るな——との合田武士道と称する三カ条を贈った。

そんな合田親分が病に倒れ、容態が急変するのは昭和50年2月も押しつまった頃である。浜部夫人が最後まで献身的に看病に努めたが、2月26日、薬石効なく、俠骨一代、合田幸一は永遠の眠りに就いたのだった。

合田は亡くなる前から、

「浜部、跡目を継いでくれ」

と申しわたしており、浜部の合田二代目継承は、衆目の一致するところだった。だが、浜部はかねて「外様だから」と辞退し続けていた。それでも周囲や関西二十日会の親分衆の強い要望もあって、いつまでも断り続けているわけにはいかなくなった。

かくて昭和51年1月、下関の「みもすそがわ別館」において合田一家二代目継承式が執り行われ、二代目合田一家・浜部一郎総長が誕生したのだった。

浜部はその日、合田一家の人間300人を前に、

「ワシはよそのシマを荒らす気は毫《ごう》もないが、合田のシマを荒らす相手とは殲滅するまで戦う。また、もし麻薬を扱う者がいたら断じて許さん」

と表明。女房に対しても、

「姐御ではなく、親兄弟にも相手にされん若衆の母親になってやってくれ」

と頼んだ。

浜部がその侠名を揺るがぬものにしたのは、長きにわたる骨肉の争いと言われ、「手打ちは困難」とされた北九州の強豪組織・工藤会と草野一家の抗争を終結させ、手打ちへと導いた一件であろう。

北九州市小倉において勢力を二分していた工藤会と草野一家のナンバー2同士が銃撃戦の果てに相討ちの形で死去する事件が起きたのは、昭和56年2月4日のこと。両者のトップである工藤玄治会長と草野高明総長はもともと親子関係にあった。それが誤解が誤解を生んで工藤会と草野一家に分かれ、冷えた関係となり抗争事件が起き、ついには最悪の事態を招いてしまったのだ。

このとき、〝時の氏神〟を買って出たのが稲川会・稲川聖城会長で、事態は急転直下、事件から3週間後の2月25日、両者は和解・手打ちとなったのである。稲川会長の見事な仲裁ぶりであ

った。

この仲裁に命を賭けたのは浜部も同じで、

「北九州は一筋縄ではいかん。誰が仲に入ろうが、手打ちができるわけがない」

とのよそからの中傷の声に対しても、浜部は、

「合田二代目が命を賭けて稲川会長に頼んだんじゃい。オレの命がどれだけのものか見せてやる！」

と言い放ち、〝周防の虎〟と言われた男の性根を見せたものだった。

そんな浜部がヤクザ渡世からの引退を決断したのは昭和58年11月10日、満60歳の還暦を迎えた誕生日のことである。

どの世界においても、権力の座にしがみつき、とかく引き際を間違える者が少なくない中で、それは見事な引き際であったろう。

浜部は渡世を引退してからなお力を入れるようになったものの1つが、趣味である土佐犬の世界であった。

まだ20代の時分に出会って以来、飼えば飼うほど面白くなって、浜部はいつか闘犬に夢中になっていた。浜部の愛犬「不動華山号」が全国名犬横綱となると、いよいよ病膏肓《やまいこうこう》となった。

浜部は土佐犬界の多大な功労者としても知られ、全国土佐犬普及会の「全国元老」として隠然たる影響力を持ち、現在に至っている。

太田州春

忘れがたき「川筋者」の血を引く親分

私がまだ駆け出しのヤクザ記者の頃に取材したさまざまな関係者の中でも、とりわけ度肝を抜かれた親分といえば、まず、福岡県田川市の太州会初代の太田州春会長である。

何より、その豪快さ、豪放磊落さ、男らしさに、

〈ああ、こりゃ凄いな！〉

と心底感嘆せずにはいられなかった。

なるほど、これが九州男児の神髄、はたまた隆盛を誇った筑豊地区の炭鉱の男たちを源流とする〝川筋者〟の血筋というものなのか――と唸ったものだ。

私にとって太田初代との出会いはそれほど強烈であった。世はちょうど「山道抗争」と言われた、山口組系伊豆組（福岡市・伊豆健児組長）、同稲葉一家（別府市・稲葉実総長）と道仁会（久留米市・古賀磯次会長）との間で昭和61年7月から翌62年3月まで繰り広げられた激烈な九州抗争が終わったばかりの時期。昭和9年1月10日生まれの太田会長はこの時、53歳。まさに脂の乗りきった男盛り、〝筑豊のドン〟として最盛期を迎えていた。

「山道抗争」（抗争77件、死者9人、負傷者16人）の手打ちに際しても、「仲裁人」の工藤会・工藤玄治会長のもと、その実現に向けて草野一家・草野高明総長（当時、のちの二代目工藤會会

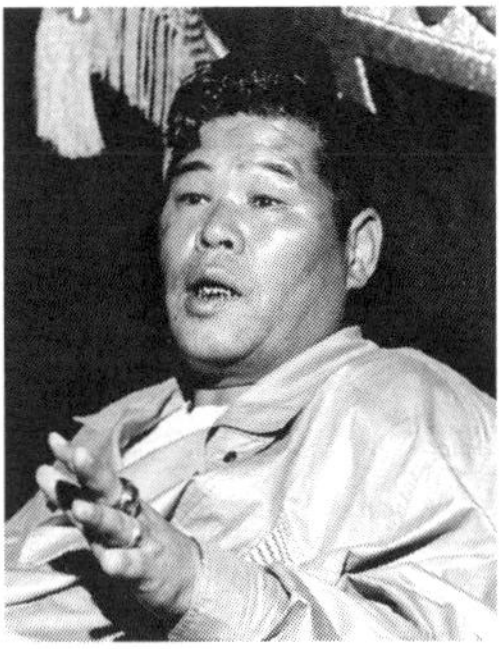

長）とともに「奔走人」として尽力したのが、太田州春会長であった。

その手打ち式は昭和62年3月3日、北九州市小倉において執り行われたが、私が田川に太田初代を訪ねたのは、その3日後、3月6日のことだった。

大きな仕事を終えて、氏の機嫌が悪いはずがなかった。取材が進むにつれて話も弾んで、そのうちに初代は、自分の人生観までこう披露してくれたものだ。

「ワシの人生哲学はですね、オレは死んだって、おまえら（身内の家族や若い衆）、泣かんような死にかたするぞち。親父は言いたいこと言って死んだんやし、やりたいことやって死んだんやき、もう親父は悔いはなかろうち。みんながね、あの時、あれさせりゃよかった、あれ食わせりゃよかったち、思わんような死にかたをしてみせるち……。その代わり、オレはしたいことする。どぎゃんことでもする。まずしよるわけです（笑）。どこ聞いても言うやろ、九州のライオンち。全然気がねなく笑っていようかと思いや、ワシャ、1分もかからんと居直る。プッと居直って、すぐ喧嘩しよっとですよ」

氏の笑いかたも、ライオンさながら（失礼！）、ダイナミックというか豪快そのもので、どう聞いても「グファアッ、グファアッ、グファアッ」としか聞こえない豪傑の笑いであった。

そのヘアスタイルもかなり個性的で大胆、今風の若者仕立てとでもいうのか、頭半分を刈り上げて残りの半分を長髪にしたカット。なんでも理髪店で散髪していたところ、地震が起きたために作業を中断、そのままにしていた未完のカットが気に入ってしまい、それを通しているのだという。

趣味嗜好であれ、何にしても大きいものが大好き、身につけるものから自宅の庭石はもとより、「太州会之碑」と刻まれた会の墓碑に至るまで、すべてジャンボ級なのだった。好きな食べ物は「トンちゃん」（トンカツやトンテキなど豚肉）一本。ともかく際立った個性の持ち主であり、豪快としかいいようのない親分であった。と同時に痛感したのは、その頭のよさ。

何しろ話が上手くて面白くエピソードも盛りだくさん、かつ何ら重複することなく理路整然と立て板に水のように話してくれるのだった。喋ったことを手直しせず、そのまま書き起こしても、それが文章として成り立ってしまうほどであったから、推して知るべし。

それとともに、太田初代の肉親や身内への思いや情の深さも格別で、太州会イコール一つの家族というファミリー意識、絆の強さがひしひしと伝わってきた。

「ワシは運勢がよかったと思っとります。若い衆や周囲に恵まれて、家庭的にもワシは恵まれてるわけですよ。ワシは四反五畝の小作人の倅《せがれ》で、兄弟10人おって、男3人、女7人。このうち3人死んで、今は7人健在ですね。まあ、弟は『兄貴、オレは一生懸命働くから日本一の極道、男になってくれよ』っち言うし、お袋はいつも『殺されるより殺せ。殺されりゃ帰ってこんし、殺しゃ帰ってくる』言うとった。

お袋の愛情ちいうのは、ありがたかことですよ。今はせんけど、若い時分にワシはいつもカミさんに匕首《あいくち》預けてたんです。それを忘れてワシが街へ出るでしょ。そうするとお袋が『今日は州春、忘れてる、すぐ持ってってやれ』ちて、ほいで持たすわけですね」

なんと凄まじくも、またこれほど強い母親の愛が感じられる話があるだろうか。

「だから伜にも言うとるんです。伜は今、医大に行きよって5年生ですから、あと10年もすりゃ医者になる。『おまえは親子四代、この田川で育ったんや。儲かっても儲からんでもいいから、ここで医者をせえ。お医者をして、この村の者、診てやれ。太州会の若い衆を診てやれ』と」

太田会長は子息を医者にするのが夢で、彼が2歳の頃から「医者になれ」と言い聞かせてきたという。息子もそれに応え、長じて医大に合格し、医師への道を着々と進んでいた。

「うちの伜は親を尊敬するですよ。ワシ、パクられるでしょ。刑務所に電報来るとですよ、ワシの誕生日に。50歳の時は、『偉大なる50年の生涯に敬意を表します』。まあ、日本一悪い環境で、一番いい格好で行きよるじゃないですか」

太田初代との対面は、残念ながら、この取材1回きりのものとなってしまったが、そのインパクトは強烈で、35年経った今も鮮明に脳裡に焼きついている。

あれから御子息も望み通り、医師となって活躍しておられることと思う。

まさに九州男児、川筋者、昭和の渡世人を絵に描いたようであった太州会の初代太田州春会長。私にとって忘れられない親分の1人である。

鈴木龍馬

「ヤクザ武士」と呼ばれた男の生き様と死に様

自分が本当に会いたい人物、どうしても会わねばならない必然性を感じる相手というのは、下手な工作をしなくても、案外向こうのほうから会いにきてくれるものだ――という話を聞いたことがある。

思いが強ければ通じるということであろうか。

私にとって、まさにそのような展開となった親分がいて、その名を、住吉会大日本興行の最高幹部、鈴木龍馬氏という。

まだ駆け出しの頃から、私はなんとしてもこの親分に会いたくて、持てるパイプ（まるで細かったが）を使って、あの手この手でアプローチをかけたものだが、なかなかチャンスが巡ってこなかった。

縁がなかったのかなと半ば諦めかけていた頃、ひょんなことから会う機会が訪れたのだ。思わず冒頭の話が頭に浮かび、ビックリしたことを憶えている。

初めての出会いは、平成7年1月16日夕、場所は東京・葛飾の四ツ木斎場、若かりし頃は〝バカ政〟、晩年は〝赤坂の天皇〟と異名をとった住吉会の伝説のヤクザ、浜本政吉の通夜・葬儀が盛大に執り行われた時のことだった。私は式が始まる前からカメラマンとともに会場に張りつい

鈴木龍馬

て、通夜・葬儀の様子を取材していたのだが、参列者の顔ぶれがなんとも凄かった。それこそ全国から錚々《そうそう》たる大物親分衆のオンパレードで、さすがは天下の浜本政吉だ——などと内心で唸っていると、式終了後にサプライズが待っていた。

主催者の住吉会側が私たちに対し特別な計らいをしてくれ、取材に応じてくれるというのだ。そこで応対してくれたのが、浜本の側近だった広川会・清水政男会長で、もう1人がなんと鈴木龍馬親分であった。

〈えっ、なんで龍馬さんが登場してくるんだ!?〉

私の驚きは一様ではなかった。なぜなら、龍馬氏は大日本興行初代・高橋輝男の直系、昭和31年3月に浅草妙清寺で高橋らと撃ちあい、相果てた向後平こそ浜本の兄貴分であった人物で、かつての宿敵同士とも言える間柄ではないか。

が、そう考えるのは素人の浅はかさというもので、今やそんな恩讐を越えて、住吉会の中枢を担う一門同士、その重鎮として浜本政吉をきっちり語れる人間となると、一番近かった清水会長の他には龍馬氏をおいてないと住吉会は判断したのであろう。

なんとも粋な計らいに、こちらとしては大層痛み入った次第であった。

にしても、それは私たちには想定外の出来事で、葬儀の取材のみを予定していて、まさか当の住吉会重鎮から直接話を聞けるとは思ってもいなかった。しかもこの日の寒さは半端ではなく、重装備を強いられ、私などノーネクタイでぶ厚いセーターを着こんでいた。それも防寒の機能性だけを考えた、かなりハデなヤツであったから、龍馬氏は私を見るなり、

「ガラが悪いな」

との第一声。ジョークとはわかっても、念願の初対面がこんな形となって、冷や汗ものであった。

龍馬氏はウィットに富んだ垢抜けた親分だった。

「昨今、巷では、『なんにもできない住吉会』なんて戯歌《ざれうた》まで流行ってるそうだけど(笑)、そんな中、浜本政吉という人の存在はやはり抜きん出て大きかった。住吉会にあって、浜本政吉ここにあり――と、その圧倒的な存在感を天下に示して、わが住吉会の大変な重しになってましたね」

と、故浜本政吉評を披瀝してくれたものだ。

ともあれ、ラブコールを送り続けた人にようやく思いが届いた形となって、こちらとしては万々歳、してやったりの気持ちであった。

では、なぜそれほど龍馬氏に執着したのかといえば、かねて私は、大日本興行を創立した初代の高橋輝男という人物に、ひとかたならぬ関心を抱いていたからだった。何せ戦後、一世を風靡した〝銀座警察〟と呼ばれた伝説の人である。

昭和の大流行作家の梶山季之(社会派でもあった)が、彼をモデルにして書いた小説「銀座遊

侠伝」も読んでいたし、住吉一門の長老・村山洋二氏を始め、いろんな人から、その人物の魅力や凄さ、どれほど時代を先どりした生きかたをしていたか……等々を聞くに及んで、いよいよ興味を募らせていたのだった。

そして高橋輝男のことを知りたかったら、現存している人の中では、鈴木龍馬氏に聴くのが最適任である。となれば、何がなんでも龍馬氏に会いたいと願うのは、物書きとすれば当然のことであったろう。

実際、龍馬氏こそは紛うかたなく、高橋輝男を最もよく知る1人に違いなかった。氏の語る高橋は、他の誰に聴いたものより興味深く、スケールが大きくて奥が深く、はるかに人間的魅力に溢れていた。

あの戦後間もない時代、これほど時代の先を行っていた異端児がヤクザ界に存在していたということ自体、ひとつの奇蹟と思われた。

「梶山が書いた『銀座遊侠伝』は、はっきり言ってマンガだったね。高橋輝男はどこにも描かれてなかった。あんなんじゃなかったよ、高橋輝男という人の実像は」

と、なかなかに手厳しかったが、かつての親分に対する氏の思い入れがいかに強かったか、充分に窺える話ではあろう。何より末子的存在として、その生きかたや所作に至るまで、高橋輝男から受けた影響の大きさは計り知れぬものがあったようだ。

「物の考えかたや志、スケールの大きさといい、もう何もかもヤクザの域をはるかに超えていたのが高橋輝男という親分だった。ヤクザ者がバクチのテラだ、カスリだ、縄張りだってことしか頭になかった時代に、そんなものは一切眼中になく、これからのヤクザは実業で生きていかなきゃいけないって、みずからそれを実践してたし、その視野にあったのは、狭い日本だけじゃなかった」

龍馬氏が語る親分・高橋輝男の話に、私はいつしか胸を躍らせていた。

戦前は東京・目黒祐天寺界隈の不良少年〝祐天《てんじ》寺の輝〟として鳴らした高橋輝男が、芝浦の阿部重作の住吉一家に連なったのは戦後、中国・海南島から復員してすぐのことだった。すでに阿部重作一門となっていた銀座の顔役・浦上信之と出会い、その舎弟となった縁による。

この浦上、輝男の一統を〝銀座警察〟と命名したのは、新聞社であった。

そのゆえんは、法律では解決し得ない経済事件の処理を、被害者の依頼によって暴力を背景に行い、解決するのが彼らの仕事であり、債権取りたてや会社乗っ取りグループの追及にあたっても、〝聞き込み〟などの情報収集、〝捜査〟や〝張り込み〟から〝逮捕〟〝取り調べ〟〝留置〟に至る刑事警察の全過程を、銀座のど真ん中でやってのけたからだった。

この銀座警察の〝署長〟が浦上信之、〝司法主任〟と呼ばれたのが高橋輝男であった。が、実質的には高橋こそが銀座警察そのものであったという。

近代ヤクザの先駆けといわれた高橋は、

「これからのヤクザは正業を持たなければならない」

として、貸植木業「秀花園」を開いてみずから荷車を引いたのを皮切りに、バーやクラブ等に卸すおつまみの工場を作ったり、泰明小学校の傍に寿司屋「輝寿司」を開店、多くの若者の面倒を見た。それがすべての始まりであった。

やがて九州・別府の「九州硫黄」という硫黄鉱山や〝東京の台所〟といわれた神田の青果市場「一元青果」の経営に乗り出し、映画製作をも手がけるまでに輝男は事業を拡大させていく。

昭和27年に設立したのが大日本興行で、そもそもヤクザ組織というより、東洋選手権など専ら《もっぱ》ボクシングのビッグイベントをプロモートする株式会社として設立されたものだった。

さらに輝男を大きく飛躍させる契機となったのは世にいう〝三井不動産事件〟（別名、三信ビル事件）。この事件における水面下の活躍で、輝男は経済的基盤を揺るぎないものにしたばかりか、政財界や右翼にも豊富な人脈ができ、三井不動産常務（のちの社長、会長）の江戸英雄を始め三井関係者、あるいは大物右翼の三浦義一、児玉誉士夫、五島督司郎などの強力な支援者も出てくる。

輝男たちが当時、超一流ビルといわれた日比谷の日活国際会館に、事務所を置いたのも、この事件直後のことだった。

同会館は昭和27年3月に完成した。1階から5階までがオフィス（入居者はフィリピンやデンマークの大公使館、外国の商社や銀行等）、6階から9階までがホテル（石原裕次郎・北原三枝の結婚披露宴会場となったことでも知られる）、地下1階が商店街、地下2階から4階までが150台を収容する駐車場となっていた。

輝男の事務所は4階419号室であったが、一介のヤクザ者がこのビルに事務所を持つこと自体、とても考えられないことだった。

10代で高橋輝男の一統に連なり、側近幹部の泥谷《ひじや》直幸のもとで部屋住み修業に励んでいた鈴木龍馬も、初めてこの事務所を訪ねた時には、さすがに目を白黒させずにはいられなかったという。

「事務所の入り口には『九州硫黄株式会社』という看板が掲げてあるし、ネクタイを着用しなければ出入りできないっていうんだから、勝手が違ってた。初めて日活国際会館の事務所を訪ねて、表の看板を見た時は、あれ、オレはヤクザになったんだよな？……って思わず考えてしまったものな」

と龍馬氏は苦笑し、遠い昔に思いを馳せたものだ。

「何しろ、高橋輝男という親分は、あの時代、ヤクザとしては何もかも規格外、万事スケールが大きくてね、あんな人はあとにも先にも見たことがないね」

高橋輝男が日活国際会館に事務所を置いたのは昭和28年、彼はまだ31歳の時分である。当時、30そこそこのヤクザの兄ィといえば、そこいらのパチンコ屋や飲み屋からカスリをとって、アロハシャツ、雪駄、サングラスという精一杯ガラの悪い格好を競って街を与太って歩くのが関の山だった時代である。

異端のヤクザそのものであった輝男は、賭場を開帳してテラ銭をとるとか、縄張り内からみかじめ料や用心棒代をとるというような発想はまるで持ちあわせていなかったようだ。

「私は博奕が嫌いでね。自分じゃやらないし、人にやらすのも好きじゃないんだよ。それと、用心棒という発想が何より嫌いなんだ。オレたちは銀座で暮らして、誰よりも銀座を愛してるから、何かあれば、命がけで銀座を守るのは当たり前のことだ。けど、それで店から月々お金を貰おうなんてさもしいことは、みじんも考えちゃならないんだよ。銀座はお金をとるところじゃなくて、お金を落とすところだからな」

と常々、龍馬や一統に語ったという。

博奕をやるのもテラをとるのも嫌い、それどころか、旧態依然としたヤクザ社会そのものさえ、どこかで否定しているような節が見られたという高橋輝男。

それでは、彼はなぜ、あえてヤクザ社会に飛び込み、その住人となったのであろうか。

輝男の口からは、

「戦争に負けて価値観が180度ひっくり返り、日本的なものが一切剝奪され、何もかも失った荒涼たる焼け跡の中へ帰ってきた時、唯一まだ日本らしさが残ってると感じられた世界が、このヤクザ社会だったんだよ」

との言葉もあったという。龍馬氏はこう解説してくれたものだった。

「なぜヤクザだったのか？　子供の頃から親戚の豆腐屋に丁稚奉公して、親もなければ学歴もない。山のてっぺんにあがりたくても、端から登山道が閉ざされてるわけだな。そんな人間にはジャンプ台が必要だろ。高橋輝男にとって、そのジャンプ台こそ、ヤクザの世界だったということですよ」

戦後、〝銀座警察〟と謳《うた》われた伝説のヤクザ、高橋輝男。親分でもあった彼を語る時、鈴木龍馬氏の顔は生き生きと輝き、誇らしげだった。

「いつもアジアに眼を向けていて、夢を語ってましたね。若い人材を育てたい、と。貧しいがゆえに教育を受けられない、だけど勉強したいという向上心の強い若者がいれば進んで学費を援助し、彼らを東南アジアに送りこみたいと考えてた。電気、水道、ガス、医療、農業、教育――どんな分野でもいい、何か一つ技術を身につけて、骨を埋めるつもりでアジアへ行き、そこで役に立つ人間になってもらいたいんだ。ああ、この人がいないと困るという存在価値のある人間。そうした人材を育成することが、ヤクザのオレが唯一、世の中に貢献できることじゃないか――って」

現実に輝男は、日本の大学生ばかりか、海外からの留学生の面倒を見たり、台湾独立運動の青年を自宅に居候させたこともあったという。龍馬氏が続ける。

「そして、いずれはオレ自身も南方に渡って根をおろし、そこで貿易をしたり、日本の同志たちを支援できるような本拠地づくりをしたい――って言うんだな」

まわりを見渡せば、同業者たちはアジアどころか、日本の狭い土地を、やれ奪《と》った、奪られたと、ドスや拳銃を振りかざし縄張り争いに血道をあげていた時代である。そう考えたら、ヤクザとして、高橋輝男の異端児ぶりは際立っていた。

政財界や大物フィクサー等にもビッグな人脈を築いて、輝男は〝経済ヤクザ〟の走りでもあった。

輝男が龍馬氏や若い衆に常々言ったのは、

「オレは縄張りなんて言葉自体好きじゃないんだが、あえて縄張りって言葉を使えば、そりゃ大事な場所だぞ。銀座はおまえたちが男を売り出す舞台なんだからな。遊ぶんだったら、毎日遊べ。たまにしか行けないなら、最初から遊ぶな」

輝男はそれをみずから実践し、銀座では毎日遊んだ。10万円（今の貨幣価値で数百万円）の札束（当時は千円札のみで100枚）を懐に入れて、それがなくなるまで「ファンタジア」「サイセリヤ」「ブーケ」といったクラブをハシゴするのが日課となっていた。

「カネは貯めるものではなく、遣うためにあるんだ。入ったら遣え。ただし、漠然と遊びに浪費しちゃダメだ。1億のカネを手にしたら、1億すべて遣って、それが3億、4億になって返ってくるような遣いかたをすればいいいんだ」

というのが持論で、輝男のもとには名だたる親分衆も、賭場の廻銭等のカネを借りに来ていたという。輝男にすれば、いずれも大先輩にあたる親分衆ばかりであったから、

「返してくださるのは、いつでも結構ですよ」

と、むしろ貸すほうが、礼を失せぬよう辞を低くして貸したものだ。

が、そんなこともあってか、自分が身を置いている世界に対して、どこか醒めているところがあって、

「東京中のヤクザ者、オレが全部、銭で殺しちゃってるから、誰も文句言うヤツはいないんだよ」

と漏らすこともあったし、ある大物親分に大金を渡したあと、その帰るうしろ姿を目で示しな

がら、

「おい、見てみろよ。あれが関東屈指の大親分って言われてる男だからな。オレに銭を貰いに来るんだぜ」

と囁くこともあったという。

高橋輝男の生きかたは、ヤクザとして時代の先の先を行っていたのは紛れもなかった。そんな業界の異端児が、正統派に受け入れられなかったのは無理もなく、若くして命を散らすことになったのも、宿命であったのかもしれない。

「古い大物親分衆の中には新田新作のように、高橋輝男を高く買ってくれ、応援してくれる人もいたけれど、当然アンチもいましたよ。同じ住吉一門でも、並木量次郎には嫌われてたからね。こればっかりは……」

と、龍馬氏がポツンと言ったのが、今も印象に残っている。

では、なぜ高橋輝男はそれほどまでの力を持ち得たのであろうか。

身内には、先輩格の早稲田大学中退の泥谷《ひじや》直幸を始め、大学出の舎弟も少なからずいたが、本人は中学を出ただけの学歴しかなく、親戚の豆腐屋の丁稚小僧をしていた不良少年あがりに過ぎないのだ。龍馬氏によれば、

「泥谷は名門の家に生まれ、早大中退のインテリ、頭も切れて博学、弁も立ち、男として誰にも引けをとらなかったけど、それでも高橋輝男には到底敵わなかった。その性根、頭の良さ、器量、処世術、人間的魅力……どれをとっても敵わないとの認識が泥谷にもあったから、彼は一歩下が

って相談役的な立場で高橋輝男を引き立てていたんだね」

ある種の〝人たらし〟というのか、輝男には知りあった人間を惚れこませずにはおかない不思議な魅力があったようだ。取り締まる側にも信奉者がいたという。

輝男が恐喝容疑で警視庁に捕まり、龍馬氏が差し入れに行った時のこと。輝男は取調室の一番いい椅子にふんぞり返っていた。

「おお龍馬、こちらのK警部補に挨拶しな」

輝男に言われ、その傍らのKに龍馬が挨拶すると、

「御苦労さん。心配いらん。輝ちゃんはオレが責任を持ってすぐ出すから」

と請けあうのだ。このK、相手がヤクザであれ誰であれ、容赦なく締めあげることで知られるやり手の名物警部補だった。

「どうせ、そこいらのつまらんヤクザの兄ィ」

との先入観で輝男を取り調べたKは調べを進めるうちに仰天してしまう。物の考え方、やっていることのスケールの大きさにショックを受け、終いには輝男にすっかり惚れ込んでしまう。

Kは夜な夜な留置人の輝男を愛車の助手席に乗せ、みずから運転して銀座に通うようなことまでしていた。

「オレは警視庁をクビになっても構わん」

と刑事生命を賭けるほどの入れ込みようであったという。

伝説のヤクザ・高橋輝男をモデルにした拙著、「愚連隊列伝4　私設銀座警察」（幻冬舎アウトロー文庫）は鈴木龍馬氏を始め、お嬢さんのE子さんや菊岡ノンコさん、頭山興助氏、石田浩一氏、島崎龍五郎氏、原仁太郎氏、豊田一夫氏、村山洋二氏、鈴木健之氏ら、高橋輝男ゆかりのさまざまな方に取材させていただいた末にできあがった、私にとって、とても愛着のある作品である。

世間から〝銀座警察〟と恐れられた高橋輝男は、実は大変な愛妻家で子煩悩、まだ小さかったE子さんに、こんな手紙を書く人でもあった。

《パパのE子チャンへ。

E子チャン良い子ですか。今、パパは別府に来て居ます。E子チャンと乗った同じ御船で来たのですよ。ママに早く元気に成って貰って皆で一緒に別府に来ましょうね。

早くE子チャンが大きくなるのを楽しみにして居ます。良い子で御休みする様に。ママとE子の幸を祈ります》

輝男が定期的に大分・別府に通っていたのは、「九州硫黄株式会社」という硫黄鉱山を経営していたからで、住友パルプや宇部ソーダ、小野田セメントといった大手企業と取引があったというから、かなり本格的だ。この鉱山事業で、輝男はのちに大分県から感謝状まで貰っている。硫黄や白土（セメントの材料）を掘りつくしたあとで、山に植林を行ったことに対してのものであった。

ともあれ、家族思いの輝男は一粒種の娘をこよなく愛し、旅先からでも妻の体を気遣う手紙をよく書いたのだった。

輝男がわずか34年という短い生涯を閉じるのは、「もはや戦後ではない」とのフレーズが経済白書に登場した昭和31年早春――3月6日のことである。

その数日前、輝男は側近の泥谷《ひじや》直幸と舎弟の原仁太郎とともに〝銀ブラ〟をしていた時、詩人の菊岡久利（前述の菊岡ノンコさんの御父上）とバッタリ顔をあわせている。入店した銀座並木通りの喫茶店「ナンシー」でのことだった。

この菊岡久利こそ、輝男が生涯、心の師と仰ぎ慕った人物であった。

菊岡は戦前、投獄歴数十回のバリバリのアナーキストであったが、戦時中に玄洋社を源とする頭山秀三（前述の頭山興助氏の御父上）と出会い、その門下となり民族派に転じた。戦後、銀座で古美術店「一隅軒」を開く一方で、詩人、小説家、戯曲家、書家、画家、舞台・ラジオ・映画プロデューサーとしても知られるマルチな才人でもあった。

娘のノンコさんは、同じ鎌倉文化人として父と親交のあった小林秀雄から、その死後、

「菊岡は詩も書いたんだよ」

と感に堪えないように言われたことが、強く印象に残っているという。

自身が不良少年だったこともあって、菊岡は輝男たち〝不良〟をこよなく愛し、一隅軒は彼らのサロン、溜まり場と化した。

鈴木龍馬氏によれば、

「菊岡先生が高橋輝男の一統、つまり自分たち若い者の、いわば教育係のような役割を果たした

んだね。先生は当時の三流実話誌あたりからは『銀座警察の参謀』なんて中傷されてたけど、実際は銀座の一統の精神的バックボーンとなった人で、皆が大変な影響を受けてますよ」

貸植木業「秀花園」を提案し、輝男たちに事業を勧めたのも菊岡で、ここから彼らの第一歩は始まったのだ。菊岡の提唱する「青年の愛と汗で」「青年第一流」「若い人を大切に」「人を責めるな。されど、非道の攻撃に屈するのは恥と知れ」等々をスローガンに、輝男は手づから額に汗し植木を満載した荷車を引いて銀座中をまわった。これが〝銀座警察〟の原点だった。

輝男は菊岡に教えられた前述のスローガンを自宅寝室に貼るほど傾倒した。世の注目を浴びるようになってからも常々、身内に、

「オレたちは銀座警察なんて言われても、心に疚《やま》しいことや恥ずべきことをしていない以上、世間からどう誤解されようと恐れないけど、いつも一番気になるのは、菊岡先生にどう受けとめられるかってことだな。いわば、菊岡先生の存在が俺のブレーキ役になってるから、間違ったことはできないよ」

と漏らしていたという。

さて、死の数日前、銀座で菊岡とバッタリ出会った輝男は、世間話をしているうちに、菊岡にこんなことを頼んだという。

まず連れの側近・泥谷直幸を手で示して、

「この人は、他に何の取柄もないから、代議士にしようと思っています」

と言い、もう一人、舎弟の原仁太郎のことも、

「こいつも先生に仕込んで貰ったおかげで、いい線まで来てます。こいつはどうでも物の書ける人間にしたいんです」

と言って、「2人のことをよろしくお願いします」と頭を下げたというのだ。

「ふーむ、君はつくづく不思議な男だな。自分のことより、まず他人のことだ。そして誰よりその才能を見抜いて伸ばしてやろうとするんだからな」

と菊岡が感心すると、

「若い連中を育てることが、僕の一番の趣味ですから。今の僕には、それ以外のことに費やす時間が惜しいんです」

輝男はいつもの信念を述べたという。

鈴木龍馬氏からも、私はこんな話を聞いたものだ。

「舎弟の豊田一夫が主宰する『殉国青年隊』の右翼活動を全面的にバックアップしたのも高橋輝男でした。早くから豊田の素質と志を見抜いて、『この男はヤクザよりも右翼活動をやらしたほうが伸びるだろう』と菊岡先生を通して頭山先生に預けたのが始まりですよ。昭和29年には、日比谷公会堂で約5千人を集めて全国総決起大会を開催するまでになりましたからね」

後に、政財界のフィクサー、黒幕として知られる、あの豊田一夫である。

昭和31年3月6日——運命のその日、龍馬氏にとっても終生忘れられない痛恨の日となったのだった。

鈴木龍馬という一見、渡世名風で幕末の風雲児と同じ名は、れっきとした本名で、その由来を訊《たず》ねると、

「たまたま従兄弟に近藤勇と同じ名前の者がいたんで、私の親は向こうが新撰組なら、こっちは勤皇の志士にしようっていうんで龍馬と。いい加減なもんだよ」

と、氏は苦笑しながら、話してくれたものだ。

龍馬氏が〝銀座警察〟高橋輝男の一統に連なったのは昭和25年、17歳の頃。もうその時分には、不良少年として顔が売れていて、〝銀座の鈴木龍馬〟で名が通っていたという。

龍馬が輝男一門となったのは、夏の鎌倉で〝銀座の黒豹〟こと小林楠扶（後の住吉会小林会会長）と出会ったことによる。

当時、東京の不良少年は夏になると鎌倉海岸で遊ぶのがステータスで、龍馬も夏の間中、舎弟らと材木座海岸の大きな「海の家」を任され、寝泊まりしていた。

ある日、その店で酒を飲んで暴れだした客がいた。東京から来た〝新橋のハヤブサ〟という龍馬より3、4歳年上の不良であった。

龍馬は舎弟らとともに、これを叩きのめした。

すると、翌日、たった1人で店に訪ねてきた男がいて、ハヤブサの兄弟分という。それが小林楠扶で、すでに不良少年の間では知られた存在であったが、報復に来たのではなかった。

「ハヤブサは酒グセの悪い男で、君たちに迷惑をかけたのはわかってる。だけど、ここは兄弟分であるオレの顔を立ててくれないか。ヤツを見舞ってくれんだろうか。なあに、形だけでいいん

だ。ちょっとケガもしてるんでな」

と言うから、龍馬たちは驚いた。年少の不良少年に対して、小林は居丈高なところがなく、対等に物を言ってきたからだ。これを機に交流が始まり、龍馬は噂通りの小林の男らしさにますます惚れこんで、その舎弟となったのだった。

そこで、初めて小林から連れて行かれた先が、彼の親分である高橋輝男で、かくて龍馬もその一統に連なったのである。

東京・足立区生まれの龍馬が、不良少年として銀座デビューしたのは、高校生になって間もない16歳の時。不良少年の定番の溜まり場であるダンスホールなどで年中、喧嘩沙汰を繰り返し、彼は実力者を捩《ね》じ伏せ、たちまち顔を売っていく。

そんなある日、学校帰りに寄った銀座のダンスホールで、龍馬は驚くべき光景を目のあたりにする。

店の用心棒のハルちゃんという小柄な21、22歳の顔役が年上で図体も大きい不良西洋人たちを、

「おい、おまえら、これを裏に運んどけ」

「OK、ボス」

とアゴで使っている姿だった。

これには龍馬も仰天し、

〈おっ、こりゃ凄《すげ》えな!〉

と思わず肩に掛けていた鞄を床に落としてしまうほどショックを受けた。と同時に、

〈よし、オレもいつかあんなふうになってやる！〉

と闘志を漲《みなぎ》らせた。30歳で天下をとってやる——との野心が生まれたのも、この時からである。

間もなくして高校を中退し、本格的に不良の世界に参入し、その目標に向かって邁進していく。

そんな矢先に、小林楠扶との出会いがあって、その舎弟となり、そこでおのずと住吉一家幹部・高橋輝男の一門（若衆）となったのだった。

が、親分の高橋輝男はヤクザの中の異端児、やることなすことスケールが大きすぎて、とても博徒やヤクザという枠に収まるような人物ではなかった。

三井不動産事件と言われる大きな経済事件で暗躍したり、自らもビッグな事業に取り組んで、交流は第一級の経済人ばかりか大物政治家にまで及んだ。

輝男を愛した最たる政治家は、〝ワンマン宰相〟の吉田茂と対立、鳩山一郎を擁して反吉田の急先鋒だった三木武吉であった。とはいえ、輝男が面倒見てもらったのではなかった。むしろ逆で、三木を始め、河野一郎、中村梅吉、山村新次郎ら反吉田の〝八人のサムライ〟といわれた政治家に対し、政治資金を援助したり何かとバックアップしたのは、30そこそこのヤクザ者、高橋輝男のほうであったというのだから、何をか言わんや。

正月、東京・千駄ヶ谷の三木武吉邸には、年始客が引きも切らなかったが、陣笠代議士連中は三木本人には会うこともままならなかった。

ところが、輝男が舎弟らを連れて三木邸を訪ねると、秘書の連絡ですぐに三木が現れ、喜々として、

「おお、若いの、来たか。さあ、あがれ、あがれ」

といの一番に応接間に通されたという。今なら到底考えられない話であろう。

その若すぎる死も、時代を先行し過ぎたがゆえの宿命とでもいうべきものであったのかもしれない。

輝男の死が近づいていた時期、専らガード役としていつもその側に付いていたのが龍馬であった。

前年秋、中耳炎が悪化して輝男が2週間の入院を余儀なくされた時も、龍馬が病院で付きっきりとなった。それだけ親分の信頼も厚く、目をかけられていたということでもあろう。

入院中の輝男の愛読書は、山岡荘八の「徳川家康」であったという。

「ある日、ベッドの上で新聞を読んでいた初代（高橋輝男）の眼が、ある箇所でしばらく釘づけになってたんで、なんだろうと思って、あとで見たら、山岡荘八の『徳川家康』の広告だったんだ。へえ、興味あるんだなと思って、私は1冊ずつ買い求め、病室の机に置いといた。そしたら、初代はそりゃ熱心に読み出した。あの長いヤツを、入院中に全巻読んだんじゃないかな」（鈴木龍馬氏）

当然ながら、世に言う浅草妙清寺事件――高橋輝男が最後を遂げた運命の日も龍馬は親分とずっと一緒だった。この日は浅草妙清寺において、身内である住吉一家大日本興行系幹部の葬儀が執り行われ、住吉一家三代目阿部重作はもとより、関東の錚々たる親分衆が参列する予定であった。

昭和31年3月6日午後2時過ぎ、浅草の妙清寺において執り行れた住吉一家関係者の葬儀がひと通り終わった直後のことだった。同一家幹部の2派が突如、同寺境内で激しい銃撃戦を展開するという衝撃的な事件が発生したのだ。

かねて反目していた大日本興行と向後一門との間で起きた撃ちあいで、この時、鈴木龍馬は大日本興行の一員として参戦した。まだ23歳という若さだった。

両派の親分に当たる住吉一家三代目・阿部重作総長も、この銃撃戦に巻きこまれた1人で、阿部は撃ちあいが始まるや、身を挺して、

「止《や》めろ！」

と大きく両手をあげて立ちはだかろうとした。が、もはや誰にも止められるような状況ではなかった。振りあげた総長の右手中指の先端が、銃弾で吹き飛ばされ、さらには最悪の事態へと突き進んでいく。

双方のトップがともに銃弾に斃《たお》れるという結末をもたらしたのだ。死去したのは、大日本興行側が会長の高橋輝男と幹部の桑原優、向後側はドンの向後平であった。住吉一家は次代を担う最大のホープと目されていた幹部2人を一挙に失う破目となったのだ。

この一件で責任を痛感した龍馬は、誰に言われるともなく、指を詰めた。自分の発砲が総長の右手中指を削いだと思われることへのけじめであった。最初は左手小指の第1関節、続いて第2関節を切り落として一気に2度の指詰めをやってのけ、強い詫びの意志を示したのだ。

高橋輝男という親分は、ヤクザなら刺青や指詰めが当たり前という時代に、あえてそれを嫌って、

「そんなもん、カタギになった時、困るだろう」

と、決して若い衆にやらせようとしなかったという。龍馬もそれを固く守ってきたのだが、今度ばかりはその禁を破らざるを得なかった。龍馬は断指し、なおかつこの事件で懲役8年の刑に服することになる。

それとて龍馬にすれば、心酔する親分を喪《うしな》った試練に比べれば、何ほどのこともなかったろう。ことほどさように浅草妙清寺事件は、彼にとって生涯の痛恨事となり、心の傷あととなり、また大きな転機となったのは否めない。

それでも出所後の龍馬は、渡世の階段を順調に昇って、その不動の地位を築きあげていく。大日本興行の最高幹部、住吉会の重鎮として、押しも押されもせぬ親分となるのだ。

渡世人には珍しく酒も煙草もやらず、大の甘党。身長は170センチ強で、体重が約80キロ。ジョギングを毎朝欠かさず、読書家で論客。話題が豊富で博覧強記、任侠界を離れた交友関係も多彩で、海外にも友人・知人は数多くいて、カタギの人たちの人望も厚かった。また、栄養がすべて入っている食品といって、自らが作る〝龍馬カレー〟は有名で、御馳走になった人はかなりの数にのぼる。

新宿の「ロフトプラスワン」で、大勢の若者たちを相手にしたトークショーに出演したり、海外の大手マスコミの取材にも応じるなど、きわめて個性的な異色の親分でもあった。

ロフトでは、「なぜヤクザになったのか」と問われ、「男の中の男になりたかったから」と答え、「ヤクザとは何か」の問いには、「ヤクザとはボランティアですよ」と答えたうえで、こう続けている。

「『義を見てせざるは勇なきなり』という通り、人が困っていれば、必ず救いの手を差し伸べるのがヤクザです。相談されたら、必ず乗る。こんな割の悪い仕事など、本来はないんです」

氏と親しい知人の弁によれば、

「昔気質の任俠人そのもの。街で見かけたホームレスを自宅に連れてきて〝龍馬カレー〟を食べさせ、面倒を見るような親分でした。『ヤクザの基本は仁、義、礼、智だ』と、それを実践した人でもありました」

そんな龍馬が壮絶なる割腹自決を遂げたのは、平成14年10月21日のこと。遺体の第一発見者は夫人で、外出から戻った彼女が浴室で見たのは、胸と腹から大量の血を流し、すでに息絶えた夫の姿だった。浴室は内側から鍵が掛けられ、割腹に使用した包丁は浴室に続く洗面所の時計の横に立てかけられていた。

所轄の麻布署も現場検証、遺体検視の結果、柳刃包丁による割腹自決と断定。しかも、その自決は刃先を腹に突き刺してから心臓停止までに7時間以上も要する、自らに極限の苦痛を課したものであった。

「残されたまわりの者たちに迷惑をかけないよう、あえて拳銃など使わず、柳刃包丁による介錯なしの自決——想像を絶するような苦痛の果ての自決を選択したわけで、まさにヤクザ武士と呼ぶに相応しい男のけじめのつけかたでした」

とは、知人の弁である。では、彼はなぜ、そうしなければならなかったのか。

遠因は前年9月18日のこと。同日午後2時過ぎ、東京・赤坂の大日本興行本部事務所を訪れていた約20人が、口論の果てに1人が突然拳銃を発砲、事務所にいた同会長が腹や首などに銃弾を受けて重傷を負う事件が起きたのだ。

撃ったのは同じ大日本興行系列組織の者で、2人が実行犯として赤坂署に出頭し、他に現場にいた4人が傷害容疑で逮捕された。そのうちの1人が同最高顧問の龍馬であった。

発砲した側の組長は住吉会から絶縁処分を受け、龍馬も破門となった。絶縁された組長は、龍馬の古い舎弟であった。

因縁とは恐ろしいもので、その内部抗争は、彼にすれば、45年前に起きた浅草妙清寺事件の悪夢の再現と映ったのかも知れない。

またも現場に居あわせ、今度は最高顧問という立場にありながら、止めることができなかったという強い自責の念……。西口茂男総裁に対する申し訳なさ。

そこで決断したのが、サムライらしい最期のけじめ――割腹自決であったのだろう。その前日を以って「破門」も解けており、彼はヤクザ武士として最後まで信念を貫き、68年の波瀾の生涯に自ら幕を引いたのだった。

星川濠希

抗争勃発6日後の突撃取材に高揚することなく…

四代目山口組・竹中正久組長が一和会ヒットマンによって射殺され、山一抗争が勃発した昭和60年は、全国各地でヤクザの過激抗争が頻発した年でもあった。ヤクザ取材も命がけ、どこから弾が飛んできてもおかしくなかった。

同年8月、北海道北見市を舞台に勃発した一和会加茂田組花田組と稲川会岸本組星川組との〝北見抗争〟も凄まじかった。2次、3次にわたる抗争に発展し、花田章組長、星川濠希組長という互いのトップを始め、死者4人、重軽傷者3人を出す激烈さで、双方のヒットマン8人の懲役刑が合計135年というのだから推して知るべしだ。

この抗争は同年8月1日午前、北見市内のスーパーで花田組長が星川組ヒットマン2人に頭や胸を数発撃たれ、同4日に脳挫傷で死去したことが発端となった。私が東京から北見に飛んだのは8月7日のことだった。花田組、星川組双方にパイプがあったので取材を敢行しようとしたのだ。

同日早朝、羽田から千歳空港を経由して女満別空港へと飛び、そこからバスで約35分、北見駅に着いた。駅からまず電話を入れたのは星川組で、当時の里代行に取材を申し込んだのだ。代行とは旧知の間柄とはいえ、無謀にも事前連絡はしていない。ほとんどぶっつけ本番、アポなし取材のようなものだった。

だが、幸いにもこれがOKとなって、なんと星川組長自身が直接取材に応じてくれるという。北見駅前で待つことしばし、里代行が車で迎えにきてくれた。他に運転手を含む組員3人がいて、私は組員に挟まれるようにして後部座席に乗り込んだ。

事件発生から6日目、花田組長の死から3日後である。いつ報復の銃撃があってもおかしくない状況で、さしずめナンバー2の里代行は相手からすれば格好のターゲットであったろう。が、代行は、そんなことはどこ吹く風とばかりに平然としたもの。私はといえば、いつ弾が飛んでくるか、いつカーチェイスが始まるか、ビクビクもので、なんともスリリングで生きた心地もしない道中となった。

そんな根性なしのくせに、よくぞ突撃取材など思い立ったものだと、我ながら呆れているうちに、車は無事に市内の星川組事務所へ到着した。

事務所前には、大勢の機動隊が張りついていた。ピリピリした様子の組員に「こっちだ!」と案内されて入り口に向かうと、機動隊員が立ちはだかり、「身分証は?」と訊《き》いてくる。フリーの身に、そんなものあるはずがないではないか。その場を救ってくれたのも案内人の先ほどの組員で、その警官をさえぎって、
「そんなものはいいんだ」
と私をさっさと中に入れてくれたのだった。

事務所の中に入って驚いたのは、星川濠希組長を囲むようにして、大勢の客人たちが陣取っていたことだ。道内の稲川会系組長や幹部の面々で、彼らはいわゆる陣中見舞い。当時のマスコミのいうところの〝助っ人〟として馳せ参じていたのだった。

初めて会う星川組長は、抗争の当事者として渦中にありながら、高ぶった様子は微塵もなく、終始落ち着いた態度で、淡々と私の質問に答えてくれた。

「抗争の原因なんてね……お互いこういう稼業やっている以上、仲いい時もあるし、悪くなる時もある。これが、あれが、じゃない。ちょっとしたことが原因ですね。……ヤクザやっている以上はね、まったく喧嘩がないなんてあり得ない。それは小さな口論から発展する場合もあるし、街での斬った張ったの喧嘩から大きなものに発展することもある。この世界ではよくあることですよ」

「私の若い衆がどういう考えでやったのか、(獄中の)彼らにまだ会っていないからわからない。ただ、組を思って、抜きん出た燃える気持ちがあってやったことは確かでしょう。カタギの人から見れば、とんでもないことだろうけど、私にすれば、いい若い衆に恵まれたと思っていますよ。親方冥利に尽きると言っていい。だから、やった若い衆を破門とか絶縁とか、新聞に出ているけど、それはあり得ない話ですよ。組のことを思って、やった若い衆を破門にするような親分は、ヤクザを辞めたほうがいい。そりゃ、その若い衆のために指を詰めてどうにかなるというもんなら、別にできないことじゃない。けど、和解の条件云々で若い衆を絶縁にするとか、私が引退するとか、星川組が解散するとか、私が指詰めなきゃならんとか、そんな理由は何もないですよ」

星川組長は昭和20年、炭鉱街の赤平に生まれ、子供の頃から喧嘩に明け暮れ、流れ流れて北見に落ち着き、地元のテキヤ系親分と縁を持ったのが19歳の時。が、この5年程前、その親分が上部団体から破門されたことで一本独鈷となった。そんな折、当時の稲川会稲川一家岸本組・岸本卓也組長と縁ができ、兄・舎弟盃を交わしたのだった。

道内各地から駆けつけた大勢の仲間に囲まれながらも、決して高揚することなく、あくまで物静かに話す星川組長の所作は印象深かった。そして事を起こした若い衆への思いを、こう語った。

「彼らが長い務めから帰ってくるまで、死ぬわけにはいかんですよ。刑務所出たら親方いなかった——では、連中に寂しい思いをさせるから」

また、その信条を問うと、

「好きで入ったこの稼業、1度も挫折しないでここまで来た。死ぬ時は同じ渡世の人間に送って貰えるような、そういう生きざまをしたいと思ってます」

と答えてくれたものだ。

間もなくして、図らずも後者の願いは叶ったものの、前者の望みは断たれた。

3カ月後の11月19日夜、北見市内のキャバレーにおいて、星川組長は3人の花田組ヒットマンによって、頭と胸、肩に6発の銃弾を浴び、射殺されたのである。通夜、告別式あわせて1200人に及ぶ同業の者たちに見送られ、彼は40年の波瀾の生涯を閉じたのだった。

花田　章

射殺から4日後に幹部が語った親分への敬愛

昭和60年8月8日、私は北海道北見市の天恵寺という寺の前にいた。人口10万人のハッカの街は朝からジリジリと太陽が照りつけ、午前10時頃に気温は30度を記録し、昼頃には34度を上回り、この夏最高の暑さとなった。

北見市に本部を置く一和会加茂田組花田組の花田章組長が銃撃され、この7日前に北見抗争が勃発（花田組長は8月4日に死去）。前日の7日、私は襲撃した側の星川組・星川濠希組長の直撃インタビューを敢行していた。できたら、もう一方の抗争当事者、花田組からも話を聴きたかった。

この日、8日午前から市内山下町の天恵寺において、花田章組長の密葬が執り行われる予定で、私はさっそく駆けつけたのだった。すでに寺のまわりは北見署の私服・制服警官200人、加えて北海道警から機動隊が50人動員され、重装備の〝盾街道〟ができていた。時は日本列島を震撼させる山一抗争の真っ最中。今度は、その一方の一和会と関東大手の稲川会との間に起きた北見抗争であり、警察が厳戒態勢をとるのも無理はなかった。

寺の境内には、一和会・山本広会長を始め、加茂田重政理事長以下、直参組長35人の大きな花輪が並ぶ。

午前9時半頃から、喪服姿の組関係者が続々と集まり出し、機動隊員から1人1人が入念にボディチェックを受けている。一和会の松本勝美本部長、中川憲治副本部長、吉田好延副幹事長、東健二常任理事といった最高幹部も姿を見せて、参列者はざっと400人を数えた。

午前11時、葬儀は開始された。組関係者ばかりか、一般市民の参列もあり、およそ200人が門前参道に人垣を作っていた。寺に向かって合掌し、足早に去る若い女性の姿も見られた。

午後1時過ぎに葬儀が終わると、参列者は帰路につき、大方の報道陣やカメラマンも引きあげた。それでも機動隊の壁はそのままで、残った関係者が寺に出入りするたびに、ボディチェックを受けていた。

私は頃合を見計らっていた。やがてボディチェックもなくなった頃、思いきって寺に飛びこむと、案の定、花田組の首脳陣ほとんどが会場に残っていた。丹羽勝治若頭（二代目花田組組長を継承）は立場上、腰を落ち着けている暇もなかったのであろう、その姿は見えなかった。だが、

花田 章

運よく馴染みの幹部も何人かいて、闖入者の私を咎める者もなく、
「よおっ、来てたのか」
と逆に温かく迎えられたのだ。かくて首脳陣3人へのインタビューがOKとなったのだった。
前日の星川組に続いて、さだめしアポなし突撃レポーターといった感じで、私の最も苦手とすることをやってのけたのだから、今思うと信じがたく、当時の私は若くてよほど恐いもの知らずだ

ったに違いない。

　さっそくインタビューが始まった――。

「結局ね、北見では一般人にも極道にも、花田章という人は非常に人望があったわけよ。そうすると、新しくここに入った人間にしてみれば、花田の存在は自分の生活を脅《おびや》かしかねない。何があっても、みんなが『花田さん、花田さん』と花田に面倒見てもらうことになるから、自分たちのシノギができなくなる。うちの親分が邪魔なわけだな。そういうもんが根底にあったから、ささいなことでこんな暴挙に出たんだろ」

「現に今日の葬儀委員長も親分の住む町内会の会長が務めてくれたし、一般市民も大勢来てくれた。いかにカタギの人に人望があったかの表れだね。親分が撃たれてＡＢ型の輸血が必要になった時も、献血してくれたのはほとんどカタギの人たちだったんですよ」

「親分亡きあとも、花田の子は一心同体。花田の遺志を継いでより一層団結して花田組を発展させ、心一つになって親分の夢を咲かせたい。そうすることが親分への最大の供養だと思う」

　もとよりインタビューはまだまだ激越な科白も飛び交って、大層驚かされもしたが、3人からひしひしと伝わってきたのは、無念やるかたなさと憤り、いかに花田章親分を敬愛していたかという思いだった。

　花田章は昭和3年、青森の生まれ。北見に居を構えたのは海軍入隊後、戦争が終わって復員してからのこと。愚連隊を経て、奥州金子一家初代分家鬼沢広洋の若い衆となり、後に奥州金子一家四代目を継承。テキヤから博徒に転身したのは昭和55年、三代目山口組若頭補佐の加茂田重政との出会いがあってのこと。その人物に惚れこんで、舎弟の盃を受けたのである。

さらに昭和59年6月、山口組の分裂に伴って、兄貴分の加茂田重政に従い、山口組から一和会に移った。その矢先の惨事であった。私はついぞ花田章組長とは面識を得なかったが、花田組との縁は忘れられない。

私が初めて花田組（北見本部ではなく札幌支部）へ取材で訪れたのは、前年5月28日のこと。まだ一和会は誕生しておらず、三代目山口組時代で、花田組が山菱の代紋を掲げていたギリギリの時分であった。

私にとって花田組取材が北海道ヤクザの初体験。花田組をとっかかりに、以後、札幌を中心にほぼ全道の親分や組織を取材することになり、後には津別事件から雁来のバラ、ジャッキー、北海のライオンの譜を描いた、北海道戦後ヤクザ史ともいえる「北海道水滸伝」や「遊侠愚連一代　実録・南海の松」（ともに双葉文庫）を上梓するほど、北海道にのめり込んでいくのだから、なんともはや。いわば、その縁を繋いでくれたのが、花田組だったというわけだ。

初めての出会いが凄かった。幹部2人がわざわざ千歳空港まで私を迎えに来てくれたのだが、ケータイもない時代、彼らが盛んに心配していたのは、

「広い空港で、自分らのことがわかるかなあ？」

と、待ちあわせがうまくいくかということだった。

当日、空港に降りたった私は思わずぶっ飛んだ。なんと彼らは、組名の入った提灯を高々と掲げて私を待っていてくれたのだった。

菅原孝太郎

縄張りを守るルリは「オレたちと似ている」

ヤクザ取材を始めたばかりの頃は、私が山形出身だったこともあってか、東北の親分や組織を取材することが多かった。

東北最大都市といえば、杜の都・仙台。そこで稼業を張っていたのが、奥州西海家（現・住吉会西海家）という東北最大のテキヤ系独立組織のナンバー2であった菅原孝太郎という親分で、彼の印象も強烈だった。

私が初めて仙台市八幡の親分邸を訪れたのは、昭和58年8月22日のこと。かつては伊達藩の城代家老が住む地として知られた高級住宅街にあっても、その家はとりわけ目立つ純和風木造2階建ての大邸宅だった。大きな門を潜って玄関に入り、通された応接間も、何十畳もあるやと思われる和室。まだ新築したばかりとあって、畳から柱、天井板、襖に至るまですべて真新しく、檜の香りがプンと匂ってくるようであった。

勝手を知らないまま、大きな屋敷に上がりこみ、すっかり度肝を抜かれてしまっている若造の前に、ビシッとスーツを決めた側近2人を伴って現れた家の主を見て、今度こそ本当に、

〈こりゃ、ヤバい！〉

と、その場をとっとと逃げ出したくなった。

今となっては、甚だ失礼な話だが、容貌魁偉《ようぼうかいい》というか、見るからに躰もでかくおっかない顔をした御仁なのだった（実際は身長173センチ、顔も色白でなかなかの男前だったが）。そのうえ、顔の大きな瘤《こぶ》がなおさら迫力を増していた。

それは幼少時の不慮の事故——自宅の階段から誤って転がり落ちた際、顔に負った傷が悪化し瘤状の肉芽となってしまったのだというから、親分にすれば不幸な出来事であったろう。

ともあれ、菅原との最初の対面は、こっちがビビっていて、何が何だかわからぬうちに終わり（親分も途中で引っ込み、専ら側近への取材となった）、何を話したのかも憶えていない。ただ、取材後、大邸宅内を案内してくれた側近が、

「つい先日、住吉連合会の堀政夫会長と俳優の鶴田浩二が連れだって来られたんです。家の建築に興味があるらしい鶴田さんが、かなり熱心に見てまわって『これはいい家だ』って、つくづく感心してましたよ」

菅原孝太郎

などと語ってくれた、どうでもいいようなことだけは鮮明に憶えている。

当時、菅原孝太郎は奥州西海家宗家四代目・藤川勝治総長体制で、ナンバー2の理事長にあって54歳、脂の乗りきった東北屈指の実力者だった。

6年後の平成元年3月には、藤川四代目の跡目をとって西海家五代目を継承。当時は1千人といわれた西海家一門のトップとな

ったのだが、その2年後、咽頭癌のため、62歳の若さで早逝してしまう。初対面から亡くなるまでわずか8年の交流であったとは思えぬほど、親分には幾度となく取材させてもらい、いろんな場面で会う機会を得て話を聴かせてもらったものだ。

そして菅原孝太郎という親分を知れば知るほど、私の第一印象が駆け出しであったがゆえの先入観と偏見に満ちたものだったと気づくことになる。

菅原に惚れ込んだ挙句、五分兄弟分の縁を結んだという医師の存在もあるほど、彼はカタギにも大層人気のある親分だった。私は他のカタギの人からも、

「ありゃヤクザだけど、あんなに心持ちの綺麗な、気性のさっぱりした男はいないよ」

という声を聞いたし、私自身、頷《うなず》ける話であった。

菅原の趣味は小鳥の飼育で、ルリという野鳥をことのほか愛し、歳をとってからも自ら山へルリの捕獲に出かけるほど、好きだったようだ。若い頃は、そのために朝3時に起きて山に入り、約40キロも歩いたというから驚きである。

「ルリという鳥は沢に1羽しかいないんですよ。1羽捕まえたら、また次の沢まで歩くから、歩き通しになるんです。子供の頃、私に山歩きとルリを教えてくれたのは、2番目の兄貴。兵隊にとられ、22歳の時に中支で戦死したんだけど、弟思いのいい兄貴でね」

と菅原は語ってくれたものだ。

「そりゃ綺麗な鳥なんですよ、その姿も鳴き声も。あんなマブい鳥といったら、他にないな」

「マブい」とは、美しいとか素晴らしいといった意の東北不良少年の隠語。いまだ少年の心を持

ちあわせていた男が菅原孝太郎で、彼はまるで少年のようにルリを語るのだった。

ルリは頭から上面、尾まで綺麗な瑠璃色であることからその名はきているという。私は聞いたことはないけれど、地鳴きもさえずりも、それは美しく、透き通った、人の心に染みいるような鳴き声であるという。

「何より私が瑠璃という鳥に強く魅かれるのは……」

と菅原が話し出したのは実に興味深いことだった。

「あんなに縄張り意識が強烈な鳥もいないんですよ。我々が捕獲するため、カスミ網を仕掛けて囮のルリを一羽置くんですよ。すると、カスミ網があってワナだってわかってても、ルリのヤツは逃げないで自分の縄張りを守ろうとする、網にぶつかって落ちても、石を投げても逃げずに囮のルリを追い払おうとするんだから、たまげますよ」

何やら寓意に富んだ話であった。菅原が続けた。

「私はそれを見るたびに、涙が出て来そうになるんだ。あんなバカもいないって……」

私が黙っていると、菅原はひと呼吸置いて、

「よく似てるわ、オレたちと……」

とポツンと言い、自嘲ぎみに笑った。が、それは菅原流の韜晦《とうかい》であった。ルリを教えてくれた次兄への思い、彼の心のやさしさがよく伝わってくる話だった。

私が菅原の死後、彼をモデルにした実録小説を書いた時、そのタイトルを「みちのく遊侠伝瑠璃の鳴くころに」としたゆえんである。

初対面で御殿のような家には威圧されたが、菅原の実態は極めて庶民派であり、まるで気どったところのない親分であった。

そして彼は、東北ヤクザ界激変の象徴的な存在《キーパーソン》としても記憶されよう——。


菅原孝太郎が東北最大組織の西海家五代目を継承したのは、平成元年3月11日のことである。その五代目継承盃が執り行われたのは、私が初めて菅原に対面した仙台市八幡の菅原邸大広間だった。

午前11時、儀式が開始され、古式に則った媒酌人の流麗な盃の所作が続いて、居並ぶ親分衆も厳粛な面持ちでこれを見守っている。やがて四代目から下げ渡された盃が、菅原の目の前に置かれ、

「その盃を三口半にて呑み干してください。呑み干しますと同時に五代目と相成ります」

との媒酌人の凛とした口上が、式場に響き渡った。

菅原は盃を手にとると、ゆっくりと口に運び、一息に三口半で呑み干した。西海家五代目が誕生した瞬間だった。

カメラマンとともにこの継承盃を取材した私は、式典終了後、さっそく菅原にインタビューを開始した。まず、率直な感想を聞くと、

「やはり終わってホッとしたね。代目盃が終わるまではずっと落ち着かない日々を送ってきたから。ホントに今は責任というものをヒシヒシと感じてますよ。初代、二代、三代、四代目と築き、

大きくしてきた西海家の代を引き継いだわけだからね。なお一層盤石な大きなものにしていかなければならないというのが、私の一番の気持ちだね。今は頑張るという他ないです」

と柔らかな表情を見せながら述べたものだ。

さらに信念・信条を問うと、少し考えたあとで、

「40年以上のヤクザ人生を支えてきた信念は、人を信頼するということだね。人を信じられなくなったら、自分が一番みじめ。だから裏切られるまでは、私は人を信じてきたけどね。それが一番よかったんじゃないですか。信頼が一番。私はそれだけだったです」

と答えてくれた。最後に、

「大幅な若返りを図りたい。40代の連中を執行部に据えて若手中心の西海家にしたいと思ってます」

と抱負を述べたが、まさにその通りの新役員人事が発表されたのは、後日間もなくのことだった。

この時、菅原は60歳。平成元年という新しい御代に還暦を迎え、西海家五代目を継承するという、区切りよく慶事も重なって、菅原からは胸奥から燃えたつものが感じられた。いったい誰が2年後の急逝を予測し得ただろうか。

平成3年5月3日、菅原は癌のため永眠するのだが、大変な置き土産を遺していた。それは業界が仰天するような決断であった。

亡くなる半年前、仙台の自宅に見舞いに訪れた住吉連合会最高幹部2人に、菅原は、その決断

を、

「堀総裁の恩義に報いるに、自分はこれくらいのことしかできませんが……」

と伝えたのだった。住吉連合会の堀政夫総裁は前月に亡くなったばかりだったが、菅原の「これくらいのことしか」の内容が1千人ともいわれた西海家一門が住吉連合会入りするということなのだから、2人の幹部も驚きは隠せなかった。

この時から北海道同様、テキヤ王国・東北ヤクザ界も決定的な変貌をとげていく。東北における西海家の影響力は甚大であった。

若い時分から武闘派として仙台中の不良連中に恐れられた菅原孝太郎の真のやさしさを、私が知ったのはその死後、最初の妻である照子さん、及び娘の光子さんに取材したことによる。

17歳で7つ年上の菅原と所帯を持ち、23年間の結婚生活を経て40歳の時に別れたという照子さんは、映画の「極道の妻たち」のような雰囲気はかけらもないごく庶民的な女性。娘の光子さんとて、カタギの勤め人を夫に持つ、やさしげな普通の主婦であった。

照子と菅原の新婚所帯は、四畳半一間を間借りしただけの貧乏所帯。部屋には箪笥もテーブルもなく、卓袱《ちゃぶ》台代わりにみかん箱、ご飯を炊くのも飯盒で、七輪を使った。そんな貧乏など少しも苦にならず、3年目には一粒種となる光子も生まれて、照子はこのうえなく幸せだったという。

夫から初めてプレゼントされたのが、オレンジ色の枕。それ以来、好きでなかったオレンジ色が一番好きな色になったというのが、自分でもおかしかった。

23年間の結婚生活のうち、夫は13年間社会不在、つまり刑務所暮らしだった。それでも娘の光子にとって、菅原は一般家庭の父親と何ら変わらない、いや、それ以上にやさしくてよき父親であった。光子はずっとヤクザ稼業の何たるかも知らずに育ち、子供の頃、そのことで級友たちからいじめを受けたことも一切なかったという。

母と別れてからも、父は光子への誕生日プレゼントを欠かしたことがなかった。それはどれ一つとっても他にかけがえのない、父から娘への心のこもった品々だった。

光子は成人してからも、「父こそ理想の男性」と公言して憚らない、友人に言わせれば、極めつきの〝ファザコン〟。母が離婚後、どれだけ夫の女で泣かされたか、グチられた時も、

「そりゃ、お母さん、あれだけいい男なんだから、モテるのはしょうがないよ」

と言ってのけ、母を啞然とさせたものだ。

光子は病院に泊まりこんで父の世話をしたが、最後に会話ができたのは、亡くなる1週間前のことだった。体調も良く、ベッドの上で起きあがった父に、

「ねえ、お父さん、退院したら、一番何がしたい？」

と光子が訊くと、菅原は遠くを見る目になって、

「……そうだな、またルリを飼いたいな」

と応えたものだ。

「お父さん、昔から本当にあの鳥が好きだったものね。私も小さい頃、一緒にルリを獲《と》りに行きたいって、お父さんに言ったことあったの、憶えてる？」

「そうだったかな」

「そしたら沢の危ないところに行くからダメだって」

「……」

「もうじきルリの季節。今度こそ一緒に連れてってね」

光子が明るく言うと、菅原は黙って微笑んだように見えたという。

藤川勝治

取材に口を開かなかった親分が見せた笑み

私がまだ駆け出しの頃、取材する機会が多かった東北ヤクザ界はテキヤの金城湯池、〝テキヤ王国〟といわれるほど、その勢力が圧倒的だった。

関東や関西ではあまり馴染みのない、実に個性的な家名も多く、奥州西海家、奥州梅家、奥州山口、不流一家、東京盛代、源清田、丸正、花又……等々、17家名が稼業を張っていた。

このうち、奥州西海家、奥州山口、不流一家といった家名は東北にしか存しない独立組織で（梅家は北海道にもあった）、興味が尽きず、その家名の由来や一家の歴史、代々の親分や当代のことなどを知りたくて、取材を重ねたものだ。

中でも足繁く取材に通ったのが奥州西海家で、私にすれば「奥州西海家の研究」というタイトルで1冊の本を書こうかというほどの意気込みで取り組んだことが、今では懐かしく思い出される。本家本元の仙台を中心に分家筋の石巻や盛岡、秋田にまで足を伸ばし、現役親分ばかりかOBを含むさまざまな関係者に話を聴いてまわったのである。

奥州西海家は初代横田末吉―二代目松尾啓三―三代目小坂明治と続く譜で、昭和48年10月、藤川勝治が四代目を継承すると、10年後の58年1月には、初代からの一門一統を一本化して「西海家総連合会」を結成。総長以下、会長、理事長、幹事長、本部長、総長代行、審議委員長、事務局長……といった役職を設置するなど、近代的なテキヤ組織へと生まれ変わらせていた。

いまだ暴対法も暴排条例もなく、バブル経済を謳歌していた昭和60年当時、西海家は構成員1200人を擁するといわれ（警察発表は650人）、確固たる拠点を築いて東北最大の一本独鈷であったのは間違いない。その勢力のほとんどは仙台に集中し、宮城県警をして、「これほど大きな組織が一カ所に固まっているのは全国でも稀有なケース」と言わしめたほどだった。

西海家の始祖・西海富次郎はもともと長崎県西海町の出身で、明治中頃、東海道を東へ流れて名古屋の膏薬屋一家の一統に連なり、そこから横浜に横浜西海家を興した後に仙台に流れ着いたという。

この西海富次郎と仙台で出会い、西海の死後、その家名を立てたのが初代横田末吉で、大正初期の頃である。横田もまた東京から夜逃げ同然に縁もゆかりもない仙台へ流れてきて、そこから東北最大とされる一家の地盤を築いたのだった。

二代目を継承した松尾啓三、三代目の小坂明治も同様に関東からの流れ者ながら、仙台に根づいて抜きん出た手腕と実力で頭角を現した親分だという。出身地も横田は群馬・下仁田、松尾は京都、小坂は東京・八王子であったから、西海家は土地っ子でないトップが三代続いたことになる。

四代目を藤川勝治が継承して、初めて地元出身の代目者、生粋の仙台人である西海家トップが誕生したのだった。

藤川は大正13年1月7日、仙台市原町の生まれ。戦後、樺太から引きあげ、地元の原町で愚連

藤川勝治

隊のリーダーとなるが、そのシノギは近くの進駐軍基地で捨てられる不要物資だった。

藤川グループはその捨て場、通称〝穴〟を一手に押さえて、米兵が捨てた物資（当時の日本人には貴重品）を売りさばいていたのだ。よその一派との喧嘩沙汰も絶えない中、藤川が出会ったのが、西海家横田分家を名乗る、後の三代目小坂明治であった。

小坂の若い衆となった藤川は、稼業の階段を着実に登っていき、やがて西海家の四代目に推薦されることになる。その幹部会の席上、

「1人でも反対者がいれば、跡目は継がない」

ときっぱり宣したが、もとより1人の反対者もなかったという。

こうした一連の話を、私が知り得たのは、藤川本人からではなく、長尾照治総長代行への取材によってであった。私は西海家の首脳陣や幹部およそ30人を軒並み取材させてもらったのだが、取材できなかったのは、トップの藤川総長だけだった。

藤川は取材を受けたり、人前で話したりすることが嫌いな性分だったようで、業界の催し事や盃事の際も、常に藤川総長の代弁の挨拶をつとめるのは長尾総長代行であった。長尾は文字通り、代行の役割を完璧につとめていた。

私の取材も、藤川に代わって応じてくれ、総長のことなら何かも知っている長尾が、的確に答えてくれるのだった。

藤川は頭を五分刈りにして顔もおっかなく（失礼！）、ついぞ

その肉声を聞いた記憶がないほど寡黙そのもので、私が初対面の挨拶をしても、ギョロッとした眼で睨まれ、身が竦《すく》む思いがしたものだ。もっとも、長い間、側に仕える若い衆でさえ、藤川にひと睨みされると、いまだに慄《ふる》えあがるというのだから、私の反応など、さもありなん。

それでも何度か顔を合わせているうちに、少しはその表情も和らいでいったような気がする。

「東北神農同志会」発会式の取材の折などは、私を見て、笑みさえ見せてくれたから驚いた。

だが、それはどう見ても、

〈こいつ、また来てやがる〉

という苦笑いとしか思えなかったが、一歩前進には違いない。

ともあれ、藤川総長にとって、私は最後まで歓迎されざる人間であったのは確かなようだった。

それをカバーして余りある対応で取材に答えてくれたのが、藤川の側近中の側近、長尾照治代行であったわけである。

長尾はとてもヤクザには見えない温厚な紳士であったが、若い時には、北海道の戦後ヤクザ史でも有名な「津別事件」の発端を作った男としても知られる。

その長尾から、ある時、

「けど、あんたは何だってこんな田舎のテキヤのことをそんなに熱心に取材するんだい？」

と逆取材されたことがあった。よほど変わった男と見られたのだろう。

「さあ、自分でもわからないですが、好きだからとしか言いようがないですね」

と、私は応えたものだったが。

長尾照治

みずからも服役した「津別事件」の真相

西海家総連合会の総長代行を務めていた長尾照治は、藤川勝治四代目総長の片腕であり、西海家の知恵袋的な存在であった。

風貌や物腰も、とてもその筋の人とは思えない、大企業の役員、もしくは校長先生とも見紛うような品格のある紳士だった。この人が、よもや昭和22年9月10日、北海道網走郡津別町で起きた、世上名高い「津別事件」の発端を作った当人とは想像もつかなかった。テキヤ修業の途上、血気盛んな19歳の時だったというが、やはり時代背景を抜きにしては語れまい。

北海道新聞は翌11日付で、事件をこう報じている。

《十日午後十一時ごろ、網走郡津別町市街と同町字活汲やや津別寄りの鉄道踏切付近で日本人香具師と朝鮮人合計七、八十名が血の雨を降らす大乱闘を行い、双方で三十七名の重軽傷者を出した》

翌11日朝までに朝鮮人2名が死亡したというから、いかに烈しい乱闘であったかが窺えよう。

ちょうど秋祭りの最中で津別神社の参道や町の中心地に、100近い露店が並んでいたという。長尾も兄貴分の渡辺某とともに仙台から来道し、街の中で露店を出していた。〝ドッコイ〟といわれるデンスケ賭博の一種で、ブリキ盤の上に針を置いて、「さあドッコイ、ドッコイ」の掛け声で針を回し、針が止まった場所に書かれている景品が当たるという商売《バイ》だった。

「さあ、張った、張った。張って悪いは親父の頭、クルクル回る、目が回る。ドッコイ、ドッコイってね。どうだい、兄さん、ひとつやってみないか。男は度胸、女は愛嬌ってんだ。今日の賞品は凄いよ。ホラ、兄さん、ここ、ここを見てごらんよ。何て書いてある？　嘘じゃないよ。なんと米1俵だ！　さあ、持ってけ、泥棒！　ここに当たれば、万年筆。こっちに来ると、ちょっと落ちるが石鹸だ」

といったタンカで客を集める一種のタンカバイであった。

そこに現れたのが、3人の不良朝鮮人だった。彼らはだいぶ酒も入っていて、すでに方々の露店を冷やかし、絡み、挑発して歩いていた。それが嫌でも目について、長尾も先刻来、

〈皆、よく我慢しているなあ！〉

と内心で地元のテキヤ衆の我慢強さに驚いていた。

その3人組がついに自分の店にもやってきたのだ。

彼らは金も払わずに針を回すや、「インチキだ！」と騒ぎたて、やおら屋台をひっくり返した。これにいきり立った長尾たちとの間で喧嘩が始まり、やがて流血の大抗争へと発展してしまう。ドス、竹槍、丸太、鍬の柄、石礫まで武器として使われ、いつしか抗争の構図も北海道テキヤVS朝鮮人連盟へと移り変わる。道内各地から拳銃や日本刀などを手にした双方の助っ人がトラックや列車で続々と津別に結集、街は一触即発の状態となった。

ここに至って、地元警察ばかりか、米占領軍まで出動する事態となり、津別、北見、近郊各駅

には、マシンガンを持ったMPが配置され、米軍機が4機、津別町上空で2時間余り威嚇飛行を繰り返す有様だった。

事態収拾に乗り出したのは、道内テキヤ界きっての実力者、会津家一家の小高龍湖、その兄貴分の源清田一家の新谷藤作であった。

それから間もなくして、占領軍将官が臨席した双方の和解式が、北見署会議室で行われ、津別事件にピリオドが打たれた。

この事件で逮捕されたのは、発端となった仙台の長尾照治、渡辺以下、地元の北見を始め道内各神農会から一人ずつ出て、合計9人の若者たちだった。彼らは一審の殺人罪が二審では傷害及び傷害致死罪に変わって、求刑が懲役5年、判決は懲役3年半となった。

長尾は網走刑務所で服役の身となるのだが、

「私はまだほんの小僧っ子でね、何が何だかわからぬままに事件が起きた。無我夢中で戦っているうちに、竹槍で脇腹を刺されたんですが、こっちも死にもの狂いですから、まるで痛みを感じないんですよ。戦後の混乱を象徴するような事件でしたけど、津別の町民はこぞって自分たちを応援してくれて、一緒に戦おうとしたり、炊きだしまでやってくれたし、中には手を合わせ拝むようにして感謝を表す老人や女性の姿もあったほどでしたから」

と振り返ったものだ。当時の長尾の親分である小坂明治（後の西海家三代目）が、網走刑務所まで面会に来てくれたことも、若者は涙が出るほど嬉しかった。

「そりゃ感激しました。当時は仙台から網走まで40時間はかかりましたから」

およそ40年経った今（昭和60年当時）も、忘れられない思い出だという。

「それと強く印象に残っているのは、地元の北見神農会の若い連中が隊列組んで敵を迎え討とうと出発した時、誰からともなく、〽惚れたってダメよ　オレたち不良《リョフ》だから――って歌が出たんです、当時流行った歌の替え歌だね。それがたちまち全体に拡がって大合唱になったのを憶えてますよ。皆、町や町民を守ろうと一丸となって燃えていたんですね」

いずれにしろ、戦争の傷跡も癒《い》えぬまま、戦後という時代の矛盾や混沌を衝いて起きた、あってはならない事件であり、一つの悲劇だったのは確かであろう。

長尾がその後、仙台に戻って西海家の最高幹部として活躍するようになってからも、何より腐心し尽力したのは業界の和と親睦であったのも故なしとしない。津別事件を苦い教訓にしてのことであったろう。

「戦後は仙台も無法が罷り通った時代で、進駐軍の兵隊にもひどいのがいて、米軍ジープを避けようとして畑のほうまで避難した母子を笑いながら轢き殺したヤツもいました。それを目のあたりにしたばかりか、その後で別の米兵が日本人女性を襲おうとする現場に出くわした少年がいて、我慢ならず、その米兵を日本刀で叩き斬り、この稼業に飛びこんだという男も、私は知ってますよ」

長尾の激する姿は想像もつかず、どこまでも物静かに話す人だった。

石川 尚

生還は望めぬ「鉄砲玉」の明暗を分けたもの…

今は昔、実におおらかな時代があった。遠い昭和の話だが、京都・太秦の東映京都撮影所でのこと。その頃、かつて全盛を誇った時代劇人気に陰りが見え出して、ボチボチ任俠路線が始まりかけていた。撮影で拳銃が必要になり、さて、どうしたものかとなった時に太秦交番の警官が、

「これ、使いなはれ」

と自分の拳銃を貸してくれたという嘘のような話が残っている。東映任俠路線の生みの親である俊藤浩滋プロデューサーから聞いた話だが、コンプライアンスでギスギスする現代ではありえないことだろう。

もっと面白い話もある。兵庫・加古川で国民的歌手・美空ひばりの公演が催された時、大盛況の最中、加古川劇場に1本の電話が入った。

「山健はん、いてはりまっか?」

美空ひばりは三代目山口組・田岡一雄組長が社長を務める神戸芸能社、最大の看板スター。田岡側近の山健組組長・山本健一がボディガードで付いていたのだ。山健が電話に出ると、果たして国鉄加古川駅の駅長であった。

「山健はん、駅に拳銃、忘れてはりまっせ」

「あ、うっかりしとった。おおきに。今、取りに行きまっさかい」

今なら考えられない話であろう。ヤクザとカタギの垣根があまりなかった時代なのか、牧歌的としか言いようのない世界が展開されていたわけだ。

この逸話を私に教えてくれたのは、この時、やはり加古川劇場で美空ひばりに付いていた元神戸芸能社社員の故・林野利行氏だった。

現在の大手芸能プロの草分けで、戦後の一時期、美空ひばり、田端義夫、高田浩吉をはじめ、第一線の歌手や俳優等を擁して日本の芸能界を牛耳っていたとされる伝説の興行会社「神戸芸能社」。前身は山口組興行部で、神戸芸能社の名称に変わったのは、昭和32年4月1日のこと。資本金は100万円、事務所は神戸市生田区（現・中央区）橘通の山口組本家に置かれ、社長は田岡一雄、取締役が妻のフミ子と舎弟の岡精義、監査役が山沖一雄で、正社員は山沖の他に鈴木一、佐藤国恵、池上誠、林野利行らいずれも山口組とは無縁のカタギの面々であった。

今で言う〝フロント〟というより、ズバリ三代目が経営する株式会社であった。社章も山口組の代紋と同じ山菱の形をしたプラチナのバッジで、真ん中に小さなダイヤが埋め込まれ、「芸」という文字が刻まれていた。昭和33年に2180万4174円だった興行収益も、昭和39年には1億3279万円となり、5年間で5倍強の増収、1億円を突破する目ざましい成長を遂げていた。

だが、隆盛を極めた神戸芸能社も警察庁の〝頂上作戦〟によって、山口組の資金源と見なされ、公共施設から興行が締め出されるなど度重なる圧力を受け、ついには潰されてしまう。

私はかねがね、その伝説の神戸芸能社の興亡史、波瀾のドラマを描けないものかと念願していた。

その願いが叶って、関係者の取材を開始できたのは、平成20年1月のことだった。幸運だったのは、元神戸芸能社社員がたった1人――林野氏が御存命であったことだ。かくて林野氏をはじめ、神戸芸能社と縁のある方たちを取材することができ、同年5月からその物語が週刊誌で連載開始となるのだが、林野氏は間もなくして亡くなられてしまう。享年85だった。

おそらく林野氏なくして、この作品「実録小説　神戸芸能社――山口組・田岡一雄三代目と戦後芸能界」（双葉社）を完成させることは難しかったに違いない。私はギリギリ間にあったことになる。氏に心から感謝したい。合掌。

そうして取材させてもらった面々の中には、神戸芸能社と浅からぬ関わりを持った2人の元山口組直参がいた。

1人は、鳥取県米子市を本拠とする元三代目山口組直参の小塚組小塚斉組長（昭和43年に引退）で、小塚は神戸芸能社山陰支社として「日本海芸能社」を主宰、山陰地方での興行を一手に担った親分だった。

もう1人は、三代目山口組平松組舎弟として大阪から単身で名古屋に乗り込み、そこで神戸芸能社名古屋支社である名神プロを設立した初代名神会の石川尚会長（最後は六代目山口組舎弟として平成19年引退）であった。

私が東京・赤坂の東急ホテル３階喫茶室において、初めて石川尚初代と会ったのは平成20年３月５日のこと。少なからぬ緊張を覚えたのは、そのコワモテのイメージが強烈であったからだ。四代目山口組直参時代は、大阪の南組・南力組長と交代で竹中正久四代目のガード役を務め、四代目に影のように付き添う姿は常にサングラスを掛けて表情が見えず、何か不気味な感がして恐ろしかった。

一和会ヒットマンによって、竹中四代目や中山勝正若頭とともに射殺されていたのが南力組長ではなく、この石川尚会長もあり得たわけで、死ぬも生きるも紙一重であったのだった。で、あるがゆえに、俠気というよりむしろ狂気を秘めている人物なのではないか——などと、甚だ失礼で勝手な想像ばかり巡らしていた。

それというのも、若き日、初めて氏が名古屋に乗り込んだ時、まだ圧倒的に地元の反山口組勢力が強い時代で、まわりが敵だらけの中、どれだけ派手に暴れまくったか、その武勇伝を人伝てに聞いていたせいもあるかも知れない。

が、実際にお会いして話を聴いてみたら、そんな威圧感は少しもなく、なかなかにインテリジェンスの感じられる人でもあった。なにしろ、姫路一の進学校である姫路東高校から、かの赤軍派の田宮高麿や森恒夫を輩出した大阪市立大学に入学（中退）しているのだ。

サングラスも、若い時分からの顔面神経麻痺のような症状ゆえに掛けているもので、伊達眼鏡でも人を怖がらせるためのものでもなかった。この名神会初代・石川尚会長の話は、甚だ痛快で、面白かった――。

三代目山口組平松組（神戸・平松資夫組長）舎弟の石川尚が、神戸から鈍行列車で国鉄名古屋駅に降り立ったのは、昭和37年2月下旬のことである。石川にとって名古屋は初めて足を踏み入れる、まるで縁もゆかりもない土地であった。

そこにたった1人で乗り込んだのは、前年秋に「兄貴」と慕う三代目山口組山健組組長・山本健一から密命を受けたためだった。

その密命とは、石川ともう1人、〝夜桜銀次〟こと平尾国人に対して出されたもので、2人は山健から、

「石川は名古屋、銀次は九州で死んでこい。立派な葬式を出してやる」

と、〝鉄砲玉〟に指名されたのだった。

鉄砲玉というのは、組織が進出しようと狙いをつけた地方都市に先兵として乗り込み、そこで縄張り荒らしを行い、地元組織をさんざん挑発して喧嘩に持ち込む役目の者を指した。敵地で弾けるだけ弾けて暴れまくり、派手な殺され方をしてくれれば、組織にとってオンの字――行ったきりで生還はまず望めない役割で、鉄砲玉の名の由来もそこから来ていた。

折しも山口組は、全国進攻に向けて怒濤の進撃を開始しようとしていた。前年、明友会との抗争に勝利して大阪に強力な地盤を築き、山陰では〝夜行列車殺人事件〟が勃発――そんな時期であった。

夜桜銀次は大分・別府の山口組直参、石井組組長・石井一郎の舎弟だった。その異名は背中にある夜桜の刺青に由来し、本人も好んでそう名乗ったという。

「山健の兄貴から、ワシと銀次が命を受け、50万円ずつ小遣い貰《もろ》たんやけど、大阪の賭場へ通いつめて、2人とも3日で使い果たしてもうてね」

と石川は振り返ったものだが、大学卒公務員の初任給が1万4200円の時代の50万円、かなり使い出があったことだろう。

ひと足先に九州福岡へと乗り込んだのは銀次だった。博多に落ち着くや、夜な夜なネオン街に繰り出し、酒と女を求め札ビラを切った。賭場にもよく通って、半月後にはそこでトラブルを起こし、貸元を殴って、2丁拳銃を天井に向けて威嚇発砲している。

鉄砲玉としては定石通りの行動であった。銀次はアパート自室で、2人のヒットマンによって4発の銃弾を胸、顎などに撃ち込まれ、生命を絶たれた。

山口組はただちに大量動員をかけ、葬儀参列を名目にして博多におよそ250人の派遣部隊を送った。その現地総指揮官となったのが、山本健一であった。

銀次殺しが地元組織の者ではなく、殺し屋を雇った炭鉱経営者の仕業であったことが間もなく判明するのだが、結果的には銀次が鉄砲玉の役割を果たしたことに変わりなかった。

この銀次事件での山口組と九州勢との手打ちに先んじて、ひとり名古屋に乗り込んで行ったのが、いまだ27歳の石川尚であった。

当時の名古屋は、江戸時代以来の歴史を持つ地元の複数の名門組織が盤石の地盤を築いていた。

山口組勢力は、名古屋港の荷役業を仕切る鈴木組組長・中森光義が唯一の直参（三代目山口組舎弟）であった。

加えて名古屋は排他的な土地柄で、まだ山口組の認知度も低かった。石川が山菱の代紋を上着の襟に付けてクラブに入っても、店の者からは、

「お客さんは住友銀行の方ですか？」

と聞かれる始末だった（こんなガラの悪い銀行員がいるとは思えないが（笑））。

石川は、地元組織と揉めるには名古屋版夜桜銀次を演じるしかない――と肚を括り、名門一家の賭場へと乗り込んだ。白いハット、白いフラノのスーツというといういつもの派手なスタイルだった。背広の襟元には、山菱のバッジが光っていた。

そこは大層賑わう鉄火場――サイコロの丁半博奕場であった。が、石川はさっぱりツカず、有り金がたちまち底をついた。

石川は勝負に出ることにした。

「よし、丁だ。３万円や」

口だけの空張《からば》りであった。

「お客さん、コマを張ってくれなきゃ困りますな」

壺振りが咎め、賭場を仕切る連中も色めきたった。

「そんなら、これでどうや」

石川が膝元に置いたのは、ベレッタ32口径拳銃だった。「ヤロー！」壺振りから両脇の助出方

も怒りの形相で立ち上がった。
「動くな！」すばやくベレッタを手にした石川が、銃口を向けて一同を牽制、鉄火場は一瞬で凍りついた。
――こんな話を聴いているうちに、これはどこかで観た情景だなと、私は強い既視感《デジャブ》を憶えたと
いうか、１人の役者の姿が浮かんできて仕方がなかった。

これはまるきり、かつての東映ヤクザ映画「日本の首領」だったか「制覇」で、渡瀬恒彦が演
じたシーンそのものじゃないか。それにしても、あの時分の渡瀬くらい鉄砲玉の似合う役者はい
なかったな、ギラギラしてて迸《ほとばし》るようなエネルギーをぶつけて、「仁義なき戦い　代理戦争」の
死に様も良かったし、なんてたって、中島貞夫監督でＡＴＧの「鉄砲玉の美学」まで撮った役者
だからな。

それなのに晩年は、十津川警部だの警察官の役ばかりやりやがって、裏切り者だよ、あれは
――などと、勝手な思いを巡らしていると、石川氏が、
「そういえば、東映（プロデューサー）の俊藤浩滋さんから、会長のことを一度映画でやらせて
くれ――って、言われたことがあったわ。ワシのことやっとるはずですわ」
と、ドンピシャのタイミングで話してくれたものだった。

そうか、やっぱり、あの映画で渡瀬恒彦が演じた鉄砲玉のモデルは石川尚であったのか。私は
合点した。

だが、映画で渡瀬恒彦は見事に殺されたが、現実の石川尚は殺されなかった。

石川は拳銃で一同を威嚇しながら、賭場の階段をゆっくりと降りて行った。階段の下で待ち構えていた下足番を蹴りあげ、立ち番が飛びかかってくるのも難なく躱《かわ》した。

昭和37年春、山口組の〝鉄砲玉〟として名古屋へ乗り込んだ平松組（平松資夫組長、神戸）舎弟の石川尚は、その役目を果たすべく、地元組織が仕切る賭場へ繰り出してはハデな動きを見せた。

賭場では口だけで「5万円や」と宣して空《カラ》張りしたり、カネの代わりに拳銃を張ったり、明らかな賭場荒らしをやってのけた。普通なら賭場の者に捕まって簀《す》巻《ま》きにされるか、殺されるのがオチであったが、石川の場合、運よく逃げおおせることができ、それが何度か続いて、

「いったいあいつは何者だ」

「関西のほうから来たヤツらしい」

「山口組とか言ってたな」

と地元ヤクザ界でも噂にのぼるようになった。

賭場荒らしばかりか、ネオン街へ繰り出しても、白いハット、白いスーツといういでたちは嫌でも目立ち、地元組織と揉める機会は少なくなかった。

石川のほうはたったひとりで、端から死に身、いつでも殺される覚悟で事を起こしたが、不思議に殺されることなく、何度か危機を乗りきって生き延びた。

キャバレーで出所祝いをしていた地元名門一家6、7人のグループとぶつかった時も、石川は

愛用のベレッタ32口径を出し、店の天井に向けて2発ぶっ放している。

「ワシは山口組の石川や。いつでも来んかい！」

と名乗って、その場を悠然と引きあげたが、誰も追ってくる者はなかったという。かくて殺されるはずの男がいつまで経っても殺されず、その名はいっぺんに売れていく。

石川は神戸芸能社の直属支社として、名古屋市中村区に名神プロダクションを設立。同プロはクラブやキャバレーへの歌手や映画俳優等の斡旋を一手に担当、名古屋に揺るがぬ地盤を築いていく。

そして同年11月、初めて名古屋に足を踏み入れて1年も満たずして、石川は名古屋市公会堂で大きな興行を打つに至った。「歌う東映祭り」と銘打った歌謡ショーで、里見浩太朗、山城新伍、品川隆二、北条きく子ら東映勢に加え、人気歌手の田端義夫が競演する、まさにこれぞ神戸芸能社という顔ぶれの豪華版だった。名神プロの旗揚げ興行であり、山口組の記念すべき名古屋進出の披露興行に他ならなかった。それはまさしく、石川が鉄砲玉として殺されていたら挙行されるはずだった葬儀に代わる、山口組の一大デモンストレーションでもあった。

当日、1500人収容の名古屋市公会堂は溢れんばかりの観客で埋まり、花輪も会場から駅のほうまで並んで、興行は大成功を収めた。山口組本家からは田岡一雄三代目を始め、松本一美舎弟頭、地道行雄若頭ら多くの幹部が顔を揃え、神戸芸能社本社からも山沖一雄以下ほとんどの社員が応援に駆けつけたという。

名神プロにとって初の〝手打ち興行〟——自主興行であり、石川にとっても正念場だった。手打ち興行は会場代や歌手やスタッフのギャラまで経費一切が持ち出しで入場券をどれだけ捌けるかに勝負がかかっていた。さすがに石川も初めてのことで、果たして客が入るかどうか、不安であった。

傑出した興行師でもあった田岡三代目は、そんな石川の胸中を察して、

「客が入らなんだら、石川君、無料の券を配ったらええんや」

とまで言ってくれたという。が、フタを開ければ、客は大入り満員、石川は面目を施した。

そんな石川にとって、地元組織以上の強敵は、神戸芸能社幹部の山沖一雄であった。山沖は1日2回公演の幕間にやってきて、

「石川さん、契約金《ギャラ》、払ってえや」

と請求。名神プロにすれば、神戸芸能社が太夫元《たゆうもと》、太夫元への契約金は、話が決まった段階で半分、幕が開く前に残り半分が支払われるのが決まりであった。

「2回目が終わってからにしてくれへんか」

「あかんよ。それなら幕にかけさせてもらいまっせ」

幕にかけるというのは、芸人を舞台に上げず、幕を上げさせないことを意味した。これには石川も、

「山沖はんには敵わんな。しっかりしとるわ」

山沖は真面目一徹、当時の興行師としては珍しく、ヤクザ臭のまるでない、温厚なカタギの仕事人間で、業界での信頼も厚かった。

石川も苦笑しながら、こう振り返ったものだ。

「その興行が、山口組にとってどんな意味あいを持つもんか、どれだけ大事なもんか、そんなことは山沖はんには関係なしや。彼の頭にあったのは、興行の仕事をきっちりとやりとげるということだけ。けど、それがよかったんやな。彼が中心にいたからこそ、神戸芸能社も大きゅうなったんや。最初に彼をスカウトした田岡親分の眼力の賜ものちゅうこっちゃな」

ともあれ、兄貴分である山健こと山本健一の「死んでこい」の密命を受けて、片や九州の博多に、一方は名古屋へ鉄砲玉として乗り込んだ〝夜桜銀次〟こと平尾国人と石川尚。2人ともその役目を全うしたとはいえ、片や玉砕し、一方は山口組直参にまで昇りつめ——とその後の明暗はくっきりと分かれたことになる。

私が「実録小説　神戸芸能社——山口組・田岡一雄三代目と戦後芸能界」（双葉社）の執筆のため、石川尚氏を取材したのは、彼がヤクザ渡世を引退した後のこと。現役時分、竹中正久四代目のガード役として四代目にピタリと寄り添う黒眼鏡姿の印象が強烈で、私は当初、恐る恐るという感じであったのは否めない。

が、一度ならず話をお聴きするうちに、意外にも気さくな人とわかり、私もようやく慣れていき、硬さもほぐれていったものだ。

たまに先方から電話がかかってくることもあって、途中で姐さんに代わってくれたりして（お会いしたことはなかったが）、ざっくばらんな人でもあった。

昭和という時代に存在したヤクザの一つの典型、際立った個性派であったのは確かであろう。

小塚 斉

山口組「山陰進出」の功労者の壮絶な生涯

今回、執筆にあたって我ながら驚いたのは、

〈えっ、私がお会いしていた頃、あの方は85歳を超えていたのか!?〉

というもので、今さらながら知ったのだから、随分とぼけた話に違いない。まさか、そんなにお歳を召していたとは、当時の私は氏の年齢をまったく意識にのぼらせずに、お付き合いしていたのだ。それほど氏は若々しく矍鑠《かくしゃく》としていた。

鳥取県米子市に居を置いた元三代目山口組直参、小塚斉氏のことである。

大阪のミズタ企画の水田勝氏の御紹介で、米子を訪ね、私が初めて小塚氏にお会いしたのは、平成20年2月20日のことだった。水田氏は三代目山口組・田岡一雄組長の長男・満氏の盟友ともいえる方で、かつては満氏の会社で興行関係の仕事に携わっていた。その興行を通して小塚氏と親交があったのだった。

小塚氏もまた、神戸芸能社と深く関わった元山口組直参の一人で、同社山陰支社として「日本海芸能社」を設立、芸能やプロレス等の興行に手腕を振るった親分だった。

氏とは平成23年4月2日に逝去されるまで、3年ほどの交流に過ぎなかったのだが、懐かしくも忘れられない方である。生前、戴いた観音菩薩像がまさに形見となって、我が家の仏壇に飾っ

であり、それを見るたびに、氏のやさしい佇まいが浮かんでくるのである。

お会いしたのは、田岡三代目が興した伝説の興行会社・神戸芸能社のことをお聴きするためであった。が、小塚氏の話があまりに面白く興味深かったので、例によって氏の一代記まで書かせてもらおうとして、取材は長期に及んだのだった。

何度も足を運んだ米子の街や、皆生温泉で氏と一緒に出雲ソバを食べたことがつい昨日のことのように思い出される。

氏がヤクザ渡世を引退して、小塚組を解散したのは昭和42年4月5日のことで、44歳の時である。初めて氏とお会いしたのは、それから40年の歳月が流れた時期で、氏はカタギとしても成功し、「ダイツー」という貿易会社を経営する立派な実業家であった。地元の名士として、まわりの信頼も厚かった。

私の取材に応じてくれた小塚氏は、先の大戦で兵隊として中国大陸の激戦地を転戦、戦後はヤクザ渡世の修羅場を経てきた人物とは到底思えぬやさしさで、こちらを包みこんでくれるような温かさがあった。記憶力も驚くほど鮮明で私が氏の年齢を忘却していたのも、そこに一因があったのかもしれない。そしてつくづく思ったのは、

〈戦後の混乱の中で、この人はたまたまヤクザになってしまったけれど、どの世界へ進んでもひとかどの人物になったのではないか〉

ということだった。

小塚斉は大正12年11月29日、宮崎県都城市の生まれ。昭和15年、鹿児島の修成工業学校を卒業

小塚 斉

後、中国・徐州の華北交通株式会社徐州鉄路弁事処に就職。翌16年12月8日、日本が米英に宣戦布告する中、徴兵検査で甲種合格となり、熊本六師団工兵隊に入隊、3カ月の初年兵教育を経て、三五四七師団工兵隊として再び中国に渡った。大陸では河南作戦や桂林作戦に関わるなど、各地を転戦、逐次南下してバンコクで終戦を迎えた。

戦後、鹿児島に復員したが、間もなく土地を追われる身となったのは、進駐軍と揉めごとを起こしたことによる。婦女子を助けるため義侠心から出た行動だったが、それが通る時代ではなかった。

そこで頼った先が、中国の華北交通に勤めていた時代、ヤンチャな小塚を何かと庇い可愛がってくれた山崎竹夫という上司だった。

米子に住む山崎は、事情を聞くなり、

「こっちにきたらええ」

と小塚を呼んでくれたのだった。

小塚にとって米子は初めて足を踏み入れる土地であったが、以来、そのまま住みつくことになるのだ。九州男児が米子の人となり、終の住み処になろうとは、小塚自身、当初は思ってもいなかったようだ。

小塚が米子でヤクザ渡世に身を投じるきっかけとなったのは、市内の映画館「グラン」でテキヤのチンピラ3人組から喧嘩を売られたことだった。

小塚は幼少時から腕白坊主で、鹿児島の修成工業学校時代も喧嘩三昧で番長を張り、中国・徐州の鉄道会社に就職してからもヤンチャな性分はいっこうに変わらず喧嘩ばかりしていた。まして、ついこの間まで軍隊にいて、大陸の最前線で戦い、死線を潜り抜けてきた身、チンピラが束になってかかって来ようと物の数ではなかった。

ここでも簡単に相手を撃破したものの、小塚はそこでハタと考えこんでしまった。

〈いかん！　どこへ行っても、この調子たい。喧嘩がついてまわる。このままではどうにもならんばい。山崎さんに迷惑ばかけてしまうし、ワシはこれからどげんして生きたらよかと？〉

翌日も米子の城山に登って、ずっと考え続けた。昭和22年春のことで、小塚は23歳、米子に居ついて半年になろうとしていた。

結局、小塚が城山で半日潰して考え出した結論は、それならいっそ極道の世界で男を売ろう、本物の男になろう――ということだった。

かくて小塚は、米子の貸元・丸山光治の門を叩いたのである。

丸山は戦前から戦中にかけて「山陰にこの親分あり」と謳《うた》われた岡本常一の跡目をとった男で、当時は名実ともに米子一の親分として知られていた。

丸山は立町に〝無頼漢《ごろんぼう》〟と呼ばれるサイコロの丁半博奕主流の常盆を持っていた。1年365日休みなしの賭場である。

大親分の岡本は跡目を譲ったあとも、毎日、丸山の賭場に顔を出し、博奕を楽しんでいた。

この2人の間で、些細なことから激しい親子喧嘩が勃発するのは、小塚の入門後、1年近くしてからのことだった。

昔の親分夫人、いわゆる姐さんの性根や心意気というのはヘタな男顔負けで、それは凄かったようだ。

鳥取・米子の姐も、ご多分に漏れず、凄まじい話が伝わっている。

昭和23年1月15日、小塚斉の親分・丸山光治と丸山の親分で隠居していた岡本常一との間にひょんなことから起きた親子喧嘩。それを止めようと小塚は自分の小指を詰めたが、岡本は、

「味噌汁のダシにもならんわい」

と言い放ち、その指を受けとらなかった。

すると、その夜、雪がシンシンと降る中、御高祖頭巾《おこそずきん》姿の岡本夫人――チカ子姐が米子市立町の小塚邸を訪ねてきた。チカ子姐は岡本の後妻で、小塚より3歳年上の28歳だった。

「小塚さん、何も言わず、これを収めてごしなせえ」

チカ子姐が持参したのは、切断した自分の小指だった。小塚はあまりのことに言葉を失った。

血染めの白布に包まれた女のちぎれた小指はほっそりとして艶やか、まるで生きていて今にも動き出すかと思えた。これには小塚も胸打たれ、

「自分が責任を持って供養させてもらいますけん」

とチカ子姐の心意気に応えた。これで一件落着かと思われたが、それでは仁義が立たない――

と、今度は丸山光治夫人の静子姐が承知しなかった。やはり同様に自らの指を詰め、それをチカ子姐に持参し、

「黙って収めてごしなせえ」

と頭を下げたものだから、チカ子も受けとらざるを得なかった。かくて盆の上の些細な親子喧嘩が、一晩で小塚と姐2人の指が飛ぶという顚末を生んだわけで、思わず小塚も、

「なんとまあ、偉い姐さんたちよのう！」

と感嘆するしかなかったという。

戦後間もなくして、小塚は小塚組を結成、丸山の常盆を受け継いだだけでなく、青果業や土建業などにも携わり、昭和20年代後半には米子で確固たる地盤を築いた。小塚が興行に取り組み出すのは昭和30年代に入ってからのことで、地元米子の興行師・加納久次と知りあい、その手ほどきを受けたことによる。加納は若い時分、京都で〝ラッパ師〟の異名をとった大物興行師だった。

当時、加納は〝荷〟（タレント）をほとんど神戸芸能社から買っていたので、小塚も自然に同社社員や関係者との交流が生まれ、関西方面とのつきあいが広がっていく。そこからまるで運命の糸に導かれるように、山口組の佐々木道雄や清水光重、柳川次郎、ひいては地道行雄と出会い、やがて田岡一雄の縁へと行きつくことになるのだった。

初めて田岡三代目と出会った日のことを、小塚はつい昨日のことのように鮮烈な印象で記憶していた。

昭和32年秋、美空ひばりの公演が米子で行われた時で、田岡は腹心の山本健一を連れてひばり

に同行してきたのだ。ひばりの歌謡ショーは、米子市角盤町の大映系封切館「グラン」で催され、会場は700人の定員を超える観客で溢れ返ったという。小塚はこう振り返ってくれた。

「三代目親分はひばりちゃんが歌っている間中、舞台の袖幕から見守って、歌に合わせて首や躰でリズムを取ってるんですわ。そら、心底歌に聴き惚れてるんです。彼女が歌い終え、舞台から降りる時も、誰より心のこもった拍手を送ってる。ああ、親分は本当にひばりちゃんの歌が好きなんやなあ。こういう親分に守ってもらえるんやったら、ひばりちゃんも安心して歌えるわ――って、つくづく思ったもんですわ」

小塚が地元の皆生温泉「東光園」で、同じ米子の山陰柳川組組長・柳川甲録とともに三代目山口組若頭地道行雄の舎弟盃を受けたのは、昭和35年9月のことである。2人は米子に初めて山菱の代紋を掲げ、小塚は同時に「日本海芸能社」(神戸芸能社山陰支社)を設立、併せて島根県松江市に同社の支社を開設した。

小塚は兄貴分の地道に、

「自分は興行で地方進出しますけん」

と宣言した通り、昭和37年、舎弟の山崎正(後の山口組直参)に京都で日本海芸能社京都出張所を開設させ、翌38年に宮崎県都城市で舎弟の双和会会長・藤本和夫に、「南九州芸能社」(神戸芸能社都城連絡所)を設立させるなど、精力的に地方進出を推し進めた。

そんな中、小塚と柳川甲録が地道の舎弟となった翌36年10月4日、米子で勃発したのが、世上名高い「夜行列車殺人事件」であった。

事件が起きた時、小塚はちょうど米子署捜査二課の部屋にいて、署内に非常ベルの音がけたたましく鳴り響くのを聞いた。何が起きたか、小塚はピンと来た。夜9時のことで、応対していた捜査二課長の顔色がにわかに険しくなった。

「山陰本線門司発京都行き夜行列車一等車で殺人事件が発生。場所は米子駅と伯耆大山駅間の日野川鉄橋付近、若い男3人組に短刀のようなもので胸を刺され死亡したのは、本多会系平田会鳥取支部長の二代目菅原組組長松山芳太郎」

部下の報告を受け、二課長が小塚を睨んだ。

「おい、小塚よ、まさかお前んとこじゃないだろうな」

「何のことですか」

小塚はとぼけた。鳥取市に本部を置く松山芳太郎は小塚と柳川甲録という山口組山陰勢に立ちはだかる宿敵であった。最初にぶつかったのは山陰柳川組だったが、小塚組もこれに共闘、双方が競合するように、その命《タマ》奪《と》りを狙って動いている最中だった。

この日、松山が大阪から飛行機で米子に入るという情報を掴んだ小塚組襲撃班は米子空港に張りついたが、松山は現れず、空振りに終わっていた。

一方、山陰柳川組の部隊は松山を追い続けた執念が実って、ついに山陰本線米子駅で夜行列車に乗り込む松山の姿をとらえ、車内で決行に至ったのだ。

米子署内に鳴り響いた非常ベルの音を、小塚は、

〈おお、やったな……〉

と、あたかも舞台の開幕ベルのような昂揚感で聞いたのだった。

鳥取県米子市の三代目山口組小塚組組長で、日本海芸能社（神戸芸能社山陰支社）を主宰する小塚斉は、仕事上、力道山ともごく親しい付き合いをしていた。

力道山も小塚を「米子の大黒さん」と近くの出雲大社に因んだ愛称で呼んで親しんだ。力道山にすれば、小塚はいわば〝福の神〟、プロレス興行の上で2人はそれだけよい関係を築いていたということであろう。

その力道山が東京・赤坂のナイトクラブでヤクザに刺される事件が起きた時も、小塚は米子から上京、見舞いに駆けつけている。

力道山は至って元気で、

「あ、米子の大黒さん。わざわざ来てくれたんですか」

小塚を愛称で呼ぶほど機嫌も良かった。

「元気そうで何よりや」

「ええ、田岡の親分さんにも迷惑をおかけして……」

「これなら大丈夫や。親分にもええ報告ができるわ」

小塚が安心して米子に帰ったのも束の間、力道山は間もなくして急逝、日本中を衝撃が駆け抜けた。

「戦後最大の国民的ヒーロー」といわれた男を、小塚はこう評した。

「力道山は酒が入ると人が変わるだの、酒乱だ、ケチだとか、たびたびヤクザと揉めごとを起こしとった云々と悪い評判は聞いとったけど、ワシの前ではそんなことは一度もなかった。酒で乱れることもないし、カネにシブいどころか、気前が良かったわ。とことん強気の男で、ヤクザでも誰だろうと、たとえ地道行雄若頭クラスであろうと五分に物を言うような男やったけど、さすがに田岡の親分の前では、傍目にもわかるほど、ピリピリして神妙になっとったですわ」

ある時、小塚は力道山からロレックスの最高級腕時計をプレゼントされたことがあった。米子の酒場でのことで、力道山はそれを、

「水で濡らしても大丈夫。まあ、見てください」

言うなり、小塚の前の満タンのビアジョッキの中にポンと落としたのは、力道山特有のパフォーマンスだった。それを再びジョッキから取り出すや、彼は、

「ほら、防水になってるでしょ」

得意げに告げたのだが、小塚が酒を一滴もやらないと知った上での所作だった。小塚にすれば、憎めない愛すべき男なのだった。

当時の業界では「美空ひばりと力道山の興行が打てれば興行師として一人前」と言われ、両者の興行は、興行師には腕の見せどころでもあった。

小塚が自分で初めてひばりの興行を打った時、神戸芸能社からの要望は、

「楽屋にはメザシを用意したって欲しい。ひばりちゃんが大好物なんや」

これを聞いて、小塚は、

「へえ、庶民派やないか」

と、さらにひばりファンとなったのは、自分もメザシに忘れ難い思い出があったからだ。

砲兵隊の陸軍将校だった父を早くに喪くし、7人兄弟（男4人、女3人）の小塚たちを女手一つで育てたのが、小学校教師の母だった。貧乏ゆえに小塚の小学生時代、毎日持たされるのはメザシ弁当だった。

薩摩武士の血を引く母は子供たちに常々、卑怯なことはするな、男らしくあれと教え、後に小塚が出征する時には、「すくすくと伸びて咲きにし若桜御国のために見事散れかし」「征《ゆ》きまして醜《しこ》の御楯《みたて》となるからは花も実もある薩摩武士たれ」との歌を作って、はなむけにするような「軍国の母」でもあった。

小学4年生になった時、その母が真心をこめて作ったメザシ弁当を、嘲笑する級友がいて、小塚の怒りは爆発した。知らぬ間に手が出て、その者をやっつけていたが、学校は大騒ぎとなって問題化、結局、小塚は転校を余儀なくされた。

この事件は小塚にとって、反骨の道を歩み出す第一歩となったのだった。

戦後、米子でヤクザ渡世に入り、興行を通して神戸芸能社と縁ができ、そこから三代目山口組・地道行雄若頭の舎弟となった小塚が、同じ米子の柳川甲録とともに三代目山口組直参に昇格するのは、「夜行列車殺人事件」の翌37年12月13日のことである。

田岡一雄三代目との親子盃は、神戸市生田区相生町の料亭「三輪」で執り行われ、盃を飲み干した瞬間、小塚もやはり言いようのない感激を覚えたという。

「頑張りや。カタギさんに迷惑をかけんようにな」

との田岡三代目の言葉も、小塚には忘れられなかった。

「田岡の親分は、組のためにとは言わず、『カタギさんに迷惑をかけんように』と言われたんです。他の親分とはそこらがまるで違とりましたな。大きな親分やと思ったもんですわ。もし、ヤクザやっとらんかったら、総理大臣にもなれたお人やと、ワシは今でもそう思っとりますけん」

小塚の山口組直参生命が5年余りに過ぎなかったのは、警察庁の頂上作戦による苛烈な取締りの影響が大きかった。公共施設や公共工事から締め出され、興行や土建業が成り立たなくなったことが、何より痛手となったのだ。

小塚は、自身の引退、小塚組解散という苦渋の決断に至ったのだった。

山口組本家に出していたその解散伺いが、承諾されたのは、昭和41年9月5日のことである。その時分、田岡三代目は関西労災病院に入院中で、かなり状態が悪かった。そのため、小塚は本家の姐・田岡フミ子に挨拶に出向いた。

「姐さん、お世話になりました」

フミ子も感慨深げであった。小塚がフミ子から聴いていたのは、田岡は小塚のことを陰で「鳥取のヒゲさん」と呼び、毎年秋に小塚から送られてくる山陰名物の「二十世紀」という梨を楽しみにしていたこと。

「ほう、もうそんな時季になるんやなあ」

と「二十世紀」で季節を感じとっていたという。

山口組から解散伺いを承諾されたものの、何かと考えるところがあって、小塚はすぐには解散に踏みきれなかった。正式に解散を表明したのは、昭和42年4月5日のことである。

昭和42年4月5日、小塚斉は米子署に赴き、小塚組解散届を提出した。

小塚は新聞記者に、

「自分としては義侠心に駆られて飛び込み、あくまで正しい意味の任侠道を貫こうと思っていたが、やはり現代では組織自体が社会悪らしい。1年ほど前から解散は考えていたが、若い組員たちの気持ちをまとめ、揃って正業に就くようにさせるのに時間がかかった。今後は建設業1本で進み、社会には決して迷惑をかけるようなことはしない」

と淡々と述べている。

同じ米子の三代目山口組直参で、小塚と同い歳、時を同じくして地道行雄若頭の舎弟となり、直参に昇格した柳川甲録は、すでに2年前に組を解散していた。

柳川の人となりを、小塚に訊ねたところ、

「ワシよりもずっと優秀な男でね、弁も立つし、筆も立つ。何を間違えてヤクザになったもんかと、ワシなんか思っとったくらいですわ。解散後は米子を出て山陽道のほうに流れて行ったと聞いちょるけど、まあカタギになってもシャンとしてやっていける男ですよ」

との答えが返ってきた。

もとより小塚にしても、ヤクザをやめた後も、男としての生き方が変わるわけでなく、シノギにしても博奕以外は現役時分からずっと正業に取り組んできた。

小塚と古くから親交を結び、そのよき理解者でもあった人物の一人が米子市教育長や鳥取県会議員を務めたY氏。名士の彼は地元紙に交友録を連載し、小塚のことをこう書いている。

《社会復帰への足掛かりを求め、努力を払えば払うほど、やくざの資金かせぎとしか受け取らず、ために私もあらゆる世評のさらし物になった。市長選然り（出馬したのである）、教育委員然り。しかし私はいささかも面を伏せる事がない。天知る地知る真人ぞ識る。遂に今日彼は立派な実業家である。加えて彼は若い諸君の外道を正す蔭の努力も怠ろうとしない。私は独りほくそ笑ましていただいている》

ヤクザ渡世を離れた小塚が、後半生、最も力を注いだのが、中国人研修生や留学生の受け入れ事業であった。小塚は物心両面で彼らを援助し、親身になって面倒を見続けたのだった。

と同時に、民間レベルでの日中関係の友好と経済促進を目的に、「日中進交会」を結成、両国の親交を深めようとなみなみならぬ情熱を燃やした。小塚にとって中国は、17歳から23歳までの最も多感な青春時代を過ごした思い出の地であり、彼の国への思い入れはことのほか強かった。

昭和61年6月、かつて小塚が鉄道員として在籍した中国の鉄道局新郷のＯＢ会である「新郷会」が河南省新郷で開催され、小塚も参加した時のことだ。

高喜雲という中国の婦人が新郷会を訪ねてきて、相談してきたのは、

「娘を日本に行かせたい」

というものだった。彼女の父親は井上矢作という日本人医師であったが、母親、夫とも中国人、

当時は日本訪問が困難で受け入れも難しく、彼女は父の墓参りもできずにいたのだ。

そんな高女史に対し、

「私に任せてください」

と胸を叩いたのが、小塚であった。小塚は、

「娘さんが高校を卒業し、日本語が少しでも話せるようになったら、私が責任を持って留学させます」

と約束、6年後、それを見事に実現させたのだ。高校を卒業した次女の雅娜《あな》を迎えに、小塚は中国に赴き、彼女を連れて帰国。彼女の希望する米子市の日本海情報ビジネス専門学校（2年制）へ入学させ、卒業後は米子市役所国際交流課への就職まで骨を折ったのだ。

のちに妹同様、来日して鳥取女子短大に留学した姉の雅莉《あり》、同じく日本海情報ビジネス専門学校へ入学し米子の会社に就職した従妹の高瞻に対しても、私費で一切の面倒を見て一本立ちさせたのも小塚であった。

また、彼女たちの祖父が眠る宮崎の井上家の墓へ、高家の一同を連れていき、念願の墓参りも叶えさせている。彼女たちは就職や結婚をして、それぞれ巣立っていったのちにも、小塚を「日本のお父さん」と呼んで、いつまでも慕い続けた。

それは小塚にとって、心から愛する第2の故郷・中国に対する贖罪意識——ささやかな罪滅ぼしという気持ちもあったのかも知れない。

小塚はかつて日本軍の工兵隊の一員として渡中し、河南作戦に参戦、山西省運城から黄河を越

えて許昌を起点に、湖北・湖南を転戦。桂林作戦に勝利を収めて、さらに南下、仏印との国境を越え、ベトナムに駐屯するフランス外人部隊と戦闘、勝利するという体験を経てきた。

工兵隊は時には歩兵の先頭に立ち、爆薬による陣地攻撃、時には橋梁の補修作業・渡河作業に従事、祖国のため昼夜を問わぬ作業や戦闘に没頭したのだ。

が、その一方で、心ならずも現地の農民から食料を奪ったり、農家を打ち壊したという現実もあった。

兵隊へ行く前の中国での鉄道員時代、現地の人たちとの牧歌的な交流も、小塚には忘れられなかった。

そうした小塚の強い中国への郷愁、熱い思いは終生変わらなかった。

日中進交会の仕事をライフワークとしてたびたび中国に渡航し、頑健さを誇った小塚も、80の声を聞いてからは体力も衰えていた。

私がお会いしたのは、80代半ばの頃。かつてのアイ・ジョージばりの精悍な男前も、さすがに好々爺然と変貌をとげていたが、まだ矍鑠としていた。

が、米寿を迎える年の春、肺癌が再発、入院生活を余儀なくされた。

小塚が87年の波瀾の生涯を閉じたのは平成23年4月2日午後9時40分のこと。私も会社の女性から、

「社長は最期まで頑張りましたよ」

との訃報を受け、その見事な人生に思いを馳せ、独り、御冥福を祈った。

小塚の遺骨は分骨され、日中の友人たちによって、本人の望み通り、中国・黄河へと散骨された。同年秋のことで、その日、中国の空は晴れ渡っていたという。

那須真治

「夜行列車事件」実行犯に見た極道としての覚悟

私が初めて那須真治氏と面識を得たのは、平成20年7月15日のことで、小塚斉氏から紹介されたものだった。場所は鳥取県米子市の小塚氏が経営する会社「ダイツー」であった。

那須氏は当時、米子の六代目山口組系大同会の重鎮で、小塚氏は元三代目山口組直参、昭和42年に引退したあとは実業家として成功し、地元の名士でもあった。そんな小塚氏の取材を重ねるうちに、那須氏のことが話題に出て、

「那須に会ってみますか」

という話になって、小塚氏が会社に呼んでくれたのだった。かくて、那須氏との対面が叶ったのだが、とても初めてという感じがしなかった。それもその筈で、実は氏のことは、ずっと以前からこっちが一方的に知る存在であったのだ。

というのは、私が可愛がってもらっていた新右翼リーダーの野村秋介と氏は、千葉刑務所での獄友、中で10年ほど一緒に過ごした間柄で、とても親しくしていたという。野村も著書「汚れた顔の天使たち」（二十一世紀書院）でこう述べている。

「那須さんと僕は、10年以上一緒にいたけど、一度も争い事やトラブルというのはなかった。この人はどこから見ても、ヤクザなんかに見えないね。生活態度も静かだしね。碁が強くて三段く

らいなんですよ。そういうような、静かに碁を打ってるようなタイプの人なんだ。とても山口組の進攻作戦で、夜行列車で相手の組長を刺殺したなんて思えないような人だったね」

そんなわけで、氏のことは、私も野村から折に触れて聴いていたし、野村のパーティーや何かの集まりでも、何度かその姿を間近で拝見もしていたので、むしろ、紹介していただく機会がなかったのが、不思議なくらいだった。

挨拶を終えて、そんな話をすると、那須氏は、

「ああ、そうだったんですか。秋《しゅう》さんとね……」

懐かしそうに顔を綻ばせた。野村が朝日新聞社で拳銃自決してから、すでに15年の歳月が経っていた。

野村が言うように、那須氏は内に激しさを秘めた物静かな人であった。

山口組全国進攻の途上、あの世上名高い「山陰夜行列車事件」といわれる大仕事をやってのけたのは、氏が弱冠20歳の時だったというから、よほど極道としての〝覚悟〟の程が違っていたのだろう。

事件についても、私は氏から当事者しか知り得ない話を聞いたものだった。
事件が起きたのは昭和36年10月4日夜9時頃、山陰本線門司港発京都行きの夜行列車が米子駅を出て間もなくのことだった。
列車が発車するや否や、最後尾車両から隣の一等車に向けて移

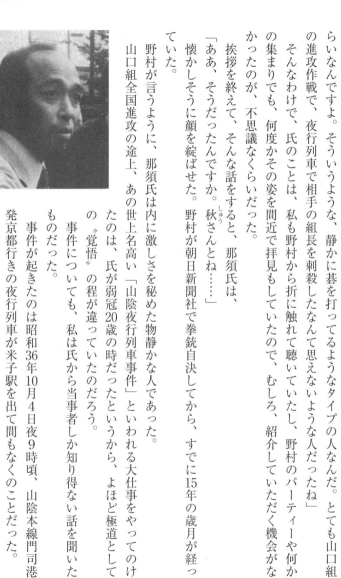

動する3人の刺客の姿があった。三代目山口組系地道組山陰柳川組のメンバーだった。彼らが「一等」と表示された透かしガラスから中を覗き込むと、乗客はおよそ15人。目指すターゲット――本多会系平田会二代目菅原組・松山芳太郎組長は、後方3列目の座席に座っていた。

「よし、おったぞ」

指揮官兼見届け役の27歳の本多が、実行役の那須と小谷に声をかけた。2人とも20歳だった。

「左側の後ろから3列目、通路側じゃ。背中向けて座っとるけん」

2人は指揮官の指示に頷き、やがて気合いを入れて一等車のドアを開けた。

それは米子駅から次の伯耆大山駅に向かって走る列車が、上り坂の日野川鉄橋にさしかかろうとしているタイミングを見計らってのことであった。

地元の人間である彼らは、ちょうど鉄橋を越えたあたりが急カーブとなり、列車が徐行することを知っていたのだ。〝仕事〟を終えたあと、飛び降りるには最適の地点だった。

2人は一等車に飛び込むや、まっしぐらに目指す敵へと駆け寄っていった。

「松山の親分さんですね」

相手が振り返り、立ち上がるより早く、2人の刺客は襲いかかった。

1人が松山の躰を抱え込むようにして、その胸を短刀で突き刺した。1回、2回。鈍い音がして、松山は抵抗する術もなく、膝から床に崩れ落ちた。

刺客は落ち着き払っていた。それは、とても20歳とは信じられないような肚のすわりかたであった。

相手は右胸と左胸に受けた2カ所の傷が心臓に達して致命傷となり、ほぼ即死状態だった。それでも刺客は、確実に仕留めたかどうか、倒れ伏す相手の手首を取り、脈の有無を確かめる念の入れようだった。

ばかりか、彼は乗客を見まわす余裕さえあり、その中の1人と目が合った。事態に驚愕し、蒼ざめた顔の婦人。子供の頃、書道を習っていた先生であった。米子出身の右翼思想家で二・二六事件の時、北一輝とともに処刑された西田税と姻戚関係にある女性だった。彼女もすぐに彼と気づいたようだが、知られても刺客には些《いささか》も動揺はなかった。端から逃げる気はさらさらなく、事を終えたら警察に出頭する予定でいたからだ。

2人はその場を引き上げ、デッキに向かうと、徐行し始めた列車の窓から躊躇なく飛び降りた。ただ、タイミングが少し早過ぎて、足を挫いてしまったのは、唯一の誤算であった。

……云々という那須氏の話に、私は心底驚愕させられたが（とりわけ脈を確かめたという一事に）、なるほどヤクザ渡世を選択するということは、20歳にしてそれほどの覚悟・性根を持たねばならぬということなのだ——と、つくづく思い知らされたものだった。

しかるに、私が見てきたバブル全盛期の若手ヤクザ諸氏といえば、そんな覚悟より、「いい思いができるから」とか「カタギを脅せるからヤクザやってる」としか見えない手合いが少なくなかったような気がする。

那須氏と最後に会ったのは、平成23年4月5日、米子市内で催された小塚氏の葬儀会場でのこと。氏は、

「来し方を自分なりにまとめてみたいと思ってるんですよ。いずれ私のほうから連絡させて貰いますから」

と仰っていたのだが。

白神英雄

山一抗争の激戦中に「四代目暗殺」の理由を激白

昔はヤクザ記者の中にも、ヘタな極道など及びもつかないような気骨・性根を持ったサムライがいた。

私が今も敬愛してやまない大先輩、大阪の大道智史氏がまさにそんな人だった。もう亡くなられて久しいが、昭和13年生まれ、同志社大学出のインテリで、若い時分は坂口安吾に傾倒した文学青年であったという。サラリーマンには到底向かない人で、多分にヤクザ的気質の勝った無頼派という趣きがあった（どんな偉い親分の取材でもノーネクタイを通していた）。とは言っても、我々のような若年者に対しても、きわめて腰の低い謙虚な人柄で、文章を書いて名をあげようとか、スクープを物にしようといった自己顕示欲や功名心などはかけらも持ちあわせていなかった。万事、控え目な人なのだった。

山一抗争の頃は、大道氏もバリバリの現役極道記者、私も随分お世話になったものだ。なにしろ、寡黙で男っぽく、そこらの渡世人顔負けの筋っぽい人であったから、交流のあった数多い親分衆の中にも（主に関西）、彼のファンがいて、いいつきあいをしている人は少なくなかった。相手にすれば、物書きとしてというより、一人の男として認めてのつきあいだったように思える。そんな交流のあった親分衆の名を、私の知る限り、思いつくまま、順不同に列挙してみると、髙山登久太郎、浜部一郎、山中武夫、森田幸吉、松井毅、門広、竹中武、白神英雄、松本勝美、中山宣治、前田勇、室利直、京田晃和、津川晃治、妹尾英幸、浜田健嗣……といった錚々《そうそう》たる顔ぶれである。

そして親分衆とどれだけいいつきあいをしようと、大道氏はカタギの物書きとして、己の分というものをわきまえていた。記者としてのスタンスは見事なもので、常に中立公正、客観報道を心がけ、もとより警察寄りでもなければ、どこかの親分や組織に肩入れして記事を書くというようなことも金輪際なかった。

だからこそ、親分衆にも信用され、信頼を得たのであろう。そんな人物であったから、中には本気で大道氏に惚れてしまう御仁もいて、カタギの氏に対し、

「ワシの舎弟になれ」

と迫る親分がいたのも事実である。

一和会常任顧問の白神組組長・白神英雄がその人だった。

むろん大道氏のほうで、鄭重にお断りしていたのだが、白神はなかなか諦めなかったという。白神は関東のほうにも顔が広く、元安藤組組長の映画俳優、安藤昇とも交流があり、２人が東京で会う機会があって、たまたま大道氏も同席した時のこと。

「安藤もおって、ちょうどええ機会や。立会人になってもらお。どや、大道、ここらで肚《はら》を決めんかい。ワシの舎弟になれ」

と白神は迫ったというから、よほど惚れ込んでいたのだろう。が、大道氏が最後まで拒んだの

はいうまでもない。氏にしてみれば、

「滅相もない。私はカタギでっせ。とんだお門違いですわ」

となるわけで、これは極端な例にしても、確かに氏は、渡世人から見ても、それくらい俠《おとこ》を感じさせる人物であったろうとは、容易に頷けるのだ。

その大道氏に導かれ、氏と私が大阪の白神英雄組長を訪ねたのは、昭和60年3月23日のことだった。

時は、あの1・26事件、四代目山口組・竹中正久組長が射殺されてからちょうど2カ月後、まさに山一抗争の真っ只中、西日本の各地で激しい抗争の火の手があがっていた時期である。とりわけ山口組、一和会双方の主勢力が対峙する最前線の神戸、大阪ではともに戦闘部隊の活発な動きも報じられ、山一抗争は一段と緊迫ムードが高まっていた。

白神組においても、白神組長を襲おうと、大型双眼鏡や警察無線傍受器を持って事務所周辺をうろついていた山口組系黒誠会の組員が逮捕される事件も起きていた。

白神英雄

そうした状況下、白神組長にすんなりと会える筈もなく、大道氏と私が最初に来るようにと指定されたのは、大阪・ミナミの白神組事務所であった。
事務所を訪ねると、1階では2、3人の組員がチンチロリンに興じており、2階への階段は狭く、独特の造りになっていて、な

るほどこれぞ臨戦態勢か、と納得させられたことを憶えている。

その事務所からさらに車で移動し、着いた先が白神英雄組長の自宅マンションであった。そこで待ち構えていたのが白神組長で、大道氏と私はようやく組長の直撃インタビューが叶った次第だった。

長い籠城生活を強いられている割には、組長は至って元気で意気軒高であった。

大道氏が最も核心に迫る質問をしたのは、取材も半ばを過ぎた頃だった。

——ところで、1・26事件が起きた原因、その理由とは何だったんですか。

「それは一口に言い尽くせるもんやない。ジッと耐えとるワシらに対して、あちらはあの手、この手で切り崩しをかけてきよったわな。ワシら、何も山口組を潰すのが目的やないからな。ただ、四代目と中山（若頭）の仕打ちには燃えたわな。中でも例の〝断絶状〟には、ワシら、燃えた。いろいろ細工した人間が傍《はた》にいたんやろ。それにしても、組長が目え通さなかったら、あんなもん出せんんで。『極道にあるまじき』——この言葉にカチンと来たわ。それに『不逞不遜』や。

まあ、心ないヤツに踊らされたんやろな。『汝《なんじ》、罪なき者、石持て追うなかれ』って言うけど、ワシら何の罪があるんや。トラブル起こさんように出て行ったんやないか。そこまでしてんのに追い打ちかけてきよった。せやけどな、なるべくしてなってしまったな。こういう事態を、ワシら、一番恐れとったことやけどな……」

しみじみと述べた最後の言葉に、白神組長の切実な思いがこめられているようだった。

一和会常任顧問の白神組・白神英雄組長の自宅マンションを訪ねた大道智史氏と私とを迎えてくれたのは、白神組長とうら若きGパン姿の美人姐さんだった。大道氏が差し出した手土産を、組長に代わって彼女が、

「おおきに。ありがとうございます」

と受け取り、私たちのために甲斐甲斐しくお茶を運んでくれたものだ。

当時、週刊誌でも取り上げられ、話題を呼んだこの白神組長の姐さんは、現役の女子大生でもあった。

白神組長との馴れ初めなどを語った彼女の手記は、私も読んだことがあった。それによると、何度目かのデートで、白神組長の運転する車がラブホテルに入ろうとしたのを、彼女が拒否したところ、組長はあわてて急ブレーキを踏んで方向転換、まるでイタズラを見つかって母親から厳しく叱られた子供のような風情があったという、そんなニュアンスの記述があったことを印象深く憶えている。

当時、白神組長は62歳、女子大生の彼女とは父娘ほど歳の差があった筈だが、組長は一貫して若い娘好みで、女性には滅法モテていたようだ。

一和会の佐々木将城幹事長が、

「ワシも白神の彼女は随分見てきとるが、今度のが一番ブスやわ」

と言ったとか言わないとかいう話も伝わってきていた。私など、思わず「ホンマかいな」と言

いたくなるような話だった。どうしてヤクザの親分がそんなにモテるのか、不思議でならなかった。組長は大道氏には、

「この娘《こ》もいずれワシのもとから去っていくやろ」

とかねて漏らしていたというが、その後の彼女の消息は寡聞にして知らない。

白神は戦後、ヤクザの激戦地として知られた大阪・ミナミの一帯で勢力を張っていた南道会の出身。田岡一雄三代目と親子盃を交わして山口組直系組長となったのは、昭和37年のこと。その時分、白神一朝こと白神英雄は「ミナミのカポネ」の異名をとり、飛ぶ鳥を落とす勢いだったという。その後の山口組隆盛期の10年間に、4期にわたって若頭補佐をつとめ、3度の解任を受けるという波瀾の経歴を辿っている。

なおかつ三代目亡きあとの跡目問題で山口組は分裂、一和会の結成に参画し、1・26事件が起きて山一抗争の勃発——と、どこまでも波瀾万丈の運命がついてまわる人であった。

初めて会う白神組長の印象は、「ミナミのカポネ」という凄みや怖さよりも、あくまでも穏やかで歳相応に落ち着いたものだった。山一抗争の真っ只中で自分もターゲットにされ、身動きもとれない籠城中の身でありながら、殺気立った様子もピリピリした感もなかった。インタビューが始まっても、

「テープ録《と》っても構へんで」

と余裕があり、「籠城暮らしは不自由じゃないですか」とのこちらの質問にも、

「ワシは自由がないとは全然思ってないんや。飲みに行かれんからいうて、自分の不自由なこと

は辛抱できる。そやけど、出歩かんとメシ食われん人間もおるやろな。不自由といえば、極道は散髪に行かれんようになった。かつて広島で、散髪中のところを殺《や》られた例があったし、ミナミでもあったんや。マフィアのやりかたと一緒や。散髪屋、泣いてるで。うちは10日に1回ずつ、ここへ来よる。出張散髪ですわ」

との答えが返ってきた。

「ま、決着がつくものなら誰もが早ければ早いほうがええと思っとるやろ。まあ、この時期、挑発することも危険やし、油断することも危険や、とは言えるやろ」

このインタビューで、白神組長が繰り返し述べたのは、新聞や雑誌への不信感、徹底したマスコミ批判だった。一和会有力組長の引退説、一和会の足並みが揃っていないとの報道に対しても、怒りの声を上げた。

「新聞も無茶苦茶なこと書きよるで。アホらしくて怒る気もせんけど、書かれたほうは堪《たま》ったもんやない。極道生命にも関わるこっちゃ、まったく根も葉もないことを裏も取らんで、いい加減にせいと言いたいわ。だいたいマスコミに踊らされるとエラいことになる。1のことが10となり100ともなって伝わるからな。これは恐いことや。活字の魔力とでも言うんか、われわれも言葉を選択して話さんと、とんでもない誤解を生むわな」

とは言っても、白神組長の場合、決してマスコミ嫌いというわけではなく、むしろ山口組時代からマスコミ関係者とは誰より広く交流を持っていたのではあるまいか。「山口組三代目」の著者である飯干晃一も、すでに読売新聞社会部記者時代、ヤクザのことはヤクザに話を聴くのが一番——と、白神組長に取材していたとの話も伝わっている。

山一抗争当時も、大道氏ばかりか、いろんなジャーナリストやライターの取材に応じ、中にはずっとつきっきりで白神番記者のようになっていた週刊誌記者の存在もあったほどだ。

辛辣で鳴るジャーナリストは、白神組長のことを「悪いことなどしたことがないというような笑顔」と書き、ある女性ライターはその眼を、バンビか小猫だったか、何か動物にたとえて可愛らしい眼と評したものだ。

まあ、マスコミのほうがヤクザよりよほどシタタカなのは、間違いあるまい。

その白神組長の訃報が思わぬところから届いたのは2年後、昭和62年2月3日のことだった。サイパン島の最北端、バンザイクリフで、氏の惨殺死体が発見されたというのだ。

山一抗争とは無関係の個人的なトラブルと見られ、組長殺害容疑で逮捕されたのは、氏がサイパンで設立した貿易会社の現地従業員3人であった。白神組長は、

「抗争が終わったらビジネスに専念したい。そしてサイパンに戦争犠牲者の慰霊塔を建てたいんや」

と、かねて夢を語っていたという。その夢はサイパンのバンザイクリフの波に砕け散る形となったが、まさに激しい波濤《はとう》のような生涯だったと言えよう。

中川宣治

一和会「参謀」が語った短期決戦は夢と消えた

私が大道智史氏とともに一和会本部事務所を訪ねたのは、一和会・白神英雄常任顧問をインタビューした3日後、昭和60年3月26日のことである。

四代目山口組の竹中正久組長、中山勝正若頭、南力若中が射殺された衝撃の1・26事件が勃発したのは、ちょうど2カ月前、山一抗争は激化の一途を辿っていた。すでにこの時点で33件の抗争事件が発生し、死者9人、負傷者6人を出す状況下での一和会本部訪問であった。同本部は国鉄（現JR）元町駅に近い神戸市中央区長狭通のニューグランドビル2階にあり、私は大道氏に導かれて恐る恐る階段を登ったものだ。

入り口に辿り着き、中に入ると、かなり奥行きがあって、ズズーッと奥に進んでいく形で私たちは応接セットのソファーへと案内された。実に広々とした事務所であった。正面デスクがある壁には、「任俠」の文字と一和会の二つ巴の代紋が描かれた大きな額が飾られていた。加茂田組から本部宛に贈られたものだった。

やがて目的の人物が2人、目の前に現れ、私たちと相対してソファーに腰をおろした。一和会・松本勝美本部長と同・中川宣治副本部長であった。

2人とも部屋住みの若い衆のようにジャージ姿だった。1・26事件以来、ほとんど本部に詰め

っぱなしとのこと。２人が大道氏に向ける眼は、

「よお、来たか」

というふうで、信頼感というか親近感に溢れているように見えた。むろん初めて見る隣りの若造の私のことは眼中になし（一瞥ぐらいはあったが）。

何しろ、この大道氏、一和会結成の記者会見の折には、雛壇に並んだ首脳陣が、集まった報道陣を見渡して、その姿がないのに気づいて、

「なんや、まだ大道は来とらんのか」

と、その到着を待ってから記者会見を開始したという伝説も残っているほどだ。

ともあれ、取材を始めようとしていると、そこへお茶を運んできてくれた当番の若者がいて、彼を見て、私は少々驚いた。その組員は、一和会の定例会などの取材で本部前に群がる報道陣に対し、いつも鬼のような形相で、

「こらあ！　どかんかい！　写真は撮るな！」

と怒鳴っても聞かないカメラマンからカメラを取り上げ、地面に叩きつけてしまうような猛者だった。

その彼が、神妙な顔でいそいそとお茶を運んでくる姿とのギャップが、なんとも言えずおかしかった。

さて、インタビューが開始され、大道氏がまずジャージ姿の２人の御苦労を問うと、

「そりゃ平時と違うんやから、いろいろと気苦労もあるわな。そやけど、自分で選んだ道や。こ

うした状況で本部を預かることはワシの務めで、それについては何も苦労とは思っとらん。ワシはワシで責務を全うしたい、そんな気持ちや」（松本本部長）
「本部長は侠道一途のお人や。それだけに責任感も旺盛で、この道にかけては何事につけても真剣なんや」（中川副本部長）
　取材を進めていくうちに私にもわかってきたのは、「一和会希望の星」と目されているという中川副本部長が、なかなかの軍師であるということだった。
「定例会での『神戸はワシに任せとけ』という加茂田理事長の発言に呼応するかのように、大阪勢も結束強化を打ち出したが、それが山口組サイドには一和会の戦線分離と見られているフシもあるが……」
　との大道氏の問いかけに対し、中川副本部長は、
「そうやない。あくまで統一戦線や。地区別の第一方面隊、第二方面隊や。言ってみりゃ、軍令部みたいなものが発令しているわけや。神戸を第一方面隊にたとえれば、大阪が第二方面隊、九州、四国ブロックと名古屋、中京ブロック――と、そういうふうな方面隊の分割や。そやから軍令部の発令みたいなもんや」
　紛れもなく中川副本部長は、一和会における対山口組抗争の作戦参謀の1人だった。常に一和会本部に詰めて、全国に展開する一和会傘下の各組織から上がってくる情報の分析や、会としての

中川宣治

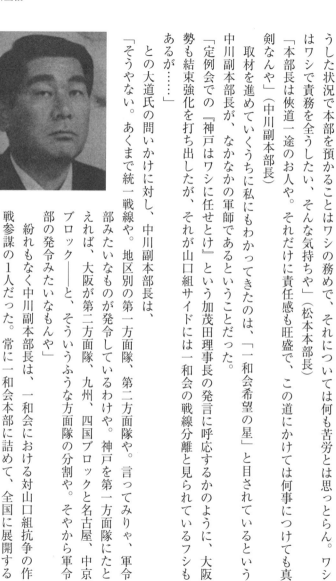

対応、指導等をテキパキと処理、いわば一和会の戦略・戦術面での〝頭脳〟の1人と言えた。

大道氏によれば、中川氏は山口組と一和会が拠点を築く全国勢力地図のようなものを独自に作製し、そこに丸印等を書き込み、彼流のシミュレーションを行い、絶えず戦略を練っているようなところがあったという。この取材でも、

「短期決戦による決着に向けた作戦計画はすでにできあがっているが、内容は目下秘密や」

と述べたものだ。私がこの取材で最も印象に残ったのは、中川副本部長が、

「ワシらが一番頭に来とるんは、謀略戦を展開して代紋を分断に持ちこんだヤツらなんや。なぜ、日本一の代紋を訣《わか》れさしたんや。分裂させ、今日に至るまでのいきさつのすべてが、そこに根があるんや。分裂の絵を描いた連中がおるんや。絶対許せん7人が……」

と述べ、その名まで挙げてくれたことだが、もはや全員故人、兵《つわもの》どもが夢のあとであろう。

かくて取材を終えた。その後も、定例会等の折、一和会本部前（中へ入ったのはこの1回だけ）で取材する機会は何度かあった。興味深かったのは、他の最高幹部の本部への出入りは、ガード役が何人も楯になるのが常態なのに、この中川副本部長の所作は堂々としていた。ガードがいるのかいないのかわからぬほど、1人離れて本部に出入りし、「来るなら来んかい！」というスタンスなので、つい「大丈夫なんだろうか？」とこっちが危惧してしまうほどだった。とはいえ、防弾チョッキも身につけていたというから、決して油断していたのではあるまい。

氏が山口組系竹中組ヒットマンによって防弾チョッキ越しに頭を狙われ、右頬、右脇腹等に被弾したのは、翌61年5月21日のこと（翌22日死去）。タクシーに乗り、信号待ちをしている時の

惨事だった。

中川猪三郎

【特別編】未公開手記に残された「田岡・児玉会談」

「東亜同友会」構想をめぐり…

それは戦後裏面史の一断面を鮮やかに浮き彫りにした、歴史的な証言とも言える手記ではないだろうか。

「随想」とのタイトルで、400字詰め原稿用紙にして、ちょうど4枚半。

《あれからもう何年になるだろう》

との書き出しで始まり、

《岸内閣の安保強行で日本全土が騒然と揺れ動き全学連が一躍世界に名を馳せた時である。その当時から暴力団と云ふ新聞用語が生れ、大阪府警本部長が暴力団の定義と云うものを新聞紙上に発表し、おおよそ極道とギャングとのニュアンスも感知しない者の不見識な字句で作文してあった事を憶えている》

と続くこの手記の著者は、大阪・十三の親分で三代目山口組舎弟であった故中川組・中川猪三郎組長。

この中川手記はさらにこう続く。

《当時東で関東会が発足し続いて児玉誉士夫さんが東亜同友会を結成された。その直後、児玉さんの要請を受けて親分が横浜で児玉さんと逢われた事があった。
この会見は初対面での対談であったが、実に意味深い言葉の遣り取りがあったのでいまだに（胸に）銘記している》
つまり、時は昭和38年頃、右翼の大立者・児玉誉士夫が全国のヤクザ組織を一本化しようとして「東亜同友会」構想を打ち出し、奔走していた時分（東亜同友会は結成寸前で頓挫しており、中川手記で「結成された」というのは氏の思い違いであろう）、児玉と中川の親分である三代目山口組田岡一雄組長が二人で初めて会って話しあいを持ったことがあり、そこに中川氏も側近として同席し、二人の遣りとりを目のあたりにしたというのだ。
その会談の内容を綴ったのがこの中川手記で、歴史的な証言と呼ぶのも、読者にはおわかりいただけることと思う。では、なぜ今になって、この中川手記が世に出ることになったのか。

田岡三代目の死去とともにヤクザ渡世を引退していた中川猪三郎氏が、79年の波瀾の生涯を閉じたのは、平成3年4月13日のこと。亡くなった中川氏の部屋に残されていたのが、遺稿となった同手記で、発見したご子息が保管していた。
現在、69歳のご子息は父の渡世とは無縁、早稲田大学商学部を卒業後みずから起業し、事業家として一貫してカタギの道を歩んできた方である。

「この手記に書いてあることは、私も親父から生前に聞いていました。児玉さんのほうから、三代目にお会いしたいという話があって、そのために三代目がわざわざ東京まで出ていくのも何やし、そうかといって、児玉先生に神戸まで来てもらうのも失礼や、どうしたらいいかということになって、ほんなら三代目のほうでちょっと横浜で義理事があったんで、横浜でお会いしよう――と。そこでうちの親父と若頭の地道行雄さんが三代目に同行して、児玉先生とお会いすることになったんです」

前述のように、昭和38年頃の話で、世は安保反対闘争に見られる革命前夜とも見紛うような左翼勢力の圧倒的な攻勢が続いており、そんな状況下、誰より危機感を抱いていたのが、児玉誉士夫であった。児玉がかねて考えていたのは、「一朝有事に備えて、全国博徒の親睦と大同団結のもとに、反共の防波堤となる強固な組織を作る」という「東亜同友会」構想で、児玉は前年夏頃から根まわしを開始し、錦政会・稲川裕芳(後の聖城)会長、北星会・岡村吾一会長、東声会・町井久之会長ら、関東の親分衆の同意を取りつけた。

昭和38年2月11日には、京都に関東、中部、関西から主だった親分衆が集まり、児玉の構想が披露されたのである。会合に先だち、関東は稲川がまとめ、関西・中国・四国は田岡一雄が、九州は児玉自身が意志統一にあたった。

だが、この構想は児玉邸での幹部発起人会までこぎつけながらも流れてしまった。関西サイドの田岡三代目の強い反対があったためと言われる。となれば、横浜の児玉・田岡会談が行われたのは、この前後とみて間違いなく、会談を望んだ児玉の思惑も、おのずと明らかであろう。

「私は一介の博徒上りです」

さて、二人の会談でどんな話が出て、どんな遣りとりがなされたのか。中川手記を見てみよう。

《雑談後、児玉さんが「私は随分長い年月国事に奔走して来ました。然し年もとったし本当にきよう此頃になって疲れを感じます。この様な状態では右翼の機関車的役割は到底勤まりません。此の際適格な人にバトンを渡して引退し度く思っています。どうでしょう、田岡さん、貴方ならやって貰えると思う。日本の為の機関車になって戴けんでしょうか」

このお話しのあと、親分が「先生が今迄御苦労なさって来られた事、私には良くわかります。亦、先生が私如き者を高く買って戴いて居る事に対しても嬉しく思います。が、先生が私を評価される以上に私の價値は私自身が一番良く知っています。私は一介の博徒上りです。博打の事なら私は先生より一枚も二枚も役者が上かも知れません。然し、国事を双肩にと云う事になると、如何に国家に奉仕挺身する気持が有っても気持だけで人を動かし国を変える事は出来ません。機関車の後押しは出来ても、機関車に成り切るには役不足です。この様な事は先生方によってのみ推進出来る事ではないでしょうか。

それよりも現在の日本の機構の中には未だに変革出来ない色んな課題を抱えています。その中には私達でしか出来ない事柄も有り、亦、私達を求めている無告の民の居る事も知って下さい。私達の仕事は表面に目立たず葉陰に終る場合がほとんどですが、私はそれに満足しています。それが日本人としての武士道精神に繫がると私なりに思っています。先生の御厚情を無下にする様で申し訳御座いません。今の私は私に順応した仕事を生涯を通じての務めとして邁進して行く積りです。

それから先程の先生の御言葉を返す様ですが、御言葉の中に引退し度いと云うお考えの様でしたが是は私は承服し兼ねます。いかにお年を召されたからと云って引退は無いでしょう。

国士とは生涯を国家に献身し国の安泰を計る事に於いてのみ国士と称せらるべきでないでしょうか」

対談は寸時で終わった》

明らかに見てとれるのは、この会談は自分の構想する東亜同友会に田岡三代目の参加を求めた、児玉直接のオファーであったということであろう。そのために児玉はみずからの引退とバトンの禅譲までほのめかし、

「日本の為の機関車に」

と申し出ているわけである。それに対して三代目も、いくらその東亜同友会構想に反対とはいえ、

「それはできません」

と無下に断ったのでは、三顧の礼で迎えようとしてくれている相手に対し、身も蓋もないし、角が立つ。

そこで、中川手記に見られるような、とっさの切り返しとなったわけだが、それは見事というしかあるまい。簡単に言えば、

「私を買ってくれるのは光栄だが、ワシらは所詮一介の博奕打ち、お国の政治のことはできない。それと先生が歳をとったから引退というのはおかしい。国士は死ぬまで国士」

というもので、これには児玉も、東亜同友会への勧誘を断念するしかなかったのであろう。地道若頭とともに三代目の後ろに控え、その様子を目のあたりにした中川舎弟も感動的にこう綴っている。

《この寸時の対話程、私の脳裡に鮮烈に焼きついた何ものもない。人間田岡の豊かな志操と強烈な個性の中に見える純粋さに、私は陶酔感に似た魅力と敬愛心にかられる。この実感は今でも変わらない。私の見た純粋さは今の世間の物差しで計る純粋さとは次元が違うかも知れない。

任侠道とは先人が武家社会の無理解と因習の厚い壁を破って身をもって孤独な戦ひをいどみ自分等の中の可能性の極限を切望し純粋な気持で自我を通し血を流して体得した思想である。（中略）この思想思考の中に近代感覚を攪拌する事によって新しい誇りと生の栄光を喜びあえるのではないか。かくして誇り高い必然的な生命の燃焼を持ち度いものである。斯くある事実に於て、親分の理念に追従しひいては山口組に対する偏見を撃破する唯一の道ではあるまいか》

なぜ遺稿は未公表だったのか

中川手記の最後は、次の文言で締めくくられている。

《剣を磨かんと欲せば心を磨け　心正しからざれば剣亦正しからず》

中川氏がいかにこの児玉・田岡会談に心動かされたか、目に浮かぶような手記になっていよう。

ご子息もこう話す。

「うちの親父も、深く感銘を受けたと言ってましたね。三代目の話しぶりが凄いんでね、親父がずっと褒めてました。ホンマに素晴らしかった、単に話が上手いんじゃなくて、それはやっぱりきれいやったって。そういうふうに言い渡した時にね、もう児玉先生が反論できへんくらいに上手な話をした、と。ほんで終わったあと、三代目もうちの親父に、『中川、どうやった？』と尋ねられたそうで、親父もそのままの感想を述べたいうことです。ともかく親父は、児玉さんにあれだけの科白を言えるというのは、大したもんや――って、ずっと言うとったです」

ご子息によれば、父の猪三郎はめったに人を褒めるような男ではなく、万事において辛口。いくら自分の親分とはいえ、三代目のことをこんなに称賛したのもおよそ初めてのことだったという。いや、臆面もなくわが親を褒めるのは任侠人にあるまじき所作として、ずっと慎ましく節度を保ってきた中川氏も、児玉会談における三代目の鮮やかな対応につい感じ入ってしまい、自制しきれなくなったということであろう。

実は中川氏がこの手記を書いたのは、山口組の機関誌「山口組時報」に原稿を求められてのことだった。

「山口組時報」が創刊されたのは昭和46年7月、編集責任者となった当時の小田秀組・小田秀臣組長が、

「本誌発刊は全国侠道界の画期的先駆でもあろうと思う」

と述べているように、ヤクザ業界初の組織機関誌となったのが「山口組時報」だった。3カ月

ごとに1回という季刊誌ペースで発行され続け、昭和50年1月の第11号を最後に休刊となった（現在の六代目体制下で「山口組新報」として復刊）。この「山口組時報」編集部から、

「何か書いてください」

と依頼され、それに応じて書いたのが、件の400字詰め原稿用紙4枚半の手記であった。

だが、この中川手記はついぞ「山口組時報」に載ることはなく、幻の原稿に終わった。それはなぜであったか。

そこにあったのは、昔気質の任侠人特有の衒《てら》いを嫌った含羞《がんしゅう》――と言っていいものであったようだ。

ご子息が言う。

「『山口組時報』が創刊された昭和46年の頃やなかったかと思いますわ。『時報』の求めに応じて、親父はこれ、書いたんですわ。したけど、親父は書いてから何か、三代目のことを自分がヨイショしてるみたいに思われるのは嫌やからね、出さんかった。ホンマにこれは感銘を受けたその通り書いてある本当の話やけども、おべっか使うてるみたいに見られるのが嫌やったんで、結局出さんかった」

かくて児玉・田岡会談の核心に触れた中川手記は、長い間世に埋もれたままになっていたのだった。

政治に関わるべきではない

反共の防波堤となる全国博徒の一本化を目指した児玉誉士夫の東亜同友会構想は、三代目山口組・田岡一雄組長の反対によって実現に至らなかったというのは、戦後裏面史の定説となっている。それが今回、2人の会見現場に居あわせた三代目舎弟中川猪三郎の遺稿によって端なくも裏づけされた感があるが、田岡と親交のあった「昭和の怪物」「政財界のフィクサー」田中清玄の自伝にも、

《ロンドンにいた私のもとへ田岡さんから電話がかかってきて、児玉が河野一郎政権を作るため、全国の博奕打ちと右翼を糾合した「東亜同友会」という組織を作ろうとしているという話だ。その背後には岸信介がいた。すぐに取って返し、田岡さんと相談して「麻薬追放・国土浄化同盟」という組織を作り、全国キャンペーンを始めた。もちろん彼等の野望を打ち砕くためです。

児玉は田岡さんに副会長をやってくれと申し入れてきたのです。自分は会長をやるから、田岡さんは箱根から西を受け持って、副会長になってくれとね。しかし、田岡さんは児玉の危険性を全身で感じ取ってきっぱりと断った》

との記述がある。昭和38年初夏のことだったという。「麻薬追放・国土浄化同盟」の結成が果たして田中の言うように児玉の東亜同友会構想、ひいては背後にいるという岸信介、河野一郎らの野望を打ち砕くためのものだったのかどうか、諸説あるところだが、田岡の同構想反対——ヤクザは政治に関わるべきではないとの信念が揺るがぬものであったことは確かなようだ。

そうした一連の動きと関連があったのかどうか、同年11月9日、東声会組員による田中清玄銃撃事件が勃発する。田中は3発の銃弾を浴び重体となったが、10人を超える医師による10時間に及ぶ手術が成功し、九死に一生を得ている。

術後、東京の病院に田中の見舞いに駆けつけた三代目に同行したのも、舎弟の中川猪三郎であったという。ご子息によれば、

「うちの親父が三代目と一緒に見舞いに行ったら、やっぱり田中清玄という人は豪傑や言うてましたね。撃たれて生きるか死ぬかの目に遭《お》うておきながら、病室でチョビ髭みたいのを生やして、『ヒットラーによく似てるだろう』と冗談みたいに言うてはる。肚《はら》がすわってた言うてましたね」

いずれにせよ、当時、中川は地元の大阪ばかりか、関東方面へ行く際も、大事な席に三代目のお伴に指名されることが多く、舎弟として信頼されていたということであろう。

さて、中川手記の件に話を戻すと、おそらく昭和46年の「山口組時報」創刊号に依頼されて書いたと思われる児玉・田岡会見記は、およそ50年近く未発表のまま封印されてきたわけである。その原稿は平成3年、中川が79歳で亡くなった時、ご子息によって発見されたものの、やはり世に出ることはなく、ずっと埋もれたままだった。

だが、ご子息にしても、その資料的価値は充分わかっており、父の原稿をそのまま埋没させてしまうのは如何なものか——との思いがあり、親しい友人に相談したのだった。2歳ほど年長にあたるその友人は、父の猪三郎からもうんと可愛がられ、みずからも猪三郎との出会いが人生の

大きな転機となったと言って憚らない人物でもあった。

花房東洋氏その人で、三上卓門下として長い間、岐阜を本拠に国事に奔走、大夢館館主、日本マレーシア協会理事長などを歴任。現在は京都に在住し、「最後の御奉公」とばかりに時代劇映画の復興（「銀幕維新の会」）に尽力する日々で、平成30年には念願の第1作、浅田次郎原作の「輪違屋糸里～京女たちの幕末」（現在、劇場公開中）を完成させるに至った。

中川のご子息から相談を受けた花房氏が、

「そういうことなら」

と昔からよく知る私に、この話を持ってきてくれたのだった。かくてご子息の快諾を得て、今回の中川手記発表となった次第である。

新聞勧誘で気に入られ…

花房氏が中川猪三郎と出会い、可愛がられるようになったいきさつは、いかにも氏らしい逸話がある。

それは昭和36年春、花房氏が中学2年生になって間もない時分だった。氏は当時、新聞配達のアルバイトをしながら中学校へ通う新聞少年、地元の淀川区十三地区を受け持っていた。少年が力を入れていたのは、配達より実入りがいい購読の勧誘の仕事だった。

ある日、その勧誘のために訪れた先が、中川猪三郎組長率いる中川組事務所であった。少年にしても、地元で絶大な勢力を持つヤクザ組織の事務所であることは端から承知のうえの訪問である。

　が、期待に反して、組員たちの反応は、「取らん。帰れ！」とけんもほろろで、花房少年を相手にしなかった。それでも怖いもの知らずの少年は諦めなかった。玄関口で粘っていると、奥のほうから、

「おもろい子やないか。中に入れてみい」

　と声が聞こえてきた。その人が、親分の中川猪三郎であった。

「君は中学生か？　これから先、何をしたいんや？」

　中川に問われ、少年は応えた。

「絵描きになりたいんです。そのために北野高校へ行って、東京芸術大学へ行こう思てます」

　花房少年が通う新北野中学は、北野高校から東大・京大という進学コースの名門だった。少年は母1人子1人の身で、地元十三にある養護施設「博愛社」付属小学校の教員である母とともに同施設に住んでいた。

　そんなことを中川に聞かれるがままに、少年が話していると、さらに親分は、

「画家になれんかったら、どないするんや？」

　と聞くので、少年は、

「その時は人生の落伍者なんで、ヤクザにでもなりますわ」

　シレッと答えた。

　この無礼なヘラズ口にも、親分は怒るどころか、

「おもろい子やなぁ」

気に入ったというように笑い、目を剝いているまわりの若い衆に、

「おい、この子の新聞、何でも全部取ったれ！」

と命じ、新聞ばかりか同新聞社の出しているグラフ誌から週刊誌、スポーツ紙まですべて契約してくれるのだった。

そのうえで親分は、

「けど、アンちゃん、母1人子1人やったら、そんなまわり道せんでも、大阪には大阪市立工芸高校というのがあって、偉い芸術家の先生が仰山出てはる。そこへ行ったらええやないか」

と勧めてくれるのだ。

結局、そのアドバイスに従って、少年は進路を変更、大阪市立工芸高校図案科へ進学することになるのだから、中川との出会いが人生の転機になったというのはその通りだった。

「そんなことがあって、中川組事務所に出入りするようになってました。親分はじめ中川組の上のほうの人たちからも、結構可愛がってもらってました。ところが、ある日を境に、『来るな！』と言われて……。それもありがたい話だったですね。親分が僕を『出入り禁止にしとけ！』と。そのまま出入りしてたら、中川組の人間になってたかもわからんですから。それを親分も見抜かれて……。その深い識見と温情に深く感謝する次第です」（花房氏）

中川猪三郎という人物を彷彿させる逸話であろう。

花房少年が中川組事務所に新聞購読の勧誘に訪れた時期というのは、山口組抗争史においてあ

まりにも名高い「明友会事件」を前年に引き起こしたばかり。山口組本家を挙げての初めての抗争で、その武闘派ぶりを斯界に強烈に印象づけたのだが、キャバレー「青い城」での明友会との衝突を発端としておきた一連の抗争において、その中核となって活躍したのが、中川組・中川猪三郎組長であった。

街宣への「皮肉」に反論できず

花房氏が言う。

「僕は子供だったけど、印象ははっきり憶えてます。まあ、ヤクザの親分なんやけど、僕は何か芸術家とか哲学者、宗教家とか、そういうイメージがありますね。ただ、何かの折、上着に代紋――バッジを付けてこなかった幹部の人がいて、それをものすごく怒ってはったことがあった。稼業のほうはとても厳しい怖い親分やったんでしょうが、僕に対しては何でもこう、温かく包みこんでくれるという感じでした」

親分とのそうした交流があったればこそ、ご子息との縁も自然に生まれ、親交を結ぶようになって現在に至っているわけである。

今回、初めて中川猪三郎の遺稿を見た花房氏は、そのきれいな筆蹟からも親分の人柄が偲ばれ、感無量であったという。

また、原稿に書かれた田岡三代目の「博奕打ちは政治に関与すべきではない」との姿勢についても、思い出されることがあった。

実は氏には田岡三代目とのたった1回の邂逅がある。それは中川猪三郎との縁を通してのものではなく、まるで別の偶然の産物だった。三代目の盟友である昭和のフィクサー田中清玄が、60年安保闘争を闘ったブント全学連幹部たちを支援したのはよく知られており、その縁で三代目が彼らの面倒を見ていたのも事実だった。

その全学連闘士たちと交流があった花房氏は、彼らと京都で会う機会があり、そこへなぜか三代目が現れたのだという。

「彼らと京都のどこで会ったのか、なんで僕がそこへ行ったのか、ブントの連中は誰がいたのか、唐牛健太郎さんはいなくて篠原浩一郎さんがいたような気がするんだけど、もう今となっては憶えていない。けど、三代目がそこへ来られ、みんなが僕のことを『この男は右翼なんですわ』と紹介してくれ、そのあと、三代目が僕に言ったことは今も鮮烈に憶えています」

と花房氏。その時の三代目の言葉は、

「右翼の先生って偉いもんでんなぁ。ワシらヤクザなんてアホやから喧嘩で奪《と》られたパチンコ屋なら喧嘩で取り返すもんでっけど、右翼の先生がたはソ連大使館を街宣車でグルグル回って『返せ』って言って、あれで北方領土が返ると思ってはる。偉いもんでんなぁ」

というものであったという。これにはさすがの花房氏も、

「自分は街宣車には一度も乗ったことはないです」

と反論することもできず、ただその存在に圧倒されるばかりだった。

その科白は右翼に対する皮肉と聞こえないこともなく、中川手記における「政治に関与せず」

という三代目発言と重なるものがあるだろう。

ご子息が中川猪三郎との思い出で忘れられないのは、昭和37年3月、中学入学を目前にした春休みのこと。父に誘われて同行した先は九州博多で、訪ねた相手は安普請《やすぶしん》の旅館に滞在中の山口組幹部のボンノこと菅谷政雄だった。

ボンノは1月に博多で起きた夜桜銀次射殺事件の後始末で、地元組織と手打ちの話をするために、博多に滞在していたのだ。その陣中見舞いで、山口組の幹部や直参が交代でボンノのもとを訪ねていた。

菅谷は中川についてきた中学生のジュニアに目を細め、「ボン、映画に行こか」と誘った。博多の映画館でボンノと2人で観た映画は西部劇、タイトルも内容も憶えていないが、ご子息には今も鮮烈な印象として残る記憶だという。

中川猪三郎が高齢を理由に引退し中川組が解散したのは、竹中正久四代目誕生を機にしてのこと。引退した後も、山口組の行く末を絶えず気にかけ、山一抗争に心底心を痛めていた。その趨勢が決まり、最後の詰めが云々された頃、中川は幹部に請われ、竹中武と長時間話し合いを持ったこともあったという。

中川が亡くなったのは平成3年4月13日のこと。ご子息の誕生日も13日、大阪・十三の親分は13という数字に何かと縁があったという。

高橋岩太郎

書斎に並んだ無数の思想書…金筋博徒の意外な素顔

私が取材させて貰った数多い渡世人の中で、最古参の親分は、明治40年生まれの住吉会滝野川一家四代目・福原陸三総長。次いで古い親分が、國粋会落合一家六代目の高橋岩太郎総長で、明治45年生まれであった。明治生まれというのも、この2人だけだった。

私が初めて岩太郎総長とお会いしたのは平成3年秋のことで、当時、総長は79歳。いまだ現役で矍鑠《かくしゃく》としていた。

ちなみに、氏より5歳上になる福原陸三氏も当時は現役で、2人は交流があり、狩猟を趣味とする福原氏が友人たちと催すカモ鍋パーティーに、岩太郎氏も招かれ、参加していた。福原氏は、岩太郎総長を「岩さん」と呼んでいたが、岩太郎氏のほうは何と呼んでいたか、記憶が定かでない。

いずれにせよ、代紋違いではあっても、名門の長老同士、渡世を離れて、いいつきあいをしていたのは間違いない。

高橋岩太郎氏の取材は当初、雑誌の単発記事のためであったのだが、話は滅法面白く、翌年3月から「血風　賽の目俠伝」のタイトルで氏の半生を実録小説の形で連載させて貰うことになったのだった（のちに幻冬舎アウトロー文庫から「一徹ヤクザ伝・高橋岩太郎」として刊行）。

高橋岩太郎

なにしろ高橋岩太郎といえば、東京・渋谷を縄張りとし、世に名高い戦後の「渋谷事件」の中心人物として、その全貌を知る生き証人と言ってよかった。

さらに言えば、戦後の渋谷で一世を風靡した異色の愚連隊組織・安藤組を率いた安藤昇をはじめ、花形敬ら幹部たちとも深く関わり、安藤組興亡史を目のあたりにした人物でもある。

あるいは、戦前の大日本国粋会の再興に命がけで取り組んだといわれる、最も仲のいい兄弟分、「独眼竜」こと森田政治との友情譚……等々、その話は興味が尽きなかった。

かくて私は取材のため定期的にJR山手線恵比寿駅に赴き、そこから歩いて10分程の住宅街にある岩太郎総長邸を訪問するようになったのである。

応接間に通される途中で観た書斎の本棚には、歴史、哲学、思想書を中心とした硬い本で埋まり、娯楽書の類は一切なかった。金筋の博奕打ちは、大変な読書家でもあったのだ。

私がそれを指摘すると、岩太郎総長は、

「なあに、刑務所で勉強したんだよ。革命史を読むのが好きでね、いろんな革命史を読破したけど、最も興味深かったのはフランス革命。ロシアなら、レーニンより永久革命論のトロツキーに魅かれたな。その思想云々というより、一つの革命が成就してもすぐまた次の革命を欲し続け、革命から革命という生き方に共感を覚えたんだ。……一番感動した本？　マルクスの『ルイ・ボナパルトのブリュメール18日』かな。深く感銘を受けたよ」

はて、待てよ、オレはヤクザの親分の家に来てるんだったよな——と、思わず考えてしまった。岩太郎総長の話し方は、決して滑らかとは言えず、むしろ訥弁であった。森田政治氏に言わせると、「飴玉しゃぶっているようなすっとぼけた喋り方」(百瀬博教著「不良日記」幻冬舎文庫)となる。岩太郎氏も、

「オレは子供の頃、ドモリでね、なかなか治らなかったんだよ」

と言うのだが、氏の場合、名は体を表す——そのままに、岩のような頑固さと、こうと決めたら梃子《てこ》でも動かぬ一徹さとを秘めた親分なのだった。

私は森田政治親分とはついぞお会いできなかったが、やはり読書家であったとはいろんな方から聞いていた。若き日、刑務所とシャバを往復するような暮らしで、オレはこんなことでいいのか、と悩んでいた時に獄中で出会ったのが、ある大学中退の思想犯であった。彼に西洋哲学を読むことを勧められ、初めて読んだのが、クレメント・ウェッブの「西洋哲学史」。もとより内容が理解できたわけではないか、一読して心が洗われるような新鮮さを覚えたという。森田青年は知の世界に目覚め、獄中で西洋哲学から東洋哲学まで貪るように読書に励んでいくのだった。

「オレの場合は、2度目の懲役の時、たまたま担当の検事が、東京・中野の桃園尋常小学校の同級生だったんだよ」

リビングに落ち着いてからも、岩太郎氏の読書談義は続いた。

「長谷川と言ってね、小学生の時に一緒に遊んだ仲さ。そいつは順調に出世して、慶應を出て検事になってたんだな」

岩太郎氏は久しぶりに再会した長谷川検事から、

「高橋よ、頭悪くねえんだから、本を読んで勉強してみろよ」

と勧められ、読書の手ほどきを受けたのだ。初めて読んだ本が河上肇の「貧乏物語」。それから徐々にマルクス、エンゲルスを学び、インド哲学、ギリシャ哲学にと挑戦して行った。わからない箇所があれば、東京・青山の長谷川邸を訪ねて教えを乞うたという。

「森田はオレの唯一の兄弟分で、よく喧嘩もしたけど、腹を割って話せる相手だったな。2人ともろくに学校には行ってない代わり、獄中で書物を読んで勉強したんだな。だから、オレたちは刑務所大学の卒業生だなあって、笑いあったもんだったけど……」

岩太郎氏邸に伺うようになって知ったのは、お住まいにはお松夫人と2人だけのようで、いつ訪ねても2人以外の人の姿を見たことがなかった。

ある時、お2人の馴れ初めを聞こうとしたところ、総長は急に慌てだし、

「お～い、お松」

と、隅のほうに引っこんでいた夫人を呼んだ。

「おまえから話せ」

照れているのだった。

2人の出会いは、大戦前夜、巷では「ぜいたくは敵だ！」のポスターが氾濫し、子供たちまで〈紀元は二千六百年――と大声で歌い、近衛内閣が日独伊三国同盟を調印した年――昭和15年、岩太郎氏が28歳、お松夫人は24歳の時であったという。

落合一家の高橋岩太郎総長夫人であるお松さんは、夫と出会った頃のことを、こう話してくれたものだ。

「なんてまあ、世の中にこんなフーテンいるのかしらと思うような人でしたね」

この場合の〝フーテン〟というのは、寅さんの放浪癖とは違って、無茶苦茶な人というような意味である。昔の不良少年はフーテンぶりやバカさ加減を競うことが、男を売り出す一歩でもあったのだ。

2人の出会いは昭和15年、お松さんが浅草で置屋を営む姉と一緒に住み、芸妓の修業をしていた時のこと。馴染み客の落合一家の貸元、大竹仙太郎のお座敷にお伴で来ていた子分・岩太郎と出会ったのである。

お松さんにひと目惚れした岩太郎は、それから彼女の座敷に通いつめるようになったのだ。岩太郎のフーテンぶりは、お松さんも呆れるばかりで、喧嘩となればとことん暴れ、博奕にしても勝負はケタ外れ、勝てば大金を一晩で遣い果たし、負ければスッテンテンになったという。

「でも、けっこう粋なところもあって、お座敷では私の三味線で都都逸なんか唸ってね、この人は新内節が好きだったから、都都逸を唸っても、新内がかった節まわしになったわねぇ」

と半世紀前を回想する夫人の隣りで、岩太郎総長が真顔で聴いていたのが、今も懐かしく思い出される。もう31年前のことだ。

戦争が始まると、30歳を過ぎた岩太郎のもとにも召集令状が届いた。入営した赤羽工兵隊は、船舶による敵地上陸工作を専門とする部隊だった。そこでも岩太郎はフーテンぶりを如何なく発揮、新兵いじめの上官には平気で逆らい、勝新太郎の映画「兵隊やくざ」さながらだった。伏射訓練中、わけもなく後ろから蹴ってきた小隊長を銃の台尻でひっぱたいて逆襲、謝らせたこともあった。

ある日、岩太郎の噂が聞こえていたのだろう、連隊長から、呼び出しを受けた。二等兵からすれば連隊長は雲の上の存在、直接の呼び出しなどあり得ぬ話。何事かと緊張する岩太郎に、

「オレはいまだ刺青というものを見たことがない、ひとつ見せてくれんか」

連隊長は、先だって岩太郎が新兵なのに下士官風呂に入って、騒動になったことを知っていたのだ。岩太郎は連隊長の前で軍服を脱ぎ、裸になった。背中一面に彫られた図柄は、〝野ざらし〟と言って、長襦袢の袖口からヌウッと両手を出した足のない女の幽霊であった。「南無阿弥陀仏」という6文字も描かれていた。

岩太郎がこれを中野の彫師・屋根熊に彫って貰ったのは17歳の不良少年の時。

「坊主、どれにする？」

屋根熊に見せられた図案集の中から岩太郎少年が、

「じゃあ、これにする」

迷うことなく選んだのが〝野ざらし〟だった。1回30分で一寸四方を彫り、値段は50銭。岩太郎は約10年かけてこの幽霊の刺青を完成させたのだった。

「ホーッ、これは見事だ！」

岩太郎の〝野ざらし〟に、連隊長は思わず感嘆の声をあげたという。

この軍隊経験で岩太郎が得たものは大きかった。とりわけ戦後すぐに勃発、彼が陣頭指揮を執った「渋谷事件」でどれだけその戦闘教練が生かされたことか。

昭和21年7月19日、岩太郎は渋谷署の刑事2人の訪問を受けた。用件は渋谷駅近くの闇市を牛耳る台湾省民が当日、渋谷署を襲撃する計画があるので、なんとか助けて貰えないか、というものだった。何のことはない、警察がヤクザに助っ人を頼みにきたのだ。

「日本人のために立ちあがってくれないか」

という部長刑事のひと言で、岩太郎は闘いを決断。ただちに落合一家の若い衆に動員をかけ、およそ70～80人が集まった。岩太郎はこれを3つの部隊に分け、各隊に専任隊長を置いた。武器は拳銃、竹槍、日本刀などで、この日ばかりは、お上公認であった。相討ちを防ぐため全員が白い布を腕に巻いた。総指揮官・岩太郎も白鉢巻にカーキ色の飛行服、半長靴のいでたちで、腰に脇差し、懐には14式拳銃を忍ばせた。

渋谷署付近で戦闘が始まったのは午後9時過ぎ、敵は約120～130人。彼らは青天白日旗をつけたジープを先頭に乗用車、トラック5台の順に押し寄せ、渋谷署に近づくや否や、拳銃を発砲してきた。

「よし、撃て！」と岩太郎も命じ、トラックに向けて一斉に発砲、激しい撃ちあいになった。トラックが炎上したのに続いて白兵戦となり、凄まじい激突が展開された。

戦いは渋谷署・ヤクザ連合側の圧倒的な勝利に終わった。渋谷署は台湾省民28人を逮捕、拳銃

3丁、実弾30発などを押収。警察側の拳銃使用者は署長以下90人、発射弾数は245発にのぼった。死傷者も双方から多数出た。岩太郎総長はこう述懐したものだ。

「我々から死人は出なかったが、負傷者は多かった。戦いを終え事務所に引きあげる時には、みんな、どこか怪我をしてた。足を引きずってたり、竹槍を杖代わりにしたり、仲間の肩を借りてる者もいた。どの顔も血と泥に汚れ、服やシャツはボロボロ、まともな格好のヤツはいなかったな。

けど、事務所に帰ったら、女たちが炊き出しをして待っていてくれて、『御苦労様です』って、労いの言葉で迎えてくれた。密造のドブロクや焼酎、握り飯やタクアンなんか用意してくれてたんだ。ありゃ嬉しかったし、あの時の握り飯とお茶の旨かったことと言ったら、生涯忘れられないよ」

だが、この渋谷事件で、岩太郎は警察から手痛い目に遭わされる。事件がGHQ法務局から軍事裁判にかけられることになり、責任を背負ってくれと、警察に泣きつかれるのだ。幸い判決で責任は不問とされたが、1年後に今度は事件の時に使った拳銃が不法所持とされ、罰金刑を受ける破目になる。刑事の点数稼ぎの罠に嵌ったのだった。

「オレたちは警察に利用され、踊らされた哀しいピエロだったんだな」

とは、岩太郎総長の実感であったろう。

高橋岩太郎が〝愚連隊の元祖〟万年東一から安藤昇を紹介されたのは、昭和27年のことである。

場所は万年が事務所代わりに使っている新宿三越裏の喫茶店「白十字」だった。各テーブルに電話を備えつけたテレフォン喫茶の草分け的なシャレた店であった。

この年、万年は岩太郎より4つ年上、44歳の男盛り、安藤は26歳の若者だった。万年の舎弟〝小光〟こと小池光男の舎弟であった安藤は渋谷・宇田川町に「東興業」、俗にいう安藤組を開設したばかりだった。

「初めて会った安藤は、趣味のいい茶系統のスーツ姿で、なかなかの男っぷりだった。頰の傷痕も目立ったけど、それを抜きにすれば、愚連隊とは思えないような品格があって、礼儀正しかった。二言《ふたこと》、三言《みこと》、言葉を交わすうちに、オレは安藤のことが気に入ってしまってたんだな」

と岩太郎はその時のことを振り返ったものだ。

以来、岩太郎は何かと安藤を可愛がり、引き立てるようになったという。

本来なら、博徒の縄張り内に愚連隊が事務所を出し、賭博を開帳するなど、斯界では御法度。それを岩太郎は、安藤に対し博奕やテラのとりかたまで教えていたというから、寛大であった。

安藤組がどれだけ渋谷で派手な動きを見せても、目くじらを立てるようなこともなかったのだ。

だが、これが他の親分衆には苦々しく映り、肚《はら》に据えかねてか、岩太郎に直接「安藤はけしからん」と言ってくる者もあったという。その都度、岩太郎は、

「いやあ、あいつは根はいいヤツですから」

と庇《かば》い、話はそれで済んでしまったという。

昭和33年6月11日午後、岩太郎は東興業赤坂支部に顔を出したのは、浅草で催された某一家の

葬儀でバッタリ出くわした同支部長の志賀日出也と幹部の千葉一弘に誘われてのことだった。同支部は待合や料亭が並ぶ街の一角のビルにあり、2年前に開設されていた。事務所には雀卓も置かれていて、

「叔父さん、やりますか」

志賀に誘われ、岩太郎も「おお、やるか」と応え、麻雀の開始となった。メンバーは岩太郎、そのお伴をした舎弟、志賀、千葉の4人だった。午後4時半、事務所の電話が鳴った。社長の安藤昇からで、志賀が出て話しているうちに、

「なんですって!?　とんでもねえヤローですね！」

志賀が気色ばんだ。憤然とした様子で話し込んでいる。長い電話を終えた志賀は、岩太郎に、

「叔父さん、すみません。急用ができました」

と詫び、傍らの千葉に、

「おい、千葉！　行くぞ！」

と怒鳴るや、2人は事務所を飛び出していった。

それから約3時間後、夜7時20分過ぎに起きたのが、安藤組の名を一躍有名にした「東洋郵船横井英樹社長襲撃事件」であった。

銀座の同社にひとり乗り込み、横井を撃ったのが千葉、指揮を執ったのが志賀だった。いずれも逮捕され、下った刑が、安藤昇は懲役8年、志賀が同7年、千葉は同6年であった。

安藤組が解散するのは横井事件から6年後のことだが、その大きな引き金となった伝説の大幹

部、花形敬の死に対しても、岩太郎は、

「今でも悔やみきれない悔しさがあるんだよ。5分、あと5分、オレの電話が早かったら、あんないいヤツを死なせずに済んだかもしれないと思うとね……」

と、さも無念そうに語ってくれたのだが、私には非常に印象深かった。人によっては悪く言う者もいる花形に対し、岩太郎は極めて好意的なのだった。

「花形敬さんのこと、お好きだったんですか」

念押しすると、総長は、

「ああ、いい男だったな」

いかにも感慨深げだった。岩太郎は出所直後で金のない花形のために、自宅を賭場《シキ》としてテラをとらせたこともあったという。

「電話が5分早かったら」というのは、昭和38年9月中旬、安藤組と東声会の抗争があり、ケリがつかずにいたのを、岡村吾一が尽力し、岩太郎と兄貴分の洲崎の貸元・渥美幸一郎とが奔走して話がつく寸前までいっていたのだ。

そのことを岩太郎が花形に知らせるため、青山の事務所に電話すると、

「5分前に出たばかりです」

と安藤組幹部の返事だった。岩太郎は怒鳴った。

「探せ！　明日には話がつくんだ。それまで姿を隠せと至急花形に伝えろ！」

9月26日夜のことだった。だが、花形は容易に捕まらなかった。ポケベルも携帯電話もなかっ

た時代だ。花形が越したばかりの川崎のアパートに帰りついたのは、夜11時過ぎのこと。そこで待ち伏せていたのが、拳銃と包丁を手にした3人の刺客だった。花形は刺殺され、33年の激烈な生涯を閉じたのである。

「あと5分、オレの電話が早かったらと思うと、なんとも遣りきれなかった。運命なんて残酷なものだと。通夜の時、初めて花形のお母さんに会ったが、さぞや由緒ある家柄の女性なんだろな、あんな気品のあるおバアさんに会ったことないよ。気丈で涙一つ見せず、『組の皆さん、仕返しなぞということは絶対なさらぬように』って挨拶して立派だった。胸打《つか》たれたな」

と、岩太郎が当時を偲んだ。安藤組が解散したのは、翌39年12月のことである。千駄ヶ谷の区民講堂で行われた安藤組解散式に、任侠界から出席した親分はひとり、岩太郎だけだった。岩太郎がこう振り返った。

「マスコミや私服（刑事）らが押しかける中、右翼の佐郷屋《さごうや》留雄が挨拶に立って、『安藤組はいつできたのか？　発会式もやっとらんのに、解散式をやるのはおかしいじゃないか』と大音声でぶちあげ、サッと帰ってしまった。あれには皆、呆気にとられたな」

横井事件では、横井に掛けあい減刑嘆願書まで取りつけ安藤を支援したという佐郷屋流の無念さの表明でもあったのかもしれない。

ともあれ、戦後、鮮烈な光芒を放った安藤組の興亡史を、図らずも間近で見届けることになったのが、渋谷の親分、高橋岩太郎であったわけだ。

井の上孝彦

「人の心に縄張りを作る」を実践した男伊達

令和5年2月8日、新宿・歌舞伎町の居酒屋で、今は亡き井の上孝彦氏（稲川会横須賀一家井の上組組長）の10周忌偲ぶ会が催された。

主催者で故人とは兄弟分の契りを結んでいたVシネマ原作者・脚本家・プロデューサーの村上和彦氏をはじめ、住吉会日野六代目（引退）の阿形充規氏、飯村謹一氏、都築政道氏、伊達英友氏ら、故人と親交のあった方たち（いずれもカタギの人ばかり）30人余りが集まった。かくいう私も出席し、皆さんとともに盃を傾け、故人の遺徳を偲ばせて貰ったのだった。

早いものだ。あれからもう10年になるのか。井の上氏が世を去って、そんなにも長い刻が流れたなどということは、とても信じられない。今でも新宿に行けば、いつでも会えるような気がしてならないのだ。作務衣姿で、いかにも九州男児らしい男っぽい顔に優しげな笑みを湛《たた》えた氏が、ビアジョッキ片手にひょいと現れるような……。

あの日、平成25年2月10日午後、私のケータイの留守電に入っていたのは、

「悪夢としか思えないような事態が起きました」

という村上氏の切迫した声。井の上氏の事故死を伝えるもので、私にしても現実のこととは到底思えなかった。まさか、そんなことってあるのだろうか、と。

病院から帰ってきた氏の遺体は新宿の事務所に安置され、弔問客が次々に訪れる姿を目のあたりにすれば、いやでも現実であることを思い知らされたものだった。が、それでもなお私にはその死の実感が湧かず、どうやらその感覚は今に至るもずっと続いているような気がする。つまり、いまだに井の上孝彦という人は、私の中では生きているということなのだろう。

それほど氏の印象は鮮烈で、私には忘れられない親分なのだった。

井の上氏と出会ったのは昭和50年代後半のこと、ヤクザ社会を取材するようになって、まだほんの駆け出しもいいところ、右も左もわからぬ時分だった。

その頃の私のヤクザ観は、大方のカタギの人と変わらなかったと思う。確かに高校生の時から、俊藤浩滋プロデューサーが作りあげた東映任侠路線にどっぷりハマって、男の世界に胸を熱くさせてはいたが、まさか現実のヤクザ社会に高倉健や鶴田浩二がいようとは思えなかった。

どちらかというと私も、マスコミや世間と同じように、所詮は〝暴力団〟なのであろうという

先入観、偏見が勝っていた。

実際に当時は暴対法もなければ、暴排条例なる締めつけもなく、今の実状に比したら、さながら〝ヤクザ天国〟といってもいいような様相を呈していた。

どこの盛り場もヤクザが群れをなして闊歩し、チンピラが肩で風を切って歩いていた。街を走るベンツの十中八九はヤクザ、高級ホテルのラウンジに行けば、ひと目で彼らとわかる、一分の隙

もないりゅうとしたスーツ姿のコワモテたちが商談にいそしんでいた。

法要や放免祝い、盃ごとなども頻繁に行われ、会場はベンツやロールスロイスなど高級外車で溢れた。

ヤクザは我が世の春を謳歌し、大概エバっていた。組事務所に電話しても、いきなり「○○組ィ！」と喧嘩腰の応対で、

「○○さん、おられますか？」

「ん？　おい、こら、○○さんというのはうちの親分のことを言ってんのか!?」

なかなか普通の会話が成立しなかった。事務所に行けば、世にも恐ろしい顔をした組員が睨みつけてくる。なんでこんな大人しい顔をしたカタギを威圧するのか、それじゃあ、どこから見ても〝暴力団〟でしかなかろうが……。

いったいこういう世界を取材することに何か意味があるのだろうか。

少しあとのことになるが、この道の大先輩である大道智史氏は、山一抗争の取材過程で、一和会最高幹部の河内山憲法氏から、

「確かにワシらは人間のクズかもしれんが、そやったら、それをメシのタネにするあんたらは、それ以下の人間になるんやないか」

と言われたという。

なるほど物は言いようだが、そこまで言われて、世に伝える意義・価値がある世界なのかどうか。と、私も少しばかり考えこんでいた矢先のことだった。まさにそんな時期に出会ったのが、

井の上孝彦という親分だったのだ。

新宿の事務所に伺うという段になって、電話をすると当人が出て、場所を訊《たず》ねる当方に、

「どちらから来られますか」

えっ？　とまずこれには驚かされた。なんと敬語を使ってくれているではないか。しかも、どこか親しみの感じられる温かみのある声。なんだか勝手が違っているなと思いつつ、事務所を訪ねた私を、井の上氏は少し照れたような笑みを湛えて迎えてくれたのだった。

これが最初の出会いで、私はまだ30前の小僧っ子、氏は30半ばのバリバリ、見るからに覇気に溢れ、まるで武者絵から抜け出たような男らしい顔立ちをしていた。エラぶった様子はみじんもなく、自然体の気さくな方で、最初から何ら身構えずに話のできる人だった。

そしてこの親分こそ、暴力団にあらず、紛うかたなき男伊達――弱きを助け強きを挫く任侠の徒そのものであった。

井の上組長との出会いは私にとっても幸運というしかなかった。氏によって知るところとなったのは、もはや何でもかんでも〝暴力団〟とひと括りにされてしまっているヤクザ社会ではあるけれど、必ずやそうではない、真の男、本物の任侠人は存在するのだという確信にも似た思いであった。

かくて井の上組長との交流が始まって、それは折々に濃淡はあったものの、氏が不慮の事故死を遂げるまでおよそ30年に及んだ。

井の上氏ほどカタギに慕われた親分も稀だったのではないだろうか。

10周忌偲ぶ会に集まった人もすべてカタギであり、この10年間、村上和彦氏を中心に毎月欠かさず墓参りも続けられているのだった。

井の上孝彦組長は、事務所近くの新宿歌舞伎町の路地裏にある小さな赤提灯や酒屋の角打ちを好んで、よく1人でブラっと入った。

常連客とも馴染みになって、飲み友だちも数多くできた。ヤクザ者はめったに行かない店ばかり、知りあうのはおのずとカタギだらけ、若い人からご老体まで職種もマチマチだった。

やがて井の上氏は、そんな友人たちとの飲み会のため、歌舞伎町の自分のマンションの一部屋を解放してサロンを作った。それが「ゼロワン」クラブで、マンションの1101号室に因んでのネーミングだった。

ゼロワンクラブは夜な夜な賑わった。酒はなんでも揃っていて、生ビールのサーバーもあって、井の上氏が自ら注いでくれるのだから千客万来、友は友を呼んでいつも10～20人くらいの人数が犇《ひし》めいていた（むろん無料《タダ》である）。私も何度かお邪魔したが井の上氏が飲み屋のマスターよろしく、生ビールを作ってくれるのには恐縮したものだ。

参加者はほぼカタギ、毎晩来ている常連もいれば、初めての者もいて、ゼロワンクラブは井の上氏が不慮の事故死を遂げるまでずっと続けられ、楽しい飲み会サロンと化していた。そのため、主の井の上氏を渡世人とは知らずに来ている者もいれば、常連の中にも、

「私も井の上さんがヤクザだなんてずっと知りませんでしたよ。だいぶ経ってからですね、知っ

たのは。けど、そんなの関係なし」

と言う者もいて、サラリーマン、社長、教師、タレント、医者、役者、マスコミ人……等々、さまざまな職業の人が集まってきていた。

むろんそこではヤクザ渡世の話など出るはずもなく、喧嘩・口論の類も一切なし、和気藹々とした飲み会が繰り広げられるのが常だった。井の上氏も来る者は拒まず、誰でも歓迎する人だった。その人柄には誰もが魅了され、初めての人でもファンになったものだ。であればこそ、66歳という若さでの突然の事故死には、皆一様にショックを受けて涙したのだった。

時の流れは早いもので、この2月10日には10周忌を迎えた。その間、兄弟分の村上和彦氏を中心とする友人たちによって、毎月、千葉・君津に建立された故人の墓参りが行われてきた。それは周忌偲ぶ会とともに1回も欠かさず続けられ（毎月第3土曜日遂行）、この2月にはついに120回に達したという。しかも凄いのは、この種の催しはともすれば先細りとなるのが通例なのに、回数を重ねるごとに参加メンバーが増えているというのだから、驚くべきことである。

兄弟分・村上氏の尽力もさることながら、故人がいかにカタギに慕われていたかの証しであり、人徳の賜ものであろう。

井の上組長は異色の親分であった。古くから確固とした縄張り制度ができあがっている関東ヤクザ界、それも日本一の繁華街・新宿にあって、縄張りを持たない彼が常々目指したのは、

「人（脈）こそ縄張り、人の心に縄張りを作る」

ということだった。出会った縁を大事にし、受けた恩義を忘れず、その人がもし窮地に陥るよ

うなことがあれば、自分の命を張っても守るという気概を貫くこと。それが信頼の絆を作って人の輪を築きあげていくという信念。そうした輪の中から、おのずと氏を応援しようという経営者等も出てきたわけで、組長が築いた〝人の縄張り〟は広範であった。

それはかねて氏の親分である横須賀一家五代目総長（のちの稲川会二代目会長）石井隆匡から、

「シマだのカスリだのにしがみついていたんじゃ、ヤクザだけが世の中から取り残される。これからのヤクザの生き方を考えてみろ」

と言われていた課題に、見事、氏なりの答えを出したとも言える。死して10年経つのに、いまだに氏を偲び、その徳を称えて墓を詣でる人が絶えないという現実が、何より人との縁を大事にした、その生き方を証明して余りあろう。

私も井の上親分との思い出は数多くあるが、氏から聴いた話で強く印象に残っているのは、コメディアンのポール牧と兄弟分の縁を結んだエピソードである。

ある夜、氏も常連だったポール牧経営の新宿のクラブで、同じ九州出身で代紋違いの極道仲間と飲んでいた時のことだ。そこへ同じ稲川会の格上の大幹部が若い衆を連れて来店、氏が挨拶に出向くと、

「おお、一緒に飲もうか」

となったのだが、いかんせん氏の相棒は酔ってベロベロの状態。大幹部に対し、「何が親分だ！」などとカラみだしたから堪《たま》らない。

「何だと!?　このヤロー！」

相手の若い衆が血相を変え懐に片手を入れ、半身に構える始末と相成った。

〈あっ、こりゃマズいな〉

さすがに井の上も事態を察し、ポール牧はもはや真っ青という状態。

「なんとか保《も》たしといて」

ポールに耳打ちし、井の上はすばやく外に出ると、近くの馴染みの料理屋に飛び込んだ。包丁を借り断指に及んだが、初めてのことでうまくいかず、鉄製の灰皿で思いきり包丁の背をぶっ叩いた。すると指がポロリと落ちたという。

クラブにとって返すや、

「私の連れがとんだ粗相をしてしまいました。どうか、これで勘弁してください」

と詰めた指を差し出したから大幹部も驚き、かつ男意気に感じたのであろう、

「わかった。水に流そう」

と応え、一件落着となったという。当の相棒は酔い潰れてしまっており、氏の躰を張った機転で、なんとか事なきを得たのだった。

この一件で、すっかり井の上という男に惚れこんでしまったポール牧、

「兄弟分になってくれ」

と、会うたびに懇願し続けた。「何をバカなことを……」最初は取りあわなかった井の上も、

「井の上さんは男の中の男。誰に何を言われようと恥ずべきことは何もない」

と言うポールに根負けし、ついには兄弟盃を交わすことになったのである。

以来、ポールは顔を合わせるたび、まわりに誰がいようと、
「兄弟！　井の上の兄弟！」
と大声で叫ぶ有様。これには井の上のほうがハラハラし通しだったという。

私が「最強の経済ヤクザと呼ばれた男」（幻冬舎アウトロー文庫）のタイトルで、稲川会二代目・石井隆匡会長を主人公にした実録小説を書くことができたのも、井の上孝彦組長の御協力の賜ものであった。

石井の愚連隊時代から行動をともにし、のちに石井から跡目を譲られ、横須賀一家六代目を継承するなど、側近として誰より石井を知る宮本広志を始め、多くの関係者への取材の橋渡しをしてくれたのが井の上だった。

その井の上は親分を命がけで慕い、また石井の秘蔵っ子的存在でもあった。そんな親子の琴線に触れる逸話も甚だ興味深かった。

昭和22年、熊本生まれの井の上が初めて石井と出会ったのは19歳の時である。度重なる喧嘩騒動のため、17歳で地元高校中退を余儀なくされ、横浜に出てきた井の上は港湾荷役業を営む実兄のもとで働く一方、相変わらず喧嘩沙汰も絶えなかった。港関係のヤクザ相手の喧嘩で、それはカタギの域を超える程の暴れっぷりであったから、
「いかん。このままでは井の上のヤツ、命を落としかねない」
と気を揉んだのが港の世話役で、井の上の預け先として彼が選んだのが、石井隆匡総長であっ

たのだ。

石井を訪ねる仕儀となり、横須賀一家本部に赴き奥の部屋に通された井の上は、怖いもの知らずの19歳、お茶を運んできた品のいい中年男性に対しても、

「おっさん、すまねえな」

と態度が大きかった。カタギの事務員か何かにしか見えなかったのだ。「おっさん」は笑いながら、

「まあ、ゆっくりしてや」

続いて、いかにもそれらしい人が入室してきたので、井の上は立ち上がり、

「総長、お世話になります」

と挨拶した。

「バカ者、総長はこちらだ」

お茶汲みの人こそ石井隆匡当人であり、その人は横須賀一家の宮本広志総長代行であったのだ。

「えっ!?　失礼しました！」

これにはさすがの井の上少年も冷や汗をかき、あわてて頭を下げたが、石井は少しも怒らず、笑みを湛えたままだった。井の上はこう振り返ってくれたものだ。

「それまでコワモテヤクザは嫌というほど見てきたけど、石井の親父はまるきり逆。まるで大学教授か何かのようで、品格があってニコニコしている。やさしさの奥に何とも言えない貫禄と凄みがあるというのか、私が今までに出会ったこともないような人物で、不思議な感覚があった。

何が何でも一生、この人についていこうと思ったのは、その時からですよ」

井の上が行儀見習い兼ボディガードとして石井のそばにつくことになったのは入門5年後、24歳の時。駆け出しながら、よそからさんざん聞こえてきていた井の上の暴れっぷりを憂慮した宮本代行の計らいだった。朝から晩まで石井について、夜中、自宅に送り届けるまで拘束されることになるのだが、それでも井の上の喧嘩は熄《や》まなかった。

1カ月程経った朝、井の上がいつものように石井とともに六本木の本部に出て、石井の部屋に入るなり、電話が鳴った。受話器をとった石井の応答が、井の上にも聞こえてくる。

「――何、井の上？　ここにいるよ。……ふんふん、バカヤロ！　あいつは九州から出てきて、この道に入ってまだ日が浅いんだ。おまえら先輩がよく言って聞かせりゃいいじゃないか！」

どうやら井の上と揉めている他組織が、苦情の電話をかけてきたようだった。電話を切るなり、石井は井の上を向いてニヤリとし、

「おい、喧嘩は勝ったのか」

「はい、勝ちました」

「よし」石井はその返事だけで嬉しそうな顔になり、あとは何も言わなかった。

その後も、石井が井の上に訊《き》いてくるのは、喧嘩に勝ってるか負けてるか、だけ。そのつど、井の上の「ええ、勝ってます」の答えに満足し、微笑むだけだったという。経済ヤクザだ何だという前に、石井という親分の本質が実は武闘派ヤクザそのものであったという証左でもあろうか。

井の上が石井につくようになって、まず驚いたのは、その信仰心の篤さであった。石井は毎月

1日と15日には欠かさず成田山に詣で、不動尊に手を合わせていた。20代半ばの血気盛んな井の上には、一心に祈る親分の背を眺めながら、不思議でならなかったという。日本を代表する屈指の親分ともあろう人が、なぜ神様仏様なのか――と。

だが、その親分の背が後年、不動明王を御本尊として信仰を抱くようになる井の上の原点となったのは間違いあるまい。

井の上と御母堂との心の触れあいも感動的であった。井の上が獄中にある時、母から来た手紙には、「善きに染《そ》み悪しきに染《そ》まぬ心こそ」という短歌の上の句が添えられ、「これに下の句をつけてください」と書いてあった。これに応え、井の上が送ったのは、

「花咲く道の礎ならん」

というものだった。母はヤクザになった息子の正義の心を毫《ごう》も疑わず、息子も母の信頼に応え、何ら恥ずべきことのない、花咲く任侠の道を邁進してきたのだった。それは本人以上に、まわりの人が知っていることだった。

私が井の上と最後に会ったのは、亡くなる1カ月半前、平成24年暮れの、兄弟分であるVシネマプロデューサーの村上和彦氏が主宰するMRF（村上ロイヤルファミリー）の忘年会だった。ちょうど井の上のテーマ曲「関東男伊達」（作詞村上和彦　作曲村田秀幸）ができたばかりとあって、2次会はさながら、その歌唱大会のようになった。次から次と歌自慢が、カラオケのステージに上がり、この「関東男伊達」を歌うのだ。

〽生まれ火の国　熊本で　おとこ磨いた　関東しぐれ　行く道行くぞと明け暮れた　横浜《ハマ》の夜風

に稲穂が揺れる　見たか聞いたか　あいつの事を　あれが噂の　あれが噂の男伊達

井の上は焼酎を飲みながら、歌に聴き入って、終始にこやかに気持ちよさそうだった。今となっては忘れられない思い出である。

末次正宏

一和会事務局長から僧侶へ出家後に描いた夢とは…

その60分カセットテープは、ある人が歌ったカラオケを録音したものだった。ほとんどがテッパンのド演歌10曲余り。何曲かの歌詞の一部が替え歌となっており、図らずもそれで歌い手の正体が判明するのだが、歌は抜群に上手かった。コブシがきいて、情感があって、何より心がこったシビレるような歌いっぷりには、たちまち魅了され、聴き入ってしまう。初っ端から

〽オレがやらなきゃ誰がやる　義理があっての男じゃないか　きっと摑むぜ　ヤクザの魂《こころ》　月もおぼろな浪花の雨　夢がはばたく　夢がはばたく　男ヤスオの殴り込み

えっ、ヤスオ？　と思っていると、

「〽男一代　男石川　晴れ舞台」との歌詞も聞こえてきて、ああ、そうか、裕雄《やすお》かと納得する。

誰あろう、この歌い手こそ、昭和最後にして最大の抗争、山一抗争の勃発となった四代目山口組・竹中正久射殺事件の指揮を執った男――元一和会悟道連合会会長・石川裕雄その人なのだった。

今も斯界で伝説的に語り継がれる極道である。

このテープで、石川氏は演歌でない曲も一曲だけ歌っていて、それがなんと「思い出のグリーン・グラス」。

〽汽車から降りたら　小さな駅で迎えてくれる　パパとママ　手を振りながら呼ぶのは　あの娘の姿さ　思い出のグリーン・グリーン・グラス・オブ・ホーム

　このあとに続くセリフは、たぶんオリジナルであろう、

「目が覚めたらオレのまわりは灰色の壁だ　オレは夢を見ていたんだ……」

と、なんとも意味深なもので、なぜか、ここでテープはプツッと切れている。

　おそらくこの時点で、石川氏の胸中、1・26事件を決行する覚悟はできあがっていたに違いない。

　私にとってこのテープは、一級品のお宝、今も大事に保管してあるのは言うまでもない。

　そして、このお宝を私にプレゼントしてくれたのは、今は亡き元一和会事務局長の末次正宏氏だった。

「店を借り切って、石川のワンマンショー（笑）。あの事件のどれくらい前だったか、もう憶えてないけど、これが最後と、石川が思いを込めて歌ったのを録《と》っといたんですよ。録音してること、石川は知っていたのかな……。あんたはこのテープの値打ちをわかる人だからね、さしあげますよ」

　と言って、くださったものだった。嬉しいといったらなかった。平成7年秋のことで、あれからもう28年、もはや令和の御世となり、昭和は本当に遠くなってしまった。

　私が初めて山梨県塩山市（現甲州市）に末次正宏（当時は宗孝）氏を訪ねたのは、同年6月末のことである。

東京・新宿からＪＲ中央本線特急あずさに乗って塩山駅で降りた私を、車で駅に迎えにきてくれたのが氏で、それが初対面だった。

「いらっしゃい。さあ、どうぞ車に乗ってください」

すでに足を洗い、仏門に入った身、剃髪した氏は穏やかな風貌、いかにも禅僧然とした佇まいで、気さくな人であった。初めて会ったという気がしなかったのも、何度か電話で話をしていたからという理由だけではないように思えた。絶えずこちらを気遣ってくれるようなやさしさに溢れた温かい人柄は、とてもかつて極道世界に身を置いて、血で血を洗う山一抗争という大修羅を潜り抜けてきた人物とは思えなかった。

末次氏が臨済宗大徳寺派円満山広徳寺にて得度（授戒名＝忠巌宗孝）し、出家したのはこれより7年前、昭和63年3月のこと。時は折しも、警察をして「ヤクザ抗争史上、最大にして最悪」と言わしめた山一抗争の最中にあり、当時の氏の肩書きは、前述のように一和会事務局長であった。

末次正宏

さて、末次和尚に案内され、塩山駅から向かった先は、氏がただいま修行の日々を送っている塩山の古刹、臨済宗向嶽寺であった。氏はその向嶽寺派本山山内芭蕉堂に庵を結んで、自ら一行庵を名乗っていた。

もとより若衆もいなければ、ベンツもなく、豪邸とは程遠い庵で、夫人と2人、つつましやかな暮らしを営みながら、禅僧修行に励んでいるのだった。

向嶽寺芭蕉堂の一行庵に落ち着いた和尚は、私に淡々と語ってくれた。

「横浜の不良高校生時代、私はだいぶ変わってたんでしょうね。鈴木大拙の『禅百題』という本を読んだのがきっかけで、臨済禅というものに興味を持ったんです。不良少年をやりながら、鎌倉のお寺へ行っては座禅組んだりして、いっそ坊さんになろうかと考えた程でした。で、ヤクザの道に進んでからも、ずっとその思いを持ち続けていたんですが、たまたまあの時期、私は52歳になってましたけど、ここぞと決断して、得度したということです。

急に仏の道に目覚めて飛び込んだわけじゃないんです。また、それは無理ですよ。思いあがって言うんじゃなくて、臨済宗っていうのは、世間ズレしてから入っても入りきれない、子供の頃に入って行かないと入りきれないというくらい頑なな宗派ですからね」

末次氏が出家を真剣に考えるようになったのは、その2年程前、兄弟分である一和会・中川宣治副本部長と一緒に真言宗の総本山である高野山にお参りしたことが、大きな契機になったという。高野山の北室院には、山口組初代・山口春吉から二代目の山口登、三代目・田岡一雄までの位牌が祀られてあったのだ。

2人は2泊3日の日程で高野山に泊まり、その位牌に手を合わせたという。

「田岡三代目の心を受け継いだ者こそワシらなんや」

と常々自負していたのが、中川という男だった。

その中川氏が、奥の院への山道を歩きながら、

「兄弟、ここへ来るのは小学校5年生の時、親父に連れて来て貰って以来だよ」

とポツッと話すのを、末次氏はのちに印象深く思い出すことになる。

中川副本部長が、山口組ヒットマンの凶弾に斃《たお》れるのは、それから4カ月後のことだった――。

山一抗争の最中、ほぼ勝敗の大勢も決した中、一和会事務局長から禅僧という大転身を遂げた異色の元極道、末次正宏氏は、

「兄弟分の中川宣治が殺されたからというのではなくて、その死の4カ月前、中川と2人で高野山に詣でたことが、坊主になる一番の動機になってますね。よし、剃髪してプロの坊主になって、塀の中で死んだ者や、有縁無縁の物故者を含めてオレが回向しよう、それがオレの仕事じゃないか――と決心したわけですよ」

と述べたものだ。

坊さんへの転身は、決して兄弟分の死に直面して虚しさを感じたからとか、ヤクザ渡世に嫌気がさしたからでもなければ、山一抗争に疲れ果ててしまった末のものでもなかったという。

「ヤクザになった以上、是非は別として、殺されるというのは、これはしょうがない。背中を見せるわけにはいかないんだからね。その点、中川は極道として、敗れたほうの美学というのかな、短い生であっても、男の生き様を貫いて、ああ、男だったなと思いますよ。私自身、ヤクザの道を選んだのは、任俠という男の浪漫に憧れてのこと。30年ヤクザやってきたけれど、任俠道に恥じるような生き方をしたことは毫《ごう》もないとの自負はあります」

末次和尚は昭和11年11月17日、横浜生まれ。23歳でヤクザ渡世に身を投じ、昭和36年、25歳の時に三代目山口組井志組（神戸）・井志繁雅組長の舎弟頭となり、井志組横浜地区責任者として渡世を張った。

昭和59年6月、山口組の分裂に伴い、井志組は一和会の結成に参画。翌60年1月26日、一和会ヒットマンによる四代目山口組・竹中正久組長射殺事件が発生し、山一抗争が勃発。同年5月、末次氏は一和会の事務局長に就任した。

63年3月、氏は臨済宗大徳寺派円満山広徳寺にて得度授戒し、仏門に入門。同年7月、一和会を脱退し、渡世を引退するに至った。

「田岡三代目の最古参若衆の1人で大正5年生まれの井志繁雅（一和会特別相談役）という人が、私の兄貴、最高のお師匠さんですよ。なにしろ、山口登二代目に部屋住みで仕え、徴兵で召集を受けた時には、二代目から高提灯で『うちの出征兵士の第一号や』と見送って貰ったと聞いてます。だから私の兄貴と言っても、いわば兄親ですわ。その兄親に30年仕えてきたんですが、得度した4カ月後の7月18日、井志の兄貴ともう1人、坂井奈良芳（一和会特別相談役）という兄貴分の2人にお伴して、やはり高野山の北室院にお参りしたんです。で、山口組三代目の位牌を前に、兄親とともに、『カタギにさせていただきました』と報告したわけです」

末次氏がヤクザ渡世の足を洗い、仏門の道を選択することになったのは、若い時分から禅に魅せられ、独学で探究してきたことにもよるが、鎌倉建長寺派の南伊豆の禅寺の住職だった鈴木無門和尚との出会いも大きいという。

故・無門和尚は「人生劇場」の尾崎士郎や海軍中将の小笠原長生（「無門」という受戒名の名づけ親）との交友も知られ、若い頃は極道の限りを尽くし、尾崎から、「おまえは坊主にでもならなければ救われない」と言われ、一夜のうちに出家したとの話も伝わっている。この無門和尚に紹介されて縁を結んだのが、広徳寺住職（のちの大徳寺管長）であったことから、自然に仏門への道が開かれ、得度となったのである。

「坊主になる決心といっても、一番大事なことは本人にその気があるかどうか。私の人生の中では、ヤクザ組織に入る時、あるいは全身に刺青を入れる時、または全国指名手配されて警視庁に出頭した時――そういう時の決心に比べたら、どうということはなかったと言ったら不遜になるけど、やはり坊主にはなるべくしてなったという言葉が一番適切でしょうね」

末次和尚（受戒名・宗孝）は得度後、自ら一行庵を名乗って、四国霊場八十八カ所練行結願、四国・坂東・秩父――日本百観音霊場練行結願、2度の木曽御嶽山清滝滝行、全国護国神社参拝（52社のうち42社を奉拝完了）といった数々の修行を己れに課してきた。

平成6年9月、縁あって臨済宗向嶽寺派本山山内芭蕉堂に入堂し、三輪大宣大和尚のもと、日夜修行に邁進しているのだった。

「得度してからは一行庵という名を自分で考え、ささやかに独学でずっと過ごしてきました。一行庵というのは一筋というか、2つの道はないよ、つまり、途中でメシが食えないから辞めた――というのはないよという意味で名づけました」

と末次和尚。私も一度ならず、この塩山市の向嶽寺敷地内芭蕉堂一行庵を訪ねるようになって、時には泊めて貰うこともあった。和尚のいろんな話を聴くのが楽しみだったのだ。

「私が全身に刺青を彫ったのは22歳の時、刑務所に行かずに日本一の大親分になってやろうという願かけで、背中に七福神を入れたんですよ。けど、懲役にも行くハメになったし、日本一の大親分にもなれませんでしたが（笑）……」

末次氏がヤクザ修業中の時代に出会った大物親分との挿話も、興味深かった。

「ボンノさんには神戸の自宅に招かれ、トンカツを揚げて貰った思い出があるし、井志と私の兄・舎弟盃の取持人である地道行雄が、山口組全国進攻作戦の際、私と谷川康太郎を前に、『どっちが先に日本海側を北海道まで抜けれるかのう』と言ったのは、金沢の料亭でした。27歳の時、芝浦の事務所を訪ねたところ、阿部重作から『末次というのはおまえか！』と怒鳴られたことも忘れられません」

私が和尚と最後に会ったのは、平成10年10月、氏の盟友でもあった野村秋介を追悼する横浜での群青忌でのこと。「全国行脚してますよ」と笑顔を見せた氏の夢は、「俠骨の士」の供養塔の建立であった。

が、その翌11年7月8日、末次和尚は急逝し、63年の波瀾の生涯を閉じたのだった。

古賀磯次

服役していなければ山道抗争は起きなかった

昭和の時代、東京・赤坂の一等地に東洋一とも称された伝説のナイトクラブがあり、その名を「ニューラテンクォーター」と言った。

私がその興亡史を、山本信太郎社長を軸に実録風に綴って上梓したのは令和2年のこと（『赤坂『ニューラテンクォーター』物語』双葉社）。夜な夜な海外の一流ミュージシャンによる豪華絢爛たるショーが繰り広げられた同クラブには、各界の大物が来店、その一方では、あの天下無双の国民的ヒーロー、力道山がヤクザに刺された店としても有名である。昭和34年12月に開業し、平成元年5月、30年の歴史に幕を閉じたニューラテンクォーターはまさに〝夜の昭和史〟と呼ばれるに相応しいさまざまなドラマを刻んだのだった。

まさか自分が後年、このナイトクラブの物語を書くことになろうとは夢にも思わなかった頃、私はたった一度だけ、この店に足を踏み入れたことがある。

昭和62年3月12日、34歳の誕生日を迎える前夜、交流があり、可愛がって貰っていた新右翼リーダーの野村秋介氏から、

「君は、古賀磯次会長に会いたいって言ってたよな。今、九州から上京されて一緒だから来ないか。赤坂のニューラテンクォーターにいるよ」

との連絡を受けたのだ。一も二もなく駆けつけたかったが、生憎、出先の私はラフな革ジャン姿、とても入店できまいと思いきや、「構わんだろ」と野村氏。

かくて私は、ニューラテンクォーターという伝説のナイトクラブで、音に聞こえた道仁会の古賀磯次会長に初めてお目にかかることができたのだった。

それにしても、私は確かにあの東洋一のクラブに入店し、座席にも着いている筈なのに、今に至るも店のことはとんと記憶になく、あの絨毯が敷かれた地下へと続く長い階段を降りたことも、最高の美人揃いといわれたホステスさんたちのことも、ゴージャスな店内の雰囲気もほとんど憶えていないのは、どうしたことであろうか。田舎者の悲しさで、舞いあがっていたというしかあるまい。

それでいて、初めて会ったその夜の、静かに談笑していた古賀磯次という親分の佇まいだけは、36年過ぎた今も鮮明に憶えているのだから不思議である。

当夜は古賀会長と野村氏だけでなく、道仁会前田一家・前田諭孝総長を始め、関係者が多数同席しており、挨拶だけであまり話もできずに終わった。が、それでも私は満足だった。

世に「山道抗争」と言われた過激抗争を終えたばかり、自身も〝お務め〟から帰って間もない時期なのに、私が古賀会長から感じとったのは、コワモテの猛々しさより色白の美丈夫という印象であった。三つ揃いのスーツ姿も颯爽として、笑顔も映え、やはり存在感は抜きん出ていた。

野村氏との縁は、氏が経団連事件で府中刑務所に服役した時、たまたま古賀会長も同刑務所に入所してきたというだけでなく、それ以前から人脈的に何かとつながりがあったという。

古賀磯次

古賀会長の顧問弁護士である青木英五郎の甥にあたる人が青木哲で、彼は野村が民族派運動に入るきっかけを作ってくれた五・一五事件の主謀者・三上卓門下の兄弟子だった。また、青木英五郎を師と仰ぐのが、帝銀事件の弁護団長で知られる遠藤誠弁護士で、野村とは思想的立場は真逆ながら、反権力・反体制運動の同志として兄弟分づきあいをする間柄であった。

そうした縁もあって、先の府中刑務所で2人は親しく会話をする機会もあったという。

「古賀会長の獄中生活というのは、非常に立派だったよ。一緒だったのは3年くらいかな。書をよくしてね。常に写経してたね」

と、野村氏は話してくれたものだ。

さて、山口組と道仁会との間で勃発した山道抗争は、昭和61年7月から62年1月まで繰り広げられ、九州各地で77件の抗争事件を引き起こし、死者9人、負傷者16人を数える凄まじいものとなった。

古賀会長はこの抗争の間はずっと服役中であり、出所してすぐに手打ちとなったのだった。

私が東京・赤坂で初めて古賀会長と会ったのは、手打ち9日後で、それから9日後の3月21日、私は佐賀の前田諭孝総長に案内されて福岡・久留米に赴き、古賀会長と再会、念願叶ってじっくり話を聴く機会に恵まれたのだった。

話はどうしても今回の山道抗争から始まるのは、自然の流れであった。

「山口組との九州抗争の手打ちをしたというのは、まあ、これ以上迷惑かけちゃいかんからですね。私としては仲裁人、奔走人のお陰で早々に手打ちできたのはいいことだと思うとるですよ。頭領としての正直な話が、若い衆これだけ抱えとって、抗争ないちゅうことがおかしいです。やっぱ、揉め事は出てくる。それをそれ以上大きゅうなさんようにするのが、実際、私らの務めだからですね」

古賀会長は淡々と切り出してくれたのだった。

ちなみに、仲裁人は、当時の工藤連合草野一家・工藤玄治総裁（初代工藤會会長）、奔走人は工藤連合草野一家・草野高明総長（二代目工藤會会長）、太州会初代・太田州春会長の2人であった。この手打ち式には、九州・沖縄を代表するほとんどの親分衆が列席、無事抗争にピリオドが打たれ、関係者を安堵させたが、改めて思い知らされたのは、九州極道の激しさだった。

古賀会長はこう続けた。

「刑務所で心配なかったといや嘘でしょうね。しかし、警察じきじきにきてですよ、抗争始める、だから何とか止《や》めさしてくれんか、と。私が言うたんは、オレは狂人を飼《こ》うてねえ、やるからにはそれなりの理由がある筈だ、と。私は事情がまったくわからんからね。ほいで一方的に止《や》めさしてくれと言われて、へい、ちゅうわけにはいかんよ、と。まあ、程々にしとけとは言うた。ワシは若い衆を信じとるしね。ただ、望むのは、カタギの人に迷惑かけんようにということやった」

分銅桜に剣菱の代紋を掲げる福岡県久留米市の道仁会本部において、私が古賀磯次会長にインタビューしたのは、昭和62年3月21日のこと。本人の出所並びに〝山道抗争〟（死者9人、負傷者16人）と呼ばれた大抗争の手打ち式を終えて間もない時期であった。

「私がシャバにおったら、正直何もなかったと思う。それぞれの立場に務めがあるからですね、私には私の務めがある。それは判断をするということ。ところが、私がいないばかりに残った者《もん》はそれなりの務め、責任があるからね、結果的にはこういうことになる。私が今回懲役に行ったんも、過去の抗争の責任をとらされたわけですよ。警察も、あんたをやる（懲役に追いやる）つもりはなかったけど、抗争ばかりするもんでやったんだ、と言うとった」

それでいて、抗争の最中、福岡県警の警視が古賀会長の服役する名古屋刑務所に面会に来て、何を言ったかといえば、

「抗争をやめさしてくれ、と。ワシは、おまえさんが事件を作ってオレをここにやるから、こういうことになるんだ、よう来られたな、と言うたですけどね。それにはウーもスーも言わんやった。ワシがおっとりゃ、抗争はないですよ」

さらに福岡県警は、古賀会長の出所後、本人に対し、

「山口組は警察庁の方針で、常時厳しい取締りをして来とる。あんたのとこがここまできたんは、警察が手心を加えとるからばい」

と言い放ったという。

これには会長も、聞き捨てならずと、

「大概にしとかんか、おまえ、何を寝ぼけたこと言うか！　オレは確かに新興だ。道仁会にしてまだ16年にしかならん。それまでは古賀一家できとるから。だけども、16年のうち、オレは10年懲役ぞ。６年は保釈中だ。それでもやっとらんちゅうか！」

と一喝、相手は一言もなかったという。

また、私にいろいろ話してくれた中で、古賀磯次という親分の生き様、その真骨頂を如実に表して余りあると思われるのが、次のような言葉だった。

「私の物事に対する姿勢は、頼まれたことがあったとした場合、まずこの問題は人としてどうせないかんのか、これ第一番ですね。で、カタギの人ならこうせないかん、極道やったらどうせないかんちゅうのが、私の基本です。良心に咎めるようなことは毛頭ないわけですよ。そういうことでも、ハメられて懲役に行って来とるからですね、私は。物事すべて計画的に悪いことしようとか何とかちゅうは、爪の垢程も持ったことないですよ。人からの頼まれごと、嫌とは言えねえです。なんせ極道は俠気《おとこぎ》が売りもんと思とるから、物事を少しでもいいほうにせないかんと全力を傾けてそうして来とっとやからね」

「ハメられて懲役」という会長の言い分がさもありなんと思われるのは、服役していた罪状が「恐喝」で、「息子の嫁がサラ金から借りた50万円を値切りに行き、その際、業者を脅した」というもので、手打ち後に別の件で指名手配され、その罪状も「街灯から電線を自宅に引き込み、電気窃盗を常習」との容疑だというのだから、何をか言わんや。

いくら見せしめとはいえ、九州屈指の組織のドンに対して、あまりといえばあまりの罪名、冤罪というも愚かしい、なんともセコすぎる話ではあるまいか。

古賀磯次会長は昭和9年、福岡県小郡市の生まれ。久留米商業高校在学中に、茨城県水戸市で開催された戦後第1回の全国柔道大会の団体戦で優勝。学校の特別推薦で地元の一流銀行に入行したが、性に合わず、極道の世界に飛び込んだという異色の親分である。

「子供の頃、友人に遊廓の息子がおって、この男が『おまえ、喧嘩強かけん柔道せんか』ち。柔道なんか見たことなかったですよ。『柔道ちゃ何か』聞いたら『着物着てやる相撲たい』言うから『着物持っとらん』たら、『オレがもうボクシングに変わったけん、オレのヤツ貸すけん』て言うんで、町の道場に入門したのが始まりですよ。間もなく学校にクラブができて、私が受け身の稽古して、やっと乱取りにかかる頃には、同じ1年生でもう初段から三段が5人おったですよ。恐《おっそ》ろしゅう体格がよくて、子供扱いされよった。負けとうなかばっかりに、人の4倍稽古したですね」

小柄ゆえに限界を感じ、柔道は正味2年半、二段を取って辞めたという。が、柔道で培った精神はずっと持ち続けてきたようで、

「心構えはそのまま生きて来とるですよ。チビはチビながらも正々堂々と姑息なことはでけんですよ。勝ち負けは抜きにしても、もう攻撃一本鎗ですよ」

古賀会長は小郡の生まれだが、15歳の時から久留米の学校に来ているので、みずから生え抜きも同じと言い、

「久留米は食べ物が豊富ですよ。果物はいっぱいとれるし、八女茶もある。魚も米もとれる。九州ラーメン発祥の地で、ラーメンも旨いですよ」

と久留米を愛してやまない様子で笑っていた。

私はこの日、古賀会長の自宅にもお邪魔し、夫人にお会いしたのだが、この姐さんがまた、映画の「極道の妻たち」とは大違い。美形ではあっても控えめ、かつ実に庶民的な雰囲気を持つ女性だったことを憶えている。会長とはどんな馴れ初めで、結ばれるに至ったのか、どちらからも聞く機会を逸したのは、今となっては残念でならない。

古賀会長もまた、飾らず、傲《おご》らず、高ぶらず、何でも率直に物申す人で、自然体そのもの、こちらが固くならないように気遣ってくれるような親分でもあった。

サービス精神も旺盛な人と知ったのは、地元ネオン街の大勢のホステスさんがいる店にお伴した時のことだ。会長の来店に誰より喜んでいるのは店の女の子たちで、それが営業用でないことは嫌でも伝わってきた。会長のジョークの連発に、キャッキャッと笑い、心底愉しんでいるのは彼女たちのほうで、私など、これじゃ主客転倒じゃないか——と思ったものだった。

前田諭孝

仏壇を拝んだ5分後に人をあやめにゃいかん時も…

九州佐賀市に本部を置いて渡世を張っていた道仁会前田一家初代・前田諭孝総長も、私にとって懐かしくてたまらない親分である。

早くに亡くなられたけれども、今も思い出すだに、あの人懐っこい笑顔が浮かんできて、まるで実の親戚の叔父さんのような感じで可愛がって貰ったものだ。

初めてお会いしたのは昭和61年2月21日のことで、氏の親分である道仁会・古賀磯次会長より1年程早い出会いとなったのだった。その際、私と連れの某誌編集長とを福岡空港で出迎えてくれたのは、前田総長をはじめ、一家の幹部や組員たち数十人であった。

これにはヤクザ取材の勝手を知らない相棒が、さすがに仰天し、目を白黒させていたことを、今、思い出してもおかしい。

前田総長は眉毛が濃く、目元涼しい男前で、野武士か歌舞伎役者のような風貌をしているのだが、茶目っ気もたっぷりで、こちらが固くならないように気遣ってくれ、初対面からフレンドリーそのものだった。

固い挨拶は抜きだと、いきなり私を「山ちゃん」との愛称で呼び、

「ワシのことも『前ちゃん』でよかけん」

と言うのには、ぶっ飛んだ。もちろん口が裂けても「前ちゃん」と言えるものではなかったが……。

そして空港から車を連ねて向かった先は、佐賀の鯉料理の一流老舗店。総長以下、大勢の前田一家の皆さんとともに和気藹々と食事をすることになったのだが、この展開には驚くばかり。思わず私は鯉の骨がノドに引っかかってしまい、一座からドッと笑いが起こる始末だった。が、それは失笑というより、温かい好意的な笑いであったから、その気遣いが嬉しかった。

ちょっとした宴会を終えて、再び車を連ねて一路、佐賀市内の前田一家の本部へ。ボチボチ取材が始まって、前田総長が口を開いた。

「古賀磯次会長とは私が22歳の時、佐賀の留置場で知りおおたんですよ。会長は私の隣りの房に入っとったんですが、グーもスーも言わなかった人ですね。私は歳が若いし、ヤンチャ坊主だから、ワーワーワーワー言っとったんですね。うちの会長はそれこそ、『鳴くまで待とうホトトギス』やないけど、デーンと構えとったですね。言葉では表せん魅力があったですね。その頃の私は、愚連隊みたいというか、まだそこまでいかん。それ以下ですね。ウーマンキャーマンですよ」

——ん？　はて、のっけから不思議な言葉が出てきた。佐賀弁だろうか？　ポカンとしていると、

「デタラメということですたい」と、総長の解説。

う～ん、そういえば、広島弁にもあったなあ。「仁義なき戦い完結篇」で、松方弘樹が使った

セリフ、

「……構わねえからそこらの店、ササラモサラにしちゃれ！」

って、あれと似たようなもんかなあ。「そこらの店、ウーマンキャーマンにしちゃんない！」ってか。ちょっと違うかなあ——と、しょもないことを思い浮かべている中、総長の話は続く。

「会長と知りおおて20数年になるんですけど、本当の盃はまだ新しいんですよ。私は道仁会ではまだ新参者です。ただ、自分の気持ちの中ではもう20数年前から若い衆のつもりでおりますけどね。私はやっぱり生まれながらにしてこういう世界に入るようにできとったんではないでしょうか。生き様としてはこういう生き様しかなかった。私がこの道に惚れたのは、昔的なヤクザですね。哀愁をおびた男の姿というか、そういう背中を持った人に惚れとったですもんね。粋がってどうこうじゃなくてね。はっきり言って自分はひいたれ（臆病）なんです。私がそう言うと、うちの姉が『それは言いしゃんな。そんなこと言うたら人から叩かれるよ』と言うんです。自分の弱さというのは自分で知ってますよ。だから、踏んばるんです」

前田論孝総長は昭和16年1月2日、佐賀県鹿島市の生まれ。22歳で古賀磯次会長を知って極道渡世入りし、33歳で前田組を結成、さらに前田一家と改め、当時は45歳のバリバリの男盛り、道仁会においては幹事長補佐の要職にあった。
「兄弟は兄と姉がいて、兄は死にましたが、親代わりの姉には頭が上がらんとです。姉は私の生き方を3年前まで理解してくれな

かったですよ。世間の言葉が姉の耳にも入ってきて、姉に私のことをよく褒めてくれる人がいるらしいんです。で、今の生き方やったらいいよ、と。だけど、この渡世は5分前まで仏壇に手をあわせて拝みよっても、5分後には人をあやめにゃいかん時もあるかもわからん――と、これはうちの姉にも言うとるんですけどね」

この取材を境にして、前田総長とはその後も、佐賀や東京で何度かお会いし、親しくさせて貰うようになったのだった。初めて福岡・久留米に古賀会長をお訪ねした時も、案内してくれたのは前田総長で、佐賀から久留米に車で向かう時も、また帰りも総長とはずっと一緒に隣りあわせ。長い道中、氏は車の中で盛んに俳句をひねっていて、もうはっきりとは憶えていないが、そのうちの一句が、「物書きと旅行く空のなんとやら」といった風のもので、決して上手いと言える句ではなかったが(笑)。

私にはとても愉しい道中で、親しい叔父さんと旅しているような心地がしたものだった。総長と交流するようになって、しみじみわかったのは、氏がまず何より大変な愛妻家であるということで、それをさりげなく仄めかすと、

「女房は、女は苦労するもんと自分で知っとりますからね。大事にしてますよ、今は。あれが先に惚れてきたんですよ。ワシ、いつも言うんです。貫一・お宮の『金色夜叉』では、お宮さんが貫一のマントを引っ張ったでしょ。うちは車引っ張ったんですよ、私が逃げようとしたら(笑)。一緒になる時はお互いそういう気持ちやなかったでしょうかね。今は怖いけどですね。ホント、会長と一緒ぐらい怖い」

と言って照れ笑いしたものだった。

図越利一

昭和の名俠との出会いはまるで映画のワンシーン

まだケータイが普及していなかった時代、仕事場の固定電話に掛かってきたその1本の電話こそ、私の人生におけるターニングポイントだった——と、今振り返ってもそう思えてくる。

電話を戴いた年月日まで憶えているのは当然で、それは平成2年11月2日午前のこと。受話器の向こうから相手が名乗るのを聞いた時、私は自分の耳を疑わずにはいられなかった。

「東映の俊藤です」

との声。まさかと思いきや、まさしく東映任俠路線を築きあげた名プロデューサー、俊藤浩滋氏その人であった。もちろん名前だけは知っていても、会ったこともなければ、話をするのも初めてだった。

だが、高校生の時から、その映画群に強く魂を揺さぶられ、東映任俠映画だけしか頭になかったという青春時代を過ごした私にすれば、その名は神にも等しく、レジェンドとして胸に刻まれていた。何より任俠の花一輪、わが永遠のヒロイン藤純子のお父上として。

その人がいったい何故に、突如私ごとき物書きに電話をくださるのか。いや、きっと間違い電話か、さもなければイタズラ電話に違いない——と、私は混乱と興奮交々《こもごも》であった。

何しろ、今の仕事をするようになったことといい、また、生きるうえでも、私はどれだけ東映

図越利一

任侠映画から影響を受けたかわからない。その任侠路線を築きあげた伝説のプロデューサー、かねて敬愛して止まない方からの電話なのだから、舞いあがるのも無理なかった。

　なおかつ、その人が、

「一度お会いしたい」

と仰るのには、何か現実のこととは思えなかった。よもや会えるとは——と、少年の頃からの夢が叶ったような、実に感慨深いものがあった。その時、私は37歳になっていた。

　数日後、東京・赤坂の東急ホテル3階のロビー喫茶室でお会いした俊藤氏は、やはり貫禄があり、この時分、もう齢70を超えていたのだが、とてもそんな歳を感じさせない程、若々しかった。想像に反して、気さくな人でもあった。

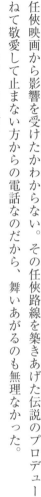

　氏の用件は、

「今度、会津小鉄の図越利一総裁をモデルにした映画を作ることになった。ついては、その原作を書いてくれないか」

とのオファーで、私にすれば否も応もなかった。光栄このうえなく、こんなありがたくも物書き冥利に尽きる話もなかった。

　京都の名門・会津小鉄の三代目、音に聞こえる関西の名侠、図越利一総裁を書かせて貰えるというのだから、願ってもないチャンスだった。題材としてもたまらなく魅力があり、しかも全国的に名は通っていても、いまだ書かれざる親分であったから、物書きとしてはぜひとも書きたかった。

ましで、最初から映画化が決まっているとなれば、なおのこと、やりがいがあるというものだった。その分、荷の重さもあったけれど、それより何より、書きたいという意欲が先に立ったのは確かである。

かくて私は、嬉しさを噛みしめ、謹んでオファーをお受けした次第だった。

それはともかく、ホテル喫茶室で、初対面の俊藤氏と私は用件以外の話をざっと1時間以上はしている筈なのだが、何を話したものやら、今となってはとんと記憶がない。自分の東映任俠映画に対する思い入れも話したに違いないが、それに対する氏の反応はどうだったのか、もはや定かではない。レジェンドを前に、私はかなり上気していたのであろう。

ただ、その後、交流させて貰うようになってわかったのは、どうやら氏にすれば、初対面のファンから、そんなことを聴かされるのは〝耳にタコ〟状態で、ことさらの感慨もなかったのは間違いない。

では、氏はなぜ私に白羽の矢を立ててくれたのか。ひとつには、以前、雑誌に連載していた私の「モロッコの辰」「横浜愚連隊物語」を熱心に読んでくれていて、「これは面白《オモロ》いな」と言ってくれていたという。「面白《オモロ》いな」というのは、俊藤プロデューサーの最高の褒め言葉で、「博徒」「兄弟仁義」「新網走番外地」シリーズ等の脚本家、村尾昭氏によれば、

「私なんか、俊藤さんの『面白《オモロ》いな』というひと言を聞きたくて脚本《ほん》を書いてたようなもんですよ」

と、のちの私の取材に答えてくれたものだ。

それともうひとつ、会津小鉄の側からも、私を推薦してくれる人がいて、映画の企画の段階で、

「原作を誰に書いて貰うか」

という話になった時、期せずして俊藤氏、会津小鉄の両サイドから私の名が挙がったのだという。

そのことを教えてくれたのは、総裁の取材にあたっては必ず同席し、その担当となってくれた四代目会津小鉄の山本浩令小頭（当時の役職）であった。自慢話に聞こえたら勘弁して戴きたいが、そんないきさつを知って私がどれだけ感激し、励みになったことか。

さて、そうした経緯を経て、私が初めて図越総裁とお会いしたのは、忘れもしない平成2年の暮れも押し迫った12月20日のこと。その出会いはまことに印象深く、まるで映画のワンシーンのように、今でも鮮やかに脳裡に浮かびあがってくる。

京都・下京区の図越総裁邸から程近い七条大橋たもとの鴨川のほとりで、総裁はユリカモメに餌を与えている最中だった。

そこに訪れたのが俊藤プロデューサーを始め、オスカープロの真鍋亘社長、俊藤氏の藤映像プロのスタッフ、それに私であった。

先頭の俊藤氏に気づいた総裁が、餌をやる手を止め、「おお、これはこれは」というふうに、にこやかに迎えてくれる。その瞬間、バーッと翔び立っていくユリカモメの一群。

〈なんとまあ、これは絵になるなあ……〉

と思わず私などは内心で唸ってしまった。
図越総裁のドキュメンタリー映画なら、まさしく冒頭シーンにも使えるような場面ではないか。

私が俊藤浩滋プロデューサー、オスカープロの真鍋亘社長、藤映像プロのスタッフである大野氏とともに、初めて京都市下京区の図越利一総裁邸を訪ねたのは、平成2年12月20日のこと。総裁邸の近く、高瀬川沿いにある会津小鉄会館で、まず四代目会津小鉄・高山登久太郎会長に挨拶を済ませたあとのことだった。

応接間で私たちを迎えてくれたのは図越総裁、鈴子姐さん、四代目会津小鉄・図越利次若頭、同・伊藤護《まもる》本部長、同・山本浩令小頭という顔ぶれであった。

伊藤本部長は齢70を超す古参幹部で、キャリアも古く、若い時分からの総裁をよく知る1人で、戦後の京都任侠史の生き字引きのような存在という。私が初対面の名刺を差し出そうとすると、それを手で制し、
「ええです、ええです。万事わかっとりますから」
と実に頼もしかった。俊藤プロデューサーとは昔からのつきあいなのであろう、「護《まもる》ちゃん」「社長」と呼びあう間柄であった。

さて、取材は初日から盛りあがって、総裁が初めて懲役刑を受けた事件の話から、戦後の京都を揺るがした七条署事件や三階松抗争、あるいは姐さんとの馴れ初めやロマンス譚まで、早くも物語の核心となるようなところまで話は弾んでしまうのだった。

当時、図越総裁は77歳、とはいえ、至って矍鑠《かくしゃく》としており、記憶力もつゆ衰えておらず、大概のことは年月日まで記憶しているほどであった。

総裁が初めて懲役刑となる事件を起こしたのは昭和10年3月3日の夕方、22歳の時だったという。七条小橋あたり、高瀬川の流れる木屋町通りでのことだ。

「ワシは女とおって、そこへ彼らが来よったわけ。『何しとんねん』って言うから、私も『何しとんねんて、何構《かも》うてんねん』って。それがきっかけですわ。ワシもこんなんやから、向こう、7、8人おったわけや。喰いついて来ますがな。そこで二言、三言言うて、もう喧嘩ですわ。ちょうど傍《ねき》に高瀬川があってね、そこへワシを放りこもうとしましてね。7、8人いるから、何さらしてんねん言うて、私も死にもの狂いで二つ三つイワしたわけですね」

と、こんな語り口で、総裁は最初の事件のことを話しだしてくれたものだった。要するに、七条小橋の高瀬川のほとりでデート中の総裁にカランできた愚連隊がいて、たちまち乱闘になった。2、3人はやっつけたものの、多勢に無勢で、小柄な総裁は押さえこまれ、高瀬川に放りこまれそうになったところを、あやうく逃れたという。そこから先がこう続いた。

「おにょれ、今、行ったるさかい言うて、すぐ近くにあった私の家に帰って、刃物を持って、また現場へ戻ったら、連中は皆、残っとりましたわ。そこで、もういっぺんオレをイッてみいって言うたわけですよ。そしたら、向こうも気づいて、『こいつやぁ！』って。ワシは来たヤツに、無意識に左の手を振りあげたら、その手え摑んで来よった。それでワシ、刃物を持ったほうの右手を思わず突いていたんですわ。それが相手の腹に深々と刺さってしもてましたわ」

結局、刺した相手は病院で死亡し、総裁は「もう逃げてもあかん」と七条署に自首した。最初は殺人罪で起訴されたが、のちに傷害致死となり、懲役5年の求刑が、判決で懲役4年の刑が下ったという。

「警察に自首したら、誰もいてしまへんで。それで刑事部屋でしばらく待っとった。そしたら、刑事らが入って来て、もう私の名前わかってはるんですわ。それはわかりますわ。ところ（地元）の喧嘩やからね。検察に送られて、私を担当した検事も、ええ検事やったねん。『相手死んどるんだから、ええことだけ言うたらええ。もう不利になること言わんかてええ』って。長岡検事って言うて、この人だけは名前忘れしまへんわ。10年ぐらい行くと思てたヤツが求刑5年、それがさらに判決で4年になって……そんな軽いんでええんかと……」

と、こんな調子で取材は始まったのだが、総裁は決して口の重いかたではなく、というより、極力こちらの要望に応えてくれたのだろう、ほとんど話は途切れることがなかった。

総裁の側には、姐さんを始め、実子である図越利次若頭、伊藤本部長、山本小頭という心強いサポーターも控えていて、総裁の記憶の補佐や喚起につとめてくれたから、思いがけない話もいろいろと出てきた。

さらに俊藤プロデューサーは、さすがに話の引き出しかたが上手かった。あとで知ったのだが、氏は任侠映画の作り手として、取材が大好きなプロデューサーでもあった。

こうした面々を前に、固くなって取材している私とすれば、その存在は心強くもありがたい限りであり、また、どれほど至福の時間であったことか。

面白いなと思ったのは、生粋の京都弁なのだろうか、総裁は自分のことを言う時、基本的には「私」、話が興じてくると、「ワシ」となり、時には「ワテ」とか「ワタイ」となることだった。男性が「ワタイ」と使うのはめったに聞いたことがなく、確か深作欣二の「北陸代理戦争」で遠藤太津朗が演じていた親分役が使っていたなあと思い出したりしながら、なるほど方言というのは西のほうに来ると、また全然違ってくるんだなあと今さらながら感心したものだった。

「その時分、総裁、友だちとか若い衆ってのはいました?」

と、これは俊藤氏の質問。これに対し、総裁は、

「まあ、若い衆はようけおらへんけど、20人ほどおりました。増えていったのは、私が懲役から帰ってからですわ、これ。本格的に多《おお》なったのは、戦後、兵隊から帰って、皆、ワシを頼ってきよって……。俊《しゅん》ちゃんと知りおおたのも、戦後のヤミ市でしたな」

なんと京都のドンが「俊ちゃん」と呼ぶほど、2人は昔から心安くしている間柄なのだった。

令和5年5月12日、京都は快晴に恵まれ、汗ばむほどの初夏の気候であった。私は久しぶりに地元の人が「黒谷さん」と呼ぶ宏荘な古刹、金戒光明寺を訪れていた。同寺は平安神宮の近く、如意ヶ岳や鹿ヶ谷を背後に擁する黒谷の地にあり、堂々たる山門、伽藍、塔頭があたりを圧してそびえ建つ。

幕末、この光明寺に本陣を置いたのが、京都守護職となった会津中将の松平容保であった。

この寺には、蛤御門や鳥羽・伏見の戦いにおける会津藩戦死者200柱の墓があり、さらにそ

の近くには会津小鉄こと初代・上坂仙吉の墓もある。それはなぜか？　門前の高札にはこう記されている。

《鳥羽伏見の戦に於ける、会津藩殉難者の遺骸は、無情にも朝敵の汚名のもとに街路に放置され、世人は後難を恐れて顧みる者もなかった処、幕末の大侠客、会津の小鉄は、容保公の知遇と、その忠誠に感じ、あらゆる迫害に動ぜず、数カ月に至り数百人の子分を動員して、遺骸を探索収容して、当山に合葬したという隠された美挙がある》

大前田英五郎や清水次郎長と並び称された侠客、会津小鉄こと上坂仙吉は京都における会津藩の部屋総取締りであった。会津小鉄と名乗ったゆえんだった。会津藩の会津、小鉄は仙吉の愛刀「長曾根入道虎徹」から来ているとも言われる。

昭和50年3月、長い間、歴史の中に埋もれていた、この名跡（あまりに偉大過ぎて継ぐ者が現れなかったという）を継承し、三代目会津小鉄会を名乗ったのが図越利一総裁であった。

その総裁の墓もまた、この会津藩並びに会津小鉄ゆかりの光明寺にあって、私はこの日、参拝に訪れたという次第だった。G・Wも終わって、寺には観光客の姿もほとんどなかった。総裁の墓は、会津藩戦死者200柱の墓石がびっしり並ぶ会津墓地参道の入り口に建立されてあった。

もう亡くなられて25年（平成10年7月7日没）、最後にお会いしたのは、東映京都撮影所で「残侠」の試写会があった時のことで、考えてみたら、それから間もなくの逝去だったのだなあと思い出された。

上映中、スクリーンを観ながら傍らの側近たちに、

「ここはこうやった。あの時はこうで……」

というふうに話をされて、元気そうにしていたのが印象に残っている。そんなことを思い出しながら、総裁の墓に手を合わせ、

〈総裁、初めてお会いし、取材させて貰った時の思い出を書かせて貰ってますよ〉

と報告し、金戒光明寺、黒谷さんをあとにしたのだった。

図越利一総裁の半生を描いた私の実録小説「残俠」は、平成3年4月から同年12月まで8カ月間、週刊大衆に連載され、翌4年2月には単行本として双葉社から刊行されるに至った。

その間、私は京都に通い詰め、図越総裁を中心に、姐さん、四代目会津小鉄・図越利次若頭、同・伊藤護本部長、同・山本浩令小頭を交えて取材をさせて貰い、時には総裁邸近くの会津小鉄会館等で、四代目会津小鉄・高山登久太郎会長や他の幹部、関係者にも話をお聴きすることにもなった。大概は東映の俊藤浩滋プロデューサーが一緒で、私にすれば、緊張の伴う掛けがえのない黄金のような至福の時間となった。

総裁と俊藤氏は古くからの心安い仲で、時々取材から脱線して、雑談やよもやま話になることもあって（いや、脱線というより、それも充分取材の一環ではあったのだが）、それがまたエピソード盛りだくさんで、面白くて興味深かった。

総裁が「残俠」の試写会の時、スクリーンを観ながら身ぶり手ぶり交えて〝解説〟していたのは、「京都七条署事件」をモデルにして描いたシーンであった。

七条署事件というのは、昭和21年1月に起きた日本人ヤクザと不良三国人との衝突で、ヤクザ

側の指揮をとったのが総裁だった。

当時、ＧＨＱが「第三国人」と規定した在日朝鮮人、台湾省民等の一部不良分子は、それまで抑圧され差別されていた鬱憤の捌け口、あるいは報復のため、各地で日本人に対する無法と乱暴狼藉の限りを尽くしていた。警察署が襲われることもしばしばあり、京都においても、その宣告があり、

「親父さん、助けて欲しいんですわ」

と七条署の警部補が、総裁に泣きついてきたという。かねてその横暴や暴虐に対し自警団を結成して対抗、彼らが京都駅構内に「朝鮮人連盟」の看板を出すと、なんと総裁は、自宅に「日本人連盟」の看板を掲げ向こうを張ったという。

総裁は警部補の依頼をすぐさま引き受け、若い衆に動員をかけ、何百人もの敵を迎え討つ決断をしたのだ。それが双方で一千人余りが入り乱れ、丸太、ドス、日本刀、竹槍、トビ口、木刀などの武器が使われて死者3名（5名もしくは8、9名との説もある）、重軽傷者70名とも言われ、最後は進駐軍ＭＰまで出動した一大市街戦、京都七条署事件へと発展するのである。

戦いを終え、引きあげてきた総裁たちを、

「ようやっておくれやした」

と、地元七条新地の娼妓たちが、妓楼の前に勢ぞろいし、真っ先に労《ねぎら》ってくれたという。日頃から相手方にはさんざん悪さされ、いじめられていただけに、感慨ひとしおだったのだろう。地元七条の人たちも同様に拍手喝采で彼らを迎えてくれ、さながら討ち入りを果たした赤穂義士の

ようであったとか。

この時、総裁は33歳、この事件を機に、「京都に図越利一あり」と俠名はまたたく間に轟き、大きく売り出して行ったのである。

総裁は色白で男っぷりも良く、粋で風流、酒は一滴も飲まないが、茶屋に遊び、若い頃から習い覚えた長唄や小唄、大正琴に興じ、女性にもよくモテた。

「ええ女優もってこな、あかんなあ」

と俊藤プロデューサーが唸ったように、姐さんとのロマンスもドラマチックだった。


四代目会津小鉄の図越利一総裁と鈴子姐さんとが初めて互いを意識しあい、恋が芽生えるのは昭和19年、総裁が31歳、姐さんが22歳の時だった。そのロマンスの象徴的な場所となったのが、鴨川の流れる京都・七条大橋のたもとである。

当時、姐さんは未亡人の母親と一緒に住んでいた家を、総裁が所属する中島組に賭場《シキ》として貸していたこともあって、彼女の小さい2人の弟が総裁から何かと可愛がって貰っていた。

そのお礼を込めて、ある品をプレゼントしようと、姐さんのほうから総裁を呼び出した所が、七条大橋であったのだ。

その場面を、私は図越総裁の半生を描いた実録小説「残俠」で、こう描いた。

《鈴子は最前から手にしていたものを、恥ずかしそうに図越にさしだした。煙草の箱よりまだ小さいものだった。

「はあ、おおきに」

手にズシッと重く、金属の冷たい肌ざわりがあった。

「何でしゃろな」

「ライターどすわ」

「へえ、さよか。どないして使うもんでっか」

「ちょっと貸しとくれやす」

鈴子が再び手にした。銀色の蓋を開《あ》け、石を擦るとポンという音がして炎が噴き出す。オイルの匂いが鼻をついた。ジッポーだった。

「へえ、これは珍しいもんやな。電気マッチや」

「煙草、喫わはったなあ、思いましてん」

炎の中で、鈴子の頰がほんのりと紅く染まっているのが見えた。

〈ええ女や〉

図越は改めて気づいたように、鈴子の顔を見た》

このシーンは、東映映画「残俠」でもそのまま使われ、総裁役を高嶋政宏、姐さん役を高橋かおりが演じ、高嶋が「電気マッチや」と同じセリフを喋っていたのが、なんとも言えず、嬉しくも変な気分であった。

「ええ女優もってこな、あかんなあ」

と話していた俊藤浩滋プロデューサーのことも思い出されたものだ。

小説「残俠」が映画化され、東映で封切られたのは単行本刊行から7年後、平成11年2月のことだった。当初の予定より少し時間がかかってしまったのは、諸般の事情があってのことであろう。あるいは平成4年に施行された暴対法の影響もあったのかもしれない。

ともあれ、曲がりなりにも映画化が実現したのは、私にすれば、待ちわびて久しい無上の喜びであった。なにせ、東映任俠映画より他に神はなし——という青春を送ってきたのだから、感慨も特別なものがあった。何よりもスクリーンにタイトルバックが流れ、原作に自分の名前がクレジットされているのを見た時の感激といったらなかった。

文字通り、ジンと来た。

この「残俠」（関本郁夫監督、高嶋政宏主演、中井貴一、天海祐希、ビートたけし、松方弘樹共演）は、当時82歳の俊藤氏の288作目のプロデュース作品となった。「任俠映画のドン」と言われるゆえんであった。そんなカリスマプロデューサーが肝不全のため永遠の眠りに就くのは、この2年後、平成13年10月12日のことで、84歳だった。

私が夕刊でその死を初めて知って驚いたのは、つい2カ月程前に氏から電話を戴いたばかりだったからだ。弱った様子はみじんもなく、変わらぬ映画づくりへの情熱と意欲を見せ、私に対する用件も、

「あんたの『北海道水滸伝』、映画化させてくれんか。Vシネマやけどな」

というもので（むろん私は快諾）、映画プロデューサーとして、まだまだ意気盛んであった。

実際、11月からは新作の撮影に入る予定であったという。

私にとって、図越利一という西日本任俠界の金看板、昭和屈指の名俠を取材できたことは非常に意義深く、仕事において大きな財産になるとともに、俊藤氏と長い時間を共有し、その人格に触れることができたのも貴重な経験となった。

取材に際し、お2人の傍らで、その味のあるやりとりを聴いているだけでも楽しく、痛快で、甚だ興味深く、心弾む至福の時間となったのだった。

時には昭和ヤクザ史の衝撃的な秘話が飛び出すこともあって取材時間がどれだけ長引こうとも飽きることなく、興味は尽きなかった。

雑談の中で、私が俊藤氏から直接聴いた話で仰天したのは、昭和31年3月6日、東京・浅草で起きた、世に名高い「浅草妙清寺事件」の現場、当時の住吉一家の最高幹部同士が撃ちあい相討ちになる事件が起きた葬儀現場に、氏が居あわせたという事実を知った時だった。

「あんときは凄かったで。パンパンパンっていきなり撃ちあいが始まってなあ。銃弾が乱れ飛んでやな。そら、音も凄かったで。こっちは身を伏せるだけやがな」

氏の話に、私は息を呑んだ。えっ、あそこにおったとは！　この人は歴史の生き証人やないかい！　なんちゅう修羅場を体験しとんねん！――と、思わず心の叫びが関西弁になるほど、ビックリしたものだ。

もとより氏の名誉のために述べておくが、そうした事件との遭遇も氏が元渡世人だったがゆえに起きたことではなく（よく誤解している人がいるが）、若い時分から偉い親分衆との親交があっての賜ものだった。関西方面ばかりか、東京でも氏は顔が広く、犬養健法相の私設秘書まで務めた実力派親分・並木量次郎には大層可愛がられたという。

図越総裁が87年の生涯を閉じたのは、俊藤プロデューサーが逝去する3年前、平成10年7月7日のこと。その通夜、本葬儀、告別式は4日間にわたって営まれ、弔問に訪れた一般市民だけでも数千人に達したという。告別式も一般の参列者が途絶えることはなかった。出棺の時となり、総裁の柩が組員らに担がれて高瀬川の橋を渡ると、炎天下にも拘らず、最後まで残って見送った参列者はおよそ800人。その半分以上が女性で、舞妓さんの涙ぐむ姿も見られたという。

トッパ正（平川正雄）【特別編】千葉刑務所「残俠伝」

斯界の「オールスター」が勢揃い

私がひょんなことから「トッパ正《マサ》」こと平川正雄氏と知りあったのは、令和2年夏のこと。氏は38年前、42歳の時、極道の足を洗って姐さんの里である九州に居を移し、飲食店経営者に転身して成功を収め、現在に至っているという。トッパ正の異名からもわかるように、大阪の極道時代はバリバリの武闘派で鳴らしたという人物だ。

そのトッパ氏との話題がたまたま私の著書――六代目山口組二代目小西一家・落合勇治総長（現・三代目小西一家総裁）の冤罪事件をテーマにした「サムライ」（小社刊）に及んだところ、

「ホーッ、落合勇治!?　懐かしい名前や。ワシ、千葉刑務所で一緒でしたわ。よう憶えてまっせ。性根がすわっとって、ええ男でしたなぁ。なんや、今もひどい冤罪を被せられ、闘っとるちゅうこっちゃけど……」

と言ったものだから驚いた。トッパ氏は半世紀以上も前のことを鮮明に記憶していた。

2人が千葉刑務所で出会ったのは昭和42年のこと。それは懲役12年のトッパ氏が入所3年目で24歳、懲役15年の刑で服役にきたばかりの落合総裁が20歳の時であったという。

「ワシが2工場におって、落合はんが新入《しんにゅう》の時やったな。廊下を隊列組んで運動場に向かう落合はんたちを、ワシらが工場の窓から見とったんや。すると、同じ工場でワシと仲良うしていたヤツが『勇治！』と声をかけたわけや。同じ静岡で知っとったんやな。ほなら、呼び捨てにされた彼が『何だと!?』と。それで喧嘩や（笑）。なにせ、血気盛んな時分やさかいな。それが最初の出会いやった」

その後、落合総裁が大阪刑務所へ移送されることで2人の交流は途絶え、シャバで再会する機会もなかった。が、両者とも互いのことは強く印象に残っていたようで、落合総裁も大阪刑務所で偶然一緒になったトッパ氏の身内に、

「千葉では年中、官に逆らい、喧嘩をやっては懲罰房ばかり。『トッパ』の異名通りの男だったな」

と懐かしがったという。

トッパ氏は昭和39年、東京オリンピックの年に抗争事件を起こし、昭和51年までの12年間の大半を千葉刑務所で過ごした。日本が高度経済成長をひた走り、人々は「昭和元禄」といわれる天下泰平の世を貪っていた時代である。

「そら、当時の千葉刑務所いうんは凄かったで。なにせ長期刑で、ワシの12年なんていちばん短いんや。15年、20年、無期が大半。せやから極道でも錚々《そうそう》たる大物が入っとったし、あの世界もまだ

まだまとまっとらんで、ある種の戦国時代やったさかいな。ヤクザの歴史を変えるような大きな事件を引き起こした筋金入りのヒットマンが、全国からようけきとりましたな」

ざっと名前を挙げれば、日本国粋会初代会長の森田政治、山口組（後に一和会）の加茂田重政、稲川会最高幹部となる川上三喜、大山健太郎、「夜行列車殺人事件」と呼ばれる刺殺事件の実行犯、山口組山陰柳川組の那須真治、新宿歌舞伎町の若きドン、三声会会長・三木恢殺しの港会（現・住吉会）幹部の福岡幸男、広島「仁義なき戦い」で知られる山村組若頭・佐々木哲彦を射殺した小原組組員の三宅譲、安藤組大幹部である花形敬を刺殺した東声会幹部……等々、有名ヒットマンが勢揃いしていた。

極道だけではなかった。河野一郎建設相邸焼き討ち事件を起こした右翼民族派の野村秋介、後にハイジャックによって日本赤軍に招聘される泉水博、あるいは政財界を巻き込んだ大型疑獄事件として知られる保全経済会事件の伊藤斗福、また「カービン銃ギャング事件」で有名な大津健一も、当時の千葉刑務所の住人であったというから、さながら斯界の「オールスター」の感がある。

内緒で三島の本を入れて…

「落合はんもワシのこと、よう見とったんやなあ。トラブルばかりで1年のうち3回は懲罰房に行っとった。（累進処遇が）3級に上がって工場に降りたと思たら、また4級に下がって懲罰や。工場にも降ろされんで、ずっと独居拘禁。そこから出してもらえんで、丸々3年くらいはおったろね。その時に秋《しゅう》さん――野村秋介との出会いがあったわけや」

野村秋介は昭和38年7月15日、時の建設大臣である河野一郎の神奈川・平塚の屋敷を焼き討ちし、懲役12年の刑で服役中であった。この時分、野村は図書係を務め、本を入れるため各房を回り、独居房まで担当していたという。

「秋さんが『これ、読んでよ』と内緒でワシに入れてくれた本があったんや。自分が差し入れてもろて読んでしもたヤツを、ワシに回してくれたんやな。むろん違反行為や。見つかったら、ワシばかりか秋さんまで懲罰喰らう。『構わないよ。いい本だから正《まさ》さんもいっぺん読んでみて』言うんやね。忘れもせん、三島由紀夫の『豊饒の海』という本やった」

懲罰の危険を冒してまで野村が渡そうとしてくれた本である。トッパ氏も性根を据えて読もうとした。が、いくらも読み進まぬうちから、脳が拒否反応を起こすのだ。

次に会った時、トッパ氏は、

「秋さん、あかんわ。2、3ページ読んだけど、難しくてお手上げや。他の本、ないんかい」

と、正直にその旨を伝えると、野村も苦笑しつつ、

「わかった。探しておくよ」

と応えるのだった。刑務官を気にしながら、懲罰房の食器孔を通した、互いの顔もろくに見えない中での会話である。

そんなこともあって、2人は極道と民族派という立場の違いを超えて、急速に親しくなっていく。

ある時、例によって食器孔を通した2人の会話は、なぜか病舎の話になって、

「秋さん、ワシ、この懲罰終わったら、病舎に行こう思とるんや。関西の知人が先に入っとって、お前も来いと手紙で誘われとるんですわ」

「ほう、そりゃ偶然だ。実は僕も近々行くつもりです」

「そら、ええ。なら、また病舎で会えまんな。ワシの知人は結核なんやけど、アリナミンを一杯貯めこんどるさかい、栄養つけに来い言うんですわ」

「僕の場合、敬愛する人が病舎にいましてね。その方にお会いしたい一心です」

「ほう、秋さんがそれほどまで……そら、どなたさんでっか」

「森田政治といって、元日本国粋会会長、『独眼竜の政』とも異名をとった方で、なかなかの人物です」

懲罰房に比べて病舎は天国

森田政治が大量拳銃密輸の容疑、いわゆるユルトレル事件で警視庁に逮捕されたのは、昭和40年2月のこと。事件はフランス航空の機長ユルトレルが立場を利用して米の銃砲店や闇市場から拳銃208丁を大量密輸して摘発されたもので、森田はその大半、178丁を引き取っていた。

左翼勢力に対し、大きな危機感を抱いていた森田は、任侠右翼の武装化構想を練っていたとされる。結局、彼はこの事件と他の1件との併合で懲役9年半の刑を受け、千葉刑務所に服役の身となったのだった。

野村秋介はこの森田政治との病舎での出会いを「獄中日記」（二十一世紀書院刊）にこう記している。

《我が知る渡世人の中で、一応の頭目と今日まで語りあう機会も多くありしが、森田政治さんの様な真なる意味の俠客と語りあう機会には恵まれていなかった。いや、真なる意味の俠客の存在すらを疑っていたものだ。「仁義とは慈悲だ」「人生とは誠意だ」という言葉を、このご仁の口から聞いた時、矢張りこの人に逢って良かった、と心から思った。「人生は友達の良否によってその価値が左右される」「誠意は尽くした人から返ってくるものに非ず、至誠は通天である」というこの人の言葉に、我は久しぶりに酔った。矢張り人物はいるものだ。沁々と思う》

音に聞こえたヤクザの親分ながら、森田の読書量も半端ではなく、西洋哲学から東洋哲学まで貪り読んでいた。右翼開眼も、獄中で出会った左翼系歴史学者、服部之総から大川周明の『中庸新註』を読むよう勧められたことがきっかけだったという。

この森田に会いたさゆえの野村の病舎願いだったのだ。病名はアレルギー性ジンマシン。それが通ってしまうのも、「顔づけ」といわれる官の融通があってのことであったろう。

一方、トッパ氏も懲罰を終えるや、予定通り病舎入りを実現させた。３日間絶食して病気を装ったのである。

示し合わせた通り、２人は病舎で再会した。初めて病舎に入ったトッパ氏は、吃驚《きっきょう》せずにはいられなかった。懲罰房に比べたら、その待遇は天国にも等しかったからだ。

病舎には６人部屋がいくつかあって２階建て２棟、その間を運動場が通っていた。

部屋こそ違え、森田政治を始め、川上三喜、大山健太郎という関東の名だたる親分衆の顔もあった。後には加茂田重政も入ってきて、どちらかといえば、うるさ型ばかり揃っていたのが千葉刑務所の病舎だった。

寝耳に水だった山口組加入

トッパ正が千葉刑務所に服役して7年目——昭和47年9月1日に起きた事件も、彼には忘れられないものとなった。刑務所内での山口組加茂田組・加茂田重政組長殴打事件である。

加茂田は山口組全国進攻の先駆けとなった明友会事件等で懲役11年の刑を受け、服役中であった。事件当日のことは、入所9年目の右翼民族派・野村秋介も、「獄中日記」にこう記している。

《やったのはSという24歳の青年で、浜松の伊堂という人の子分である。原因は加茂田が屢々《たびたび》親分である伊堂について悪口を言った、ということのようだが、午前9時半頃、非常ベルが鳴って大騒ぎとなった。このS青年と血にまみれた加茂田氏が群らがる担当職員に引致されて来るのを見て私は茫然とした。第一軽率な青年でないのだ。実に礼に厚い。加えて冷静。しかし常に一発を秘めている青年で、よほどの事があってのことだと思いもし、この事態が件の社会の組織に波及するであろう今後のこの青年の立場などを思い、何とも暗澹たる思いであった》

トッパも、仲の良かった「夜行列車事件」で服役していた山口組山陰柳川組（当時は佐々木組）の那須真治から紹介されて、加茂田とは知った間柄になっていた。加茂田は獄中でもなかなかの情報通で、トッパは以前、彼から、

「おい、トッパよ、おまえんところ、菱《ヒシ》になったらしいで。山口組や」

と寝耳に水の話を齎《もたら》されたことがあった。が、最初は言っていることの意味さえわからなかった。


「ヒシって、何でやねん!? ワシは梅鉢でっせ！ 土井組や」

思わずムキになって応えた。トッパは大阪でも「その人あり」と謳《うた》われた親分〝土井熊〟こと永田熊吉率いる土井組の一門であった。土井熊舎弟の難波安組（松本安男組長）の一員として、土井組の梅鉢の代紋に誰より愛着を持ち、それを極道として生きる拠りどころとしていたのだ。

「何を言うとるねん。引退した難波安の跡目をとった小林治が、西宮の桜井の舎弟になっとるがな」

と加茂田。

兵庫西宮の桜井組・桜井隆之組長は、三代目山口組の直参組長であった。

「……難波安が土井を出て、山口組って、そないな話がありまっかいな……」

トッパには容易に信じられなかった。が、加茂田の話が本当であると知るのは、間もなくのことだった。

当の難波安二代目である小林治が千葉刑務所に面会にきて、トッパにその旨を告げたのだ。トッパは小林を血縁者として刑務所に申告し、面会も文通も許されていた。

「トッパよ、桜井に行くことになったで」

「兄貴、ホンマにそないになったんか？」

「ああ、ホンマや。で、トッパ、おまえはどっちにする？　ワシのとこへきてくれるか？」

「どっちにする言われても、そんなん、ワシが出てから話をするこっちゃないでっか」

「うん、そやな。あと3年か……。もうちょっとや。トッパ、辛抱せいよ」

「へい」と応えたものの、土井組からの離脱など、夢にも思っていなかった事態に、トッパはとまどいを隠せなかった。

後日、面会に来た舎弟にも、

「で、何かい、今からワシは加茂田のおっさんを『叔父貴』と呼ばないかんのかい」

とボヤいてしまうのだった。

「ノミを用意しといてくれ」

加茂田殴打事件が起きたのは、まさにそんな矢先のことで、大物親分受難のニュースはたちどころに受刑者の間に広がった。

もとよりトッパの耳にも入り、さっそく山口組の友人からも、

「加茂田のおっさん、どつかれとんねん。顔を5針縫ったそうや。トッパ、どないする？」

との相談を受けた。

「どないするて、格好つけたらな、しゃあないがな。こんなもん、関東の者に負けてられるかい」

と応えた、加茂田の仇を討つと決めたのである。

そうは言っても、加茂田に何の義理があったわけでもなく、いくら兄貴分の二代目難波安が桜井組入りしたとはいえ、自身はいまだ去就を決めかねており、山口組の代紋に替わったとの認識もなかった。いや、そもそも事件は山口組同士の内輪揉めであったから、山口組関係者とはいえ、どっちかにつくというのもおかしかった。

つまりは報復に動かなければならない理由は何もなかったのだが、そこは〝トッパ〟といわれる男の、抑えきれない血の滾《たぎ》りというものがあったのだろうか。

強いていえば、加茂田と近かった山口組の友人への義理立てもあったろうし、あるいは同じ関西極道としての意地、心意気も大きかったのかもしれない。

トッパが当時のことをこう振り返る。

「12年の刑を打たれ、最初の半年は大阪刑務所におった。それから不良押送で千葉刑務所にきて、ワシが思ったんは、ヘタな生き様はできん、関東の極道には舐められてたまるかいうことでしたな。何かあった時には、いつでもこっちの性根を見せなあかんいう肚《はら》は持ってましたな。加茂田事件の時がそうやったんです。ちょうどその前に、ワシとこの二代目難波安がヒシに行ったいうのを聞いとりましたから、どないかせなしゃあない、カッコつかんやろ、と……」

報復のターゲットはむろん、加茂田を殴打した当事者Sだった。

トッパは、Sが懲罰を終えて工場に戻ってきたところを襲撃すると決め、共謀する件の山口組の友人にもその旨を伝えた。その友人が木工場にいたこともあって、トッパは、

「おい、昼メシの時にやるぞ。ノミを用意しといてくれ。入り口のところに置いといてくれたら

ええ。ワシ、取りに行くさかい」

と言い、Sをノミで襲う計画を立てた。

だが、決行寸前で刑務官に気づかれ、非常ベルを押された。トッパは大勢の特警に取り押さえられ、なす術もなく、捕まる破目となった。またまた懲罰房行きとなり、報復は失敗に終わったのである。

それから数カ月後、懲罰房から工場に戻ったトッパは、運動場でバッタリ加茂田と一緒になったことがあった。加茂田は上機嫌で話しかけてきた。

「おい、トッパよ、仇討ちに行ってくれたんやてな。面会にきた女房に言うて、難波安に電話させたんや」

「何でですの?」

「何でって、ワシも嬉しいがな。トッパに世話になったと礼を言おう思うてな。女房が電話したら、(難波安二代目の)小林がえらい喜んどったそうや。あいつもガムシャラなヤツでっさかいな——言うて」

「そうでっか」

「出たら、ワシんとこに遊びにこいよ。神戸の番町や。わかるやろ」

「いっぺん行かせてもらいまっさ」

そんな会話があって、出所後、神戸市長田区番町の加茂田組事務所を訪ねて行ったのも、トッパには懐かしい思い出だった。

「加茂田組の看板はあがっとったけど、川筋の小さい事務所やった。ワシが訪ねて行くと、加茂田の親分は若頭の飯田はんに、あれ頼め、これ頼め言うて、気い遣《つこ》うてくれ、歓待してくれたのを憶えとりますわ」

そう回想して、目を細めるのだった。

関東ヤクザとも交友を深めた

「当時は稲川会やなくて錦政会の名やった思うけど、そこの川上三喜はんや大山健太郎はんとは病舎で一緒やった。三喜はんは2階の結核病舎におって、運動時間に日なたぼっこしながらよう話したんやね。〝モロッコの辰〟の最後の舎弟や言うんやけど、ワシら関西の人間には〝モロッコの辰〟と言われてもわからん。なんや横浜の愚連隊の凄い男やったそうやけど……」

モロッコの辰こと出口辰夫は戦後の横浜で名だたる親分連中をも震えあがらせたという愚連隊のカリスマで、川上三喜はその末弟的存在。カラスの鳴かぬ日はあっても、モロッコ軍団の暴れぬ日はないと言われるほど、その呼び名は高かった。

そのモロッコ軍団で育ち、横浜から山梨に乗り込み、大きな抗争を経て甲府を制覇した男が、初代山梨一家・川上三喜総長だった。

「大山はんとは病舎で部屋が隣り同士でね、トイレの窓から物言えるわけですわ。元気しとるの？――と、挨拶代わりに喋っとるうちに仲ようなったんですわ。筋っぽくて弁も立つし、ええ男やったですわ」

トッパの工場は2工場（鉄工所）で、新宿歌舞伎町の若きドン、三声会会長・三木恢を射殺した港会の福岡幸男と一緒だった。福岡は三木ばかりか同時に兄貴分の東声会幹部を射殺したことで、無期懲役の刑を受けていた。

それは新宿のヤクザ地図を塗りかえ、ある意味で戦後のヤクザ史を変えたといっても過言ではないほど大きな事件だった。

「オレは一家の捨て石でいいんだ」

というのが、福岡の口癖で、トッパはその性根の据え方に思わず内心で驚嘆したものだった。

今も忘れられない〝同期生〟

トッパ正が昭和40年から51年まで、およそ11年余を過ごした千葉長期刑務所。大物極道や有名ヒットマンが数多《あまた》いた中でも、彼にとって今も忘れられない〝同期生〟の1人が、泉水博という無期懲役囚だった。

のちに、日本赤軍によるハイジャック（ダッカ事件）で指名を受け、アラブへと飛び立った男である。

「極道でも政治犯でもない一般刑事犯や。罪名は強盗殺人の無期。世間から見たら、とんでもない凶悪犯やろが、そんなふうには見えん。実際にそないな男とは違《ちゃ》うんや。義理人情に厚い、気持ちのええ男やった。泉水と一番仲ようしとったのが、秋《しゅう》さん（野村秋介）と（山口組山陰柳川組＝当時は佐々木組の）那須真治や。泉水の強盗殺人いうんも、何やら真相は表に出とるんとは、だいぶ違《ちご》とるような話やったなぁ」

　それは昭和35年6月9日、泉水が23歳の時、都内文京区で引き起こした事件で、当時「重役夫人殺し」として話題を呼んだものだ。

　泉水がYという2つ上の知人と共謀、金を奪う目的で会社重役宅に押し入り、夫人を刺殺したうえで現金1万4500円を奪ったとされる事件だった。主犯はYで、金に困っていた泉水はその誘いにこそ応じたものの、登山用ナイフの携帯にさえ反対、よもやYが殺人をしでかすとは夢にも思わず、あくまで見張り役のつもりでついていったという。

　ところが、Yは興奮したのか、脅しだけに留まらず、夫人をナイフで刺殺してしまう。その時、隣りの部屋にいた泉水が、夫人の悲鳴を聞いて現場の六畳間に駆けつけた時には遅かった。Yは夫人に馬乗りになって、ナイフを降りおろしている最中だったという。

　が、殺しには関与していないはずの泉水が、Yの供述によって、夫人の口をタオルでふさぎ、腕を押さえるなどして、Yの殺しに加担したことにされてしまうのだ。

　泉水は警察の調べに対し一貫して否認したが通らず、悪いことに、Yは第一審開始前に獄中自殺を遂げたため、その供述を覆すことも叶わなかった。泉水は一審判決で無期懲役を言い渡され、二審で控訴も棄却されて刑が確定。かくてトッパより4年早い昭和36年から千葉刑務所に服役の身となったのだった。

「タタキ（強盗）の見張り役が側杖《そばづえ》食らうて無期ちゅうんやからワリのあわん話や。泉水はその時、窃盗罪の弁当持ち（執行猶予中）やったのも響いたんやな。それかて職場の部下たちと箱根のスケート場に遊びに行った折、そいつら、遊び半分で売店の土産物持ってきたんやて。何も関わっとらん泉水が、『おまえら、何やってるんだ！』と怒鳴りつけ、その罪を全部背負ったちゅうこっちゃ。極道顔負けの義俠心やがな」

と、トッパは振り返る。

「ヤツは印刷工場やった。機械で作業中の事故で左手の指2本落としてしもて、病舎に来よったことがあった。包帯グルグル巻いてな。ワシも秋さんも病舎におった時や。小柄な男やったけど、ソフトボール大会の時は大活躍や。ピッチャーやって、コントロールはええし豪速球投げよったわ」

政治に関心もなかったが…

ボンベイ空港を離陸したパリ発東京行き日航機が、日本赤軍5人によってハイジャックされるという事件が勃発したのは昭和52年9月28日――トッパ正が千葉刑務所を出所した翌年のことだった。

ハイジャック犯は乗っとった同機をバングラデシュのダッカ空港に強制着陸させ、日本政府に対し、拘留中の赤軍派ら9人の釈放と身代金を要求。政府はこれを受諾し、超法規的措置で6人を釈放（3人は拒否）、身代金とともにダッカ空港に送り（最終的にはアルジェリアのベイダ空港）、人質の乗客・乗員156人は全員解放され、ハイジャック犯と釈放犯はアルジェリア当局に投降した。

テレビのニュースでこの事件を知ったトッパ正が仰天したのは、釈放された6人の中に周知の泉水博の顔を見出したからだった。

「――泉水が！　……何でや!?　ヤツはいつから赤軍派になったんや!?」

という驚き以外の何ものでもなかった。

「政治性とも思想性とも無縁、政治に関心があるなんちゅうことも聞いたことがなかった。若い頃はテキヤの世界におったこともあって、そういう男の生きかたに影響を受けたいう話をしとったくらいで、むしろどっちかいうたら右翼的や。赤軍派のような連中に対しても、タタキや殺しが正当化されるんやから、革命ちゅうんは便利な言葉や――言うとったそうや。それが何でや？　何で泉水なんや」

と、トッパはつくづく不思議に思ったのだった。

泉水はこのダッカ事件の2年前――トッパが出所する前年の昭和50年3月、千葉刑務所内で事件を起こし、刑が加算され（懲役2年6カ月）、旭川刑務所へと移送されていた。

〈もしかしたら旭川刑務所に移ってから、泉水が感化されるような赤軍関係者との出会いがあったのかもしらん〉

とも、トッパは想像を巡らした。いや、そうやない……などといろいろ考えているうちに、ハタと思いあたることがあった。

〈あの事件や。泉水が2年前に千葉で起こした事件。あれや！　あれが何らか関係しとるに違いない……〉

このトッパの推測は、ズバリ当たっていたのだった。

ハサミを手に管理部長を襲撃

昭和50年3月22日、泉水は決起した。その動機は、同房の重症患者である受刑者Yの生命を救いたいとの一心からのものだった。

無期懲役囚のYはパンチ症候群という難病を患い、手術をしたものの病気は再発し、食道静脈瘤による傷口の吐血を繰り返していた。

泉水は当時、計算夫として作業分室内で働いており、そこはYが入っている9舎の仮病舎から近かった。そのため、刑務所側から黙認される形で、泉水はYが吐血するたびに駆けつけて看護していた。泉水から見ても、Yの病状は深刻で生命の危機的状況にあると思われた。

思い余った泉水が、Yの刑の執行停止と緊急の手術の必要性をしばし刑務所側に訴えた。だが、聞いてもらえず、曖昧な返事しか返ってこなかった。

「このままではYは死んでしまう」

我慢も限界に達した泉水は、ついに決断したのだ。管理部長を人質にとって2階倉庫に立て籠り、Yの件、並びに医療・管理体制の杜撰な現状の改正――それらの要求を刑務所長に突きつけ、それが受け入れられない時には焼身自裁して訴えよう、と。計算夫という立場上、武器となるハサミや灯油なども用意できる算段があったのだ。

千葉刑務所に服役しておよそ14年、泉水は模範囚として累進処遇も最上級ランクの一級、仮釈放も間近の身であった。それをすべて抛《なげう》って決死の覚悟を決めたのである。

だが、その捨て身の決起もあえなく失敗に終わった。当日、西舎出入り口付近で、巡回に来た管理部長を裁ちバサミで襲撃したものの、他の看守の邪魔が入ったのだ。彼らと揉みあいとなった末に、泉水は自殺用の灯油を隠した2階倉庫に駆けあがろうとしたところで倒れた。階段を登ろうとして、止めに入った同囚に足を摑まれたからだった。

その時、泉水を止めようとした同囚に向かって、

「止めるな！」

と叫んだ受刑者がいた。泉水からただ1人、計画のすべてを打ち明けられていた野村秋介であった。

トッパ正がこう振り返る。

「泉水は一番信頼しとった秋さんに決起を見届けてもらい、自分が訴えようとしたことを世に知らしめてもらおうと秋さんにあとを託したわけやな。刑務所当局に隠蔽されてはたまらん、と。秋さんは満期出所直前、その日が最後の工場の出、やったんや。そいで彼は見事その約束を果たしたわけや」

野村秋介は泉水の事件から5日後、昭和50年3月27日、12年ぶりに千葉刑務所を出獄。真っ先に取り組んだのは、泉水の決起を、マスコミを通じて社会に訴えることだった。

それは野村の奔走によって実現し、サンケイ新聞が《千葉刑務所で暴動騒ぎ》という衝撃的な見出しで事件をくわしく報じ、泉水の決起は一気に社会に知られることになったのだ。正確に言

えば、「暴動」ではなく「たった1人の反乱」であり、死に瀕した同囚のために泉水が起こした命がけの義挙ともいえた。

その泉水の義俠心を誰より熱く受けとめ、共闘できる同志と確信した相手こそ、日本赤軍であったろう。それがハイジャックの指名となったのに違いない。

トッパが千葉刑務所を満期出所したのは、野村が出た翌年、昭和51年秋のこと。

「ワシが千葉を出て半年後くらいやったかな。秋さんが大阪にワシを訪ねて来たことがあったんや。肉食いたい言うんで、神戸まで一緒にステーキを食べに行ったんやな」

その数日後、テレビや新聞が大々的に野村のことを報じるので、トッパは何事かと目を剝いた。

野村たちが引き起こした経団連事件勃発のニュースだった——。

村田勝志

「力道山を刺した男」が語った昭和裏面史

令和5年はあの無敵のプロレス王者にして戦後最大の国民的ヒーローであった力道山が世を去って60年、その力道山を刺した住吉会系小林会村田組の村田勝志組長も死去して10年の歳月が流れ、いよいよ昭和も戦後も遠くなった感がある。

東京・赤坂のニューラテンクォーターというナイトクラブで些細な諍《いさか》いから、力道山をナイフで刺した村田は当時24歳の組員で、今ならチンピラとも呼べない下っ端ということにもなろうが、あの時代と現代とではちょっと感覚が違ってくる。村田は24歳とはいえ不良少年時代からのキャリアもすでに約10年、いっぱしの兄ィと認められ、この時分には港会（住吉会の前身）会員名簿《チラシ》に名が載る程の立場になっていた。

それでも到底、東洋一といわれ、皇族方さえ贔屓にし、各界の名士が集まるナイトクラブに出入りできるような身ではなかった。それがなぜできたのかといえば、同クラブの後ろ盾は児玉誉士夫の旧児玉機関であり、岡村吾一とともに同店の「顧問」（簡単にいえば用心棒）を務めていたのが、村田の兄貴分・小林楠扶であったからだった。

であるがゆえに、力道山とは店の常連客同士としてハチあわせし、運命の交錯となり、あの歴史的な悲劇を呼び起こしてしまったわけである。

村田勝志は24歳の身空で、「力道山を刺した男」として図らずも日本一有名なヤクザになってしまったのだった。その冠は生涯ついてまわり、ヤクザとしては何を言わずとも通用する金看板となったであろうが、一般社会では決してよいほうには作用しなかった。とりわけマスコミには、何か事件を起こすたび、その冠で格好のネタにされ針小棒大に報じられ、揶揄されることも少なくなかった。

因縁とは面白いもので、村田の長女の光さんは、若い頃から不思議にプロレスと縁があったという。

恋人がプロレスラーで、その彼のハワイの叔父も元プロレスラーであり、かつ力道山とタッグを組んだこともあると聞いた時には、光さんもさすがに仰天。そしてついには彼女自身が、女子総合格闘家としてプロデビュー。デビュー戦の相手が女子プロレスラーという因縁極まりりで、彼女は「親の仇」とばかりに奮戦、1ラウンドKO勝ちしたのだった。その彼女から見た父親は、

「娘には大アマのふつうのパパ」

ということになる。彼女が生まれる前に両親は離婚し、母のもとで育った光さんが初めて父親と対面したのは、幼稚園の時。正門で娘を迎えた村田の顔は、ニコニコしていた。

「オジさんは誰?」

「君のパパだよ。何か欲しいものはないかい」

「ピアノが欲しいの」

村田はすぐさま彼女をデパートに連れていき、楽器売り場で本物の大きなピアノを買ってくれ

村田勝志

たという。

彼女には初対面の「ニコニコしたオジさん」のイメージが強烈で、中学1年の時、直接本人から知らされるまで、父がヤクザの組長であることも、力道山事件のこともずっと知らずにきたという。それだけにショックも大きかったというが、村田のコワモテの顔しか知らなかった私にすれば、それは意外な話であった。「娘に大アマの父」という素顔を知って、へえと驚いたものだった。と同時に、どこかで納得できるような感もあったけれども……。

私も生前の村田には銀座の小林会本部や麻布の村田組事務所で何度かお会いしたが、ついぞその笑顔にお目にかかったことはなかったような気がする。あまりジョークを言ったり、軽口を叩いたりするような人でもなかった。ただ、コワモテとはいっても、村田は私のような物書きに対して、虚勢を張ったり、気取ったり、威張るようなこともなく、話はいつもストレートで、大袈裟に言ったり膨らませたりするふうもなく、ハッタリや嘘はないと感じられる人だった。

「うちの小林（楠扶）が経済的によくなっていったのは、東日貿易の久保正雄って社長とつきあうようになってからだね。兄貴（小林）が久保さんに頼まれて、オレたち、スカルノ大統領が来日するたびにボディーガードやってたもん。久保って人はさ、デヴィ夫人をスカルノにあてがったことで、彼の東日貿易が一気にインドネシア賠償貿易を独占する形になったんだけど、それで欲が出たんだよ。自分でデヴィをスカルノに紹介しておきながら、今度は彼女を自分のものにしようとしたらしいよ」

久保正雄は東京・深川の出身。戦後、海外からの食料品雑貨の輸入業に手を染め、昭和30年、資本金500万円で「東日貿易」を設立。一介の新興商社に過ぎなかった同社は、対インドネシア貿易を一手に担うことで大躍進を遂げていく。久保は多くの芸能やスポーツ界関係者をタニマチ的に後援、とりわけ高倉健や長嶋茂雄との親交は有名である。また、女性に関してもなかなかの発展家で、歌手の松尾和子や弘田三枝子と浮名を流すなど、艶福家としても知られていた。

村田の話はこう続いた。

「スカルノはデヴィにメロメロにトロケちゃってたから、何でも言うこと聞くんだよね。久保さんもスカルノをもっと抱きこもうとしてのことだったか、単にデヴィの色香に眼が眩んだのか知らないけど、彼女に対してそういう欲が出たんだな。それをデヴィがスカルノにチンコロ（密告）したわけよ。で、久保さんはインドネシアで殺されそうになって、あたふたと日本に帰ってきた。そこで今度はオレたちが、デヴィが日本に来た時に攫《さら》っちゃえとなって、羽田で待ち構えてて、デヴィの車をずっと尾行したんだけど、向こうも途中で勘づいたんだろうな、インドネシア大使館へ入っちゃったんだよ」

なんともはや、凄い戦後裏面史秘話というべきであろうか。

昭和38年12月8日、東京・赤坂にあった伝説のナイトクラブ「ニューラテンクォーター」で、住吉会系小林会村田組組長、村田勝志はなぜ力道山を刺すに至ったのだろうか。

ともに客として来店していた2人が遭遇した場所はロビーホールのトイレ入り口、時間は夜11時を少し回った頃だった。トイレに入ろうと中に一歩足を踏み入れた村田は、いきなり後ろから襟首を摑まれた。

何事かと振り返った村田を睨んでいたのは、力道山だった。

「オレの足を踏みやがって」

確かにトイレの入り口前で、力道山が店のホステスと話をしていたのは、村田も気づいていた。その脇をすり抜けるようにして通ったのだが、足を踏んだ覚えは毛頭なかった。村田が冷静にその旨を告げると、

「何い、このヤロー、ぶっ殺すぞ！」

と力道山。この日の彼は、昼過ぎから酒が入り、ほぼ泥酔状態であった。これには村田もキレた。

「ここは原っぱの真ん中じゃねえ！　てめえみたいな図体のでかいのが突っ立ってりゃ、少々ぶつかってもおかしかねえだろ！」

と吼え、右手をサッと何もない上着の懐に入れた。

力道山もここで一旦は、

「わかった。仲直りしよう」

と引く構えを見せたが、

「何言ってやがる！　それで通ると思ってるのか！」

と若いヤクザの村田が、承知しなかった。その途端、

「何だと、このヤロー！」

村田めがけて、力道山のパンチが飛んできた。

顎にまともに喰らった村田は2、3メートルも吹っ飛ばされ、床に尻餅をついた。が、すぐに立ち上がり、果敢に力道山に向かっていく。両者は揉みあい、くんずほぐれつ取っ組みあいとなり、最後は力道山が相手を倒してうつ伏せに組み伏し、

「このヤロー、よくも……」

村田の頭を拳で容赦なくバンバン殴り始めた。

これに心底恐怖したのは村田である。このままでは殺されてしまう——必死にうつ伏せの体勢を立て直そうと身体を半回転させ、伸ばした右手の指先に触れるものがあった。ベルトの左脇腹に差していた刃渡り13・5センチのナイフだった。

村田はそれを引き抜き、下から力道山の躰に突き刺そうとしたところへ、その巨体が覆い被さってきた。村田には、刃の根元まで入っていく感触があったという。と同時に、力道山は弾かれたように跳ね起き、村田もすばやく立ちあがった。両者は対峙し、睨みあったが、勝負はそこまでだった。村田はパッと身を翻し、地上入り口へと続く階段を一目散に駆けあがっていった。力道山も戦意を喪《うしな》ったのか、あとを追おうとしなかった。刺された脇腹もほとんど出血はなく、傷も浅手と見受けられた。本人もいたって元気で、その後、ステージに上がってマイクを摑むや、

「この店には殺し屋がいます！」

と喚いたりしたという。

明け方近くなって行われた手術も成功し、力道山は何事もなくそのまま順調に回復するかに見えた。

だが、1週間後、力道山の容態は急激に悪化する。再手術の甲斐もなく、昭和38年12月15日午後9時50分、力道山は39年の波瀾の生涯に幕を閉じた。死因は穿孔性化膿性腹膜炎と発表されたが、現在に至るも、「麻酔の過剰投与」「医療ミス」を指摘する医療関係者の声は少なくない。

村田が担当の刑事から、力道山の死を知らされたのは、病院のベッドの上だった。事件のあと、兄貴分の小林楠扶とともに詫びを入れるために訪れたリキマンションで村田は、駆けつけてきた力道山と関係が深い東声会の連中とハデな乱闘を繰り広げ、重傷を負い入院していたのだ。

「最初、オレはてっきり別のヤツが死んだのかと思ったんだよ。同じナイフで刺した相手（東声会の組員）なんだけど、ずっと手応えがあったし、ああ、殺《や》ってしまったなと思ってたから。それが力道山と聞いてビックリしたんだよ。あれしきの傷で、あの無敵の力道山が死ぬのか、嘘だろう!?って……。ショックだったな。好きだったんだよ、本当を言えば。中学3年の時、新橋駅前の街頭テレビで初めて観た時から、オレもあんなふうに強くなりたいなと憧れてきたからな」

打ちひしがれた戦後の日本人を熱狂させ、勇気づけ、一大ブームを巻き起こした国民的ヒーロー、力道山の死は日本中に衝撃をもたらし、さまざまな噂や憶測も流布された。中でも多かったのは、突発的な事件ではなく、村田が最初から力道山を狙って仕掛けたとする説だった。銀座の覇権争い、あるいはプロレス興行を巡る暴力団同士の抗争で、村田がその鉄砲玉に選ばれたというものだ。村田が斯界でハクをつけるための売名行為であるとか、珍妙なものではＣＩＡ謀殺説というのもあった（事件発生が真珠湾攻撃と同日、その報復のため、ＣＩＡがヤクザを雇って日本のヒーローを葬り去ろうとしたというのだ）。

村田にすれば、どれも笑止千万、マスコミの嘘八百の報道も腹立たしかったという。逮捕・起訴された村田は一審判決が懲役8年、控訴審で過剰防衛の罪名で懲役7年の判決が下った。

「自分で最初から判決が7年以下なら潔く刑に服そう、8年を超すようなら控訴しようと決めていたから。で、控訴して1年負かったんだけどね。初めの頃は山口組から刺客が20人出てるっていうんで、小菅で山口組と喧嘩になって岐阜に送られて、岐阜は山口組がいっぱいいるっていうんで今度は福岡に押送された。福岡では１００人以上いる工場の懲役を、オレが煽動してストライキさせちゃって……で、宮城に送られて、ずっと厳正独居。満期寸前に府中に移送されて、府中から出た時は32歳になってたのかな……」

村田は往時を忍ぶように語ったものだ。

「刑務所、転々としてるんすね」と私が言ったら、

「官費旅行ですよ」

ニコリともせずに応えた。が、村田がジョークを言うのは極めて珍しかった。

娘の光さんから見ても、父の村田勝志はどうしようもない女好きで、そのくせ、からっきし女には弱かった。村田にすれば、首尾よく若い娘をゲットしたつもりでいても、逆に村田のほうが、

女の子に手玉にとられているというケースも往々にしてあったのだ。

そんな村田と女を巡る事件は、時々マスコミを賑わした。「力道山を刺した男」のネームバリューもあって、他の者なら事件にもならないようなことまで事件にされ、村田は週刊誌等で面白おかしく報じられ、一方的に叩かれ、揶揄されることも少なくなかった。

大概慣れっこになっていた光さんでも、平成9年9月、父が恐喝容疑で逮捕された時のマスコミ報道には、腹にすえかねるものがあったという。

村田が恐喝したとされる相手は、6〜7年前から愛人関係にある27歳の女性タレントだった。その彼女が、Jリーグのスタープレーヤーといい仲になり、またモデルとして売れ出してきたこともあって、村田に別れ話を切りだしたところ、村田は激怒、

「オレとの仲をバラすぞ」

と脅迫し、彼女のベンツをはじめ、指輪、腕時計など約700万円相当を脅しとったというのだ。彼女のことも他の事情も、何もかも知っている光さんにすれば、噴飯ものの報道だった。

「何、これ!?　脅迫って、マンションを借りてやったのも、ベンツから指輪、ダイヤ入り時計まで、全部パパが買ってあげたもんじゃない」

巨乳を売りにしている愛人のバストの整形費用も、村田が出し、毎月100万円もの〝お手当〟も彼女の口座に振り込んでいた。

つまりはとことん女に弱く、女にアマいコワモテ組長なのだった。

彼女の浮気も初めてのことではなかった。しかも前回の相手はキムタクことジャニーズのモテ

男・木村拓哉というのだから、大物喰いというか、大変な女もあったものだ（結局この恐喝事件、告訴は取り下げられ、村田は不起訴となった）。

が、さすがの村田も、この尻軽女にはホトホト愛想が尽き、よほど懲りたのだろう。スパッと手を切ったのだった。それからしばらく経って、光さんが麻布の村田組事務所に遊びに行った時のこと。

「ちょっとビデオ見ようか。ＡＶだけどな」

村田が言うのに、

「えっ、見たくないよ、そんなの」

娘の拒否にも構わず、村田はプレイボタンを押す。

なんと画面に映し出されたのは、ひと悶着の末に別れた、あの元愛人のアエギ顔のアップだった。

「あいつ、あれからＡＶ女優になったんだよ」

と村田。画面を見ながら、

「あっ、この顔はホントに感じてないな」

などとシレッと言う。

光さんは呆れ返り、胸中、

〈娘にそんなもん見せんなよ！〉

と父を罵倒しつつも、開《あ》いた口が塞がらなかった。

何ちゅう父親なんだろ！……と。が、どこかズレていて憎めなかった。若い娘にいいように手玉にとられ、自分の浮気も妻には簡単にバレてしまうほど間が抜けている人なのだ。愛すべき父には違いなかった。

彼女が女子総合格闘技の世界に進む時も、父は反対しなかったという。

「これが女子プロレスなら、父は絶対許してくれなかったでしょうけどね」

と光さんは今でも思う。

彼女が入門するきっかけとなったのは、昔から知人である「電撃ネットワーク」の南部虎弾から、

「うちで女子プロレスをやらないか」

と誘われたことだった。

南部は当時、プロレスやお笑いのイベントを中心にした「新宿プロレス」を主宰していたのだ。が、彼女は「プロレスは嫌です」ときっぱり拒否した。

その理由を聞いた南部は、

「えっ、君は『力道山を刺した男』の娘さんだったっていうのかい!?」

初めて知って仰天。プロレス拒否の理由に納得したものの、それでも彼は抜け目なかった。その後、「新宿プロレス」の興行に彼女を招き、抜き打ちでリングに上げるや、南部は大勢の観衆の前で、

「近々、女子総合格闘技の選手としてデビューする彼女を紹介します。『力道山を刺した男の娘』

――篠原光だあ！」

と発表してしまったのだ。プロレスがダメなら総合格闘技で――というわけだった。

かくて彼女は、嫌でもやらざるを得なくなった。が、一方で、俄然ヤル気にもなった。女格闘家になって父の仇を討ちたいという気持ちも起きてきた。

父は力道山の刺殺犯のように言われているけれど、そもそもは先に相手が因縁をつけて起きた喧嘩ではないか。その死因にしても、父のナイフが直接のものではなく、手術後の力道山の無謀な飲食という目撃証言もあるし、医療ミスによるものと今日の医学専門誌にも明記され、定説になっているというではないか。

それなのに、一方的に力道山殺しの極悪人と決めつけられてきた父が、可哀想だった。そんな世間のあらぬ誤解を解きたい、最強の女格闘家になって世間を見返してやりたい――という思い。そうと決めると、彼女は一途にひたすらトレーニングに励んだ。子供の頃からヤンチャ、喧嘩となれば負け知らずだった彼女も、デビュー戦が決まった時には怖くもあり、リングに上がる直前まで緊張で震えた。そんな彼女に、

「こらあ、ビビッてんじゃねえ！　おまえは誰の娘だと思ってるんだ！」

と発破をかけたのが、村田だった。それで気が楽になったのか、彼女はリングに上がるや猛ラッシュ、得意の喧嘩殺法が炸裂、1ラウンドKO勝ちでデビュー戦を飾ったのだった。その相手が女子プロレスラーであったのも、奇しき因縁というものだった。

力道山事件のしがらみからずっと逃れられずに生きてきた父と娘のもう一つの激闘譜――詳し

くは私の著書「力道山を制した男　村田勝志」（かや書房）でご一読いただければ幸甚である。

村田勝志

沼澤春男

「綱領は私の顔」と語った親分の本音とは…

元住吉会最高幹部の沼澤春男氏の訃報が飛び込んできた。亡くなったのは、令和5年5月26日のことで眠るが如くの大往生であったという。93歳だった。

息を引き取ったのは、好きな大相撲五月場所の13日目をテレビ観戦中、ちょうど東小結の琴ノ若の取り組みが終わって間もなくのことだったとか。沼澤氏にとって琴ノ若は、その実父の先代琴ノ若の時から、同郷の誼《よし》みもあって、熱心に応援してきた力士であったようだ。あたかもその贔屓力士の勝利（東5枚目金峰山を寄り切り）を見届けるようにして永遠の眠りに就いたというのだから、ある意味で幸福な死であり、天寿を全うしたと言えるのではないだろうか。合掌。

沼澤春男・元沼澤会会長は、渡世はかなり前に引退していたと聞くが、現役時代は一時代を築いた渡世人で、その存在感も大きかった。何よりモミアゲを伸ばした古武士のような風貌、面《つら》魂《だましい》というか、見るからに昭和の古き時代の怖い親分という感じで、全身から貫禄や凄みが漂っていた。

氏の場合、山形という出身地もあってか、関東ばかりか東北方面の盃事や義理事となると、必ずやその姿が見られ、挨拶や祝辞を述べることが多かった。

私もそうした式典を何度も取材させて貰ったが、その所作は、その風貌といかにもマッチしていて、実に堂々たるものだった。ただ、氏に直接インタビューしてじっくり話を聞く機会が、たった1回だけに終わったのは今も悔やまれる。

私が東京・錦糸町の沼澤会事務所を訪ねたのは、昭和63年12月3日のこと。まだ「住吉連合会」と呼称していた時代（平成2年から「住吉会」）で、当時の氏の肩書きは同連合会副会長、沼澤会会長、沼澤同志会青年部会長であった。

実際にお会いするまでは、寡黙な口の重い人だったらどうしよう、あの顔でひと睨みされたら慄《ふる》えあがるだろうな――などと心配をしていたが、それはまったくの杞憂に終わった。

「この渡世に入った時は、右も左もわからない小僧っ子で、ただ無我夢中、何かいっぱしの親分になってやろうとか、何になろうとかという気持ちはなかったね。ただガムシャラで、余裕も何もないし、気持ちも固まっていないわな。やっぱりそういう気持ちが出てきたのは、途中からだろうね。この道で一生徹しきってやっていこうと、最初に博奕で刑務所へ行ったあたりから、考え方が変わったですよ。自分の中で決意のようなものが固まっていったんじゃないかな。途中でミスを起こさなければ、何とか親分にもなれるんじゃないかと思ったですよ」

といったふうに、見かけとはまるで違い（失礼！）、気さくに気取らず話をしてくれる親分であったことに、内心でホッとしたことを憶えている。私と同じ山形出身なのに、東北訛もほとんどなかった。

沼澤春男

氏は昭和5年3月21日、山形県新庄市の生まれ。6人兄弟の末っ子だった。戦時中は熱烈な愛国少年として予科練を志願し、出征したのも束の間、1年足らずで日本は敗戦。特攻基地のあった島根県出雲大社近くの出雲航空隊で終戦を迎えている。

戦後は故郷の新庄に帰り、実家の農業を手伝っていたが、程なくして上京。ヤミ米2俵を背負い、大人のあとにくっついて、ヤミ屋稼業を始めたのである。

ヤミ屋として上野から浅草をまわり、そこから国鉄錦糸町駅に降り立ったことがその運命を決定づけた。土地の親分・磧上義朝と出会うのだ。

「このあたりで親分っていえば、どなたですか？」

と地元の何人かに聞いてまわったところ、誰もの口を突いて出るのが、磧上義朝という親分の名だった。

その親分の門を叩いた時、氏は16歳であった。

「やっぱり最初の印象は、おっかない親分だなあと。私を置いてくれたのは、見どころがあると見てくれたのかどうかはわからんけど、何かしら使い走りのできる若い衆と見たんだろうね。その頃はこのあたり一帯も焼け野原で、その上に建ったバラックの家だった。風呂もドラム缶でね、薪で沸かして野天で入ってた。そこで5年くらい部屋住みして、礼儀作法、まあ、ヤクザの常識というものを学んだわけですよ」

氏が門を叩いた磧上義朝という親分は、明治36年6月、九州・熊本の造り酒屋の次男として生まれている。のちに阿部重作の跡目をとって住吉一家四代目を継承する磧上義光は10歳下の実弟にあたる。

　磧上義朝は、井上日召、三上卓、橘孝三郎ら大物右翼とも交流があった人で、橘孝三郎は騒然とした磧上の賭場の隣りの部屋で、有名な「天皇論」の執筆に勤しんでいたという逸話も伝わっている。

「私は橘先生と一緒に食事をしたこともあるんですよ。五・一五事件で民間側から、自分の主宰する愛郷塾の塾生を率いて変電所を襲撃しようとした。その後、品川沖から船で満州まで逃亡したことがあったんです。ところが、満州にまで官憲の手が回ってて、屋根裏に隠れて逃れたそうです。そりゃ緊迫した場面があったと思う。そういう話を聴いて、ヤクザの喧嘩とはわけが違う厳しい命がけのドラマがあるんだな、たいしたもんだと感激したもんですよ」

　この時の沼澤氏の取材で印象に残ったのは、私が、

「沼澤会の綱領のようなものはあるんですか」

　と訊ねた時のことだ。氏は即座に、

「綱領？　それは私の顔だな」

　と応えたうえで、高らかに笑って、

「それでいいんですよ。うちの連中は、私がどういう性格の男で、どういう気骨を持って生きているか、見抜いているわけだから。綱領とか何とか仰々しく事務所に飾る必要はないんだ」

　と言いきったのだ。取材の最後も、

「うちの連中は、オレの仏頂ヅラが好きで出入りしてるんじゃないかな」

と独特の高笑いで、締め括ってくれたのだった。

佐藤儀一

秋田のドンは「共存共栄などない」と断言した

私が駆け出しのヤクザ記者の頃、よく担当していたのは東北地方だった。

昭和50年代後半、日本のドン・田岡一雄三代目が死去し、あとを追うように山本健一若頭が亡くなって、山口組の跡目争いが激しさを増し、関西ヤクザ界は風雲急を告げていた。

それに比べれば、東北地方は、ほぼテキヤ一色、抗争事件などどこか遠い国の話で、さぞや平穏で無風地帯であったろうと思われがちだが、どっこい、とんでもない武闘派組織が存在した。

ともかく年がら年中喧嘩沙汰、東北で抗争事件勃発となると、必ずやその組の名が出てきたものだ。

極東会系佐藤会と言い、その東北きっての武闘派組織を率いた親分が、「秋田のドン」と呼ばれた佐藤儀一会長であった。

佐藤儀一が地元の秋田県本荘市に佐藤組を旗揚げしたのは昭和34年、30歳の時で、同47年に秋田市に進出後は、ほぼ毎日が喧嘩、抗争の繰り返し。同50年、秋田県警は佐藤組のあまりの過激さに手を焼き、佐藤組を「県内最悪の暴力団」と認定し、専従班を設けて壊滅作戦に乗り出した。

昭和52年9月、佐藤組長は逮捕されるが、地元紙は、

《……対立抗争を繰り返し49年以来、県内で発生した9件の暴力団対立抗争のうち7件に関わるなどの無法ぶり。現在は、青森県五所川原市の2つの暴力団（計48人）を配下におさめ、県内31団体951人（県警調べ）の組織暴力団の中で最強組織にのしあがった。

佐藤は19歳で恐喝で逮捕されて以来、前科14犯。今回の逮捕は47年、警視庁に傷害で逮捕されて以来5年ぶり。不良グループや暴力団員から〝ドン〟として恐れられていた》

翌53年7月の鹿角市で起きた抗争では、佐藤組長自身が背中に被弾し、組員の手で市内の病院に運ばれたものの、佐藤は、

「背中に穴があいたくらいで、オレを病院なんかに連れてくるな！」

と組員を叱りつけ、傷の手当てもそこそこに病院を抜け出し、抗争を続けたという。なんともはや、恐ろしい組織であり、恐ろしい親分なのだった。

「ここへ取材に行ってくれ」

と某誌から命じられた時には、さすがの私も尻込みせずにはいられなかった。30歳を前にして、まだ命は惜しい。新聞や雑誌に出ている親分の顔を見たって、昨今のVシネ俳優、小沢仁志が可愛く見えてくるくらいではないか。

「いや、勘弁してください」

「秋田には飛行機で行っていいからさ」と担当デスク。

「………」

私はいまだ1度も飛行機に乗ったことがなかった。

「飛行機で行ってよ」

結局、押し切られ、怖々と秋田を訪れた次第だが、取材の窓口になってくれた佐藤会・神藤京治本部長は実に面倒見がよく、何かと便宜を図ってくれたものだ。

佐藤儀一会長にしても、秋田では「泣く子も黙る」と言われ、同業者からは鬼のように恐れられていると聞いていたが、実際にお会いしてみると、「えっ、この方が！」と思うほど、物腰も柔らかく、やさしかった。作りものではない〝地〟であるのは明らかだった。威圧的な態度を見せたり、乱暴な言葉を口にすることも、まるでなかった。「ふだっすか（そうですか）」という秋田弁も柔らかく響いて、笑顔もよかった。その代わり、話す内容はすべて本音、気取ったことは一切言わずにストレート、かなりきついこともズバッと言ってのける親分だった。

「うちは抗争ばっかりでね、全国でも珍しいんじゃないですか。よそはすぐに話しあいってなるけど、私はもうどういう時でも、キチッと物事しないうちに話しあいはしないですよ。

よくヤクザ者は共存共栄、侵さず侵されず、なんて言うけど、そんなもん、私はないと思ってます。お互い遊んで御飯食べるのに、五分五分では苦しいし、組は楽にならないですよ。若い衆が増えていけば、よその土地へもどんどん食い込んでいくし、侵していかなきゃならないんです」

この世界は力のある者が勝つという明快な「力の論理」の信奉者で、きれいごとを言わず、己を飾らず、非常にはっきりした物言いの親分なのだった。かといって、これをさもエラそうに言うわけではなく、東北人らしい控えめな話し方ではあっても、口調はきっぱりとして自信に満ちていた。

昭和58年9月には秋田市に新本部を新築し、組織名を佐藤組から佐藤会へと改め、自身も組長から会長（のちに総長）になった。

その後、何度もお会いするようになったが、絶頂期にあっても、その態度は変わらず、私のような若輩に対しても、

「あんたは全国歩いて、いろんな人間を見てるよね。これぞという男がいたら、私に会わせてくれないすか。話を聴いてみたいんだ」

などと、真顔で言うような親分だった。

だが、一大勢力を誇った佐藤会も青森抗争、みちのく抗争と言われた大抗争を経て、平成2年初め、内部抗争の火の手があがり、組織が2つに割れてしまう。

主流派と反主流派との間で約2年半にわたって発砲等の応酬があり、複雑な経緯の末に反主流派の山口組入りが決まると、佐藤総長もついに組織解散とみずからの引退を決断したのだった。

カタギとなって悠々自適の生活を送っていた佐藤元総長が、肝臓癌のため死去するのは引退から10年後のことである。その死に様も、なかなかの男っぷりであったようで唸らされた。

末期癌を告知されても些《いささ》かの動揺も見せず、入院しても病院に対し、治療も投薬も辞退、従容として死を選んだのだ。痛みや苦悶する表情をみじんも見せず、見舞い客にはベッドから降りて椅子に座って応対したという。そして死の前日には、きれいに髭を剃り風呂に入ってみずから身

体を清め、

「1人の人間としてやるだけのことはやった。もう思い残すことは何もない」

と言い遺し、平成14年10月14日、74年の激烈な生涯を閉じたのだった。

川崎永吉

東北の重鎮が語る60年の侠道人生

北海道・東北ヤクザ界といえば、かつてはテキヤの金城湯池、テキヤ王国として知られていた。異変が起きたのは、まず北海道でのこと。昭和60年に入るや、地元のテキヤ組織が次々と内地の山口組、稲川会、住吉会等の広域系博徒組織の系列となる雪崩現象が起きたのである。北海道はまたたく間に広域系三大組織の草刈り場と化し、わずか1年の間に、そのヤクザ地図は塗り替えられ、テキヤ王国は見る影もなくなってしまう。

こうした状況を、他人事にあらず――と、只事ならぬ危機感で受け止めたのが、お隣りの東北テキヤ界であった。「北海道の二の舞になってはならない」と、大同団結、そこから画期的な親睦組織が誕生した。

東北地区に拠点を築く全テキヤ組織17家名から成る「東北神農同志会」である。加盟17団体は、西海家、東京盛代、不流、源清田、飯島、桝屋、姉ヶ崎、極東、花又、松前屋、寄居、会津家、梅家、丸正、奥州山口、両国家、丁字家――で、当時の東北ヤクザ人口の大半を占めていた。この東北神農同志会の発会式は、昭和61年5月28日、郷土人形のこけしで有名な宮城県の鳴子温泉において行われた。

会場となったホテルには、同日昼過ぎから東北テキヤ界の錚々《そうそう》たる親分衆が続々と集まり始め

川崎永吉

た。山あいの静かな温泉街は、時ならぬ高級外車の大挙出現に異様な雰囲気となったが、機動隊の出動もなく、地元警察官の姿もまるで見当たらなかった。ばかりか、これを取材するマスコミは地元紙を始め1社とてなく、東北中の第一線の親分衆が一堂に会するというのに、

「なぜかな？」

と、私などは不思議でならなかった。何せ、この大イベントを取材に訪れたのは、例によって物好きな私1人なのだった。

午後3時に世話人会が催され、発会式の開始は午後6時。ホテル大広間を東北を代表する親分衆が埋めつくし、その出席者は総勢１９６名。中には、星辰太郎という歴史書にも登場するような長老から、川崎永吉、藤川勝治、菅原孝太郎、佐藤儀一、大場嵩……といった中央のほうにも知られる親分の姿もあった。

開会が宣せられ、最初の挨拶に立ったのが、東京盛代宗家四代目・川崎永吉であった。

「……考えますれば、昨今は我々の業界も地に堕ちた感がございますが、東北だけはブロックごとに一本となって、この困難を打ち砕く以外にないと思います。私もこの東北のために骨を埋める覚悟ですから、なお一層の親睦と協力をお願い申しあげます」

それにしても、２００人近い親分衆が集まってホテルで会合が開けた時代なのだから、今では考えられない。しかも、世は山一抗争真っ只中、あっちこっちでドンパチが絶えない時なのに、こ

こでは警察もマスコミも影さえ見当たらないのだから、やはり関西とは大違い。

さて、発会式が無事に終わって、面識のある親分衆に挨拶を済ませ、川崎永吉氏のもとにも出向くと、氏は私の顔を見るなり、

「おお、何だ、最近さっぱり顔を見せねえじゃないか」

との仰せ。

「はっ？」こちらとしては初顔あわせの筈で、まるで身に覚えがない。どうやらどなたかと勘違いしてのことなのだが、私にすれば、

〈はて？　オレはそんな同業者——テキヤ人と間違えられるような顔をしているのだろうか……〉

と、複雑な気持ちになった。初対面の席で、そんなこともあったけれど、それからというもの、この東北神農界の重鎮とはいろんなところで顔をあわせ、また地元の石巻市にもお伺いして、話を聴かせて貰えるようになったのだった。

何せ川崎四代目は大正6年生まれで昭和61年当時は70歳、半世紀を超す稼業歴を持ち、東北では現役最古参、業界への影響力も甚大であった。東北における大きな盃事は、この親分の取持ちや後見なしには始まらないとされ、また、抗争の仲裁人としてもなくてはならない存在であった。どんな厄介な抗争でも、川崎四代目が間に入れば、大概は収まったといわれる。

「テキヤ稼業はお互い譲りあって、助けあいの精神というものが一番必要なんですよ。昔、私らはお祭りにきたお友達（同業者のこと）が、仮に途中で病気になったりした時は、みんなから1

000円なり、20000円を集めて見舞金を包んでやったもんです。そういう美しさがあったね。『お友達は5本の指』といって、どれ切っても痛いんだ。我が事のように心配をしたもんです。そういうのが、元来のテキヤのシステムでもあったんだ、助けあうという事が。それが今は薄らいできたんじゃないかな」

とは、川崎氏の弁だった。

そうした親睦という性格をも超えた、関東、関西系広域組織の侵攻に対する攻守同盟を目指したものが、東北神農同志会の結成であったのだが、いかんせん、綻びは意外に早く訪れた。

翌62年8月には、早くも同志会規約を巡って加盟組織同士が激突、内部抗争が起きるのだ。ねぶた祭の前日、青森市浅虫において「浅虫温泉抗争」が勃発、死者2人、重傷者1人を出す惨事となった。これまた和解調停に向けて中心的に奔走したのが川崎で、その努力が実って7週間後、ようやく「和合」が成立、なんとか終結を見たのだった。

不幸な事件を乗りきって、東北神農同志会はより盤石に結束するかに見えたが、そうはならなかった。押し寄せる時代の波はいかんともしがたかった。

北海道を襲ったテキヤの総崩れ現象は、まるでドミノのように同じテキヤ王国の東北にも波及して行ったのである。山口組、稲川会、住吉会入りするところがあとを絶たなかったのだ。

東北神農同志会は5年も経たずして、有名無実の存在と化していた。

「まあ、時代の流れというもんだね」

川崎四代目は淡々として、どこか達観していた。

東北宮城の県北、太平洋側に位置し、日本三景のひとつ、松島からも程近い港町の石巻市で稼業を張る川崎永吉は、一見すると村夫子《そんぷうし》然とした風貌、春風駘蕩《しゅんぷうたいとう》の温顔で、とてもヤクザの親分には見えなかった。

ところが、稼業歴は60年を超すばかりか、全国区の広域テキヤ組織である東京盛代の宗家四代目として君臨、みちのくの大きな盃事の取持人や媒酌人を務め、数々の抗争の仲裁役を担ってきた親分であり、いわば「東北のドン」なのだった。初めて会った頃、仲裁人の苦心談を訊《き》くと、

「仲裁は随分やってきたなあ。うん、それぱっかりだったな、考えてみたら。中には本当に厄介なのもあって、途中で『もうやめた!』って、いっそすべて放り投げてしまおうかと思ったこともあったくらいだな。そこはグッと堪えて、もうこれ以上犠牲者出したり、若い者を懲役に行かすわけにはいかないっていう、虚仮《こけ》の一念、それだけでやってきたんだな。もう抗争する時代じゃないんだよ」

としみじみ述べてくれたものだった。

仲裁人といっても、一歩対応を間違えると、逆恨みされてその身に危難さえ及び、事実過去には殺された実例があるほど難しいと言われる。

が、おそらく東北で一番仲裁人を務めたであろう長老は、そんなことをつゆ感じさせず、どこまでも飄々として温かみの感じられる親分であった。

お訪ねした石巻の自宅には、温室があり、四代目は趣味のランの花を、何十種も育てていた。

品評会でもたびたび入賞するほど、本格的なものだった。

それを温室で鑑賞させて貰った時のこと。何もわからない私が、お追従で、

「見事なものですねえ」

と知ったようなことを述べると、四代目は鉢を手に取りながら、慈しむように、

「花を育てるちゅうのは、難しいもんだ。我々の稼業の若い者を育てるのと同じでな。けど、それだけに育て甲斐があるというもんでな。花も実もあるヤツだって、出てくる……」

と含蓄のあることを仰る。

「はあ、なるほど」

いいことを言うなと思って頷いていると、続けて長老はボソッと言った。

「女はもっと難しいけどな」

「……はっ？」なかなかに味のある親分であった。

東京盛代というテキヤ組織は、そもそも大阪で島佐吉という親分が興した「大阪盛代」が発祥という。その島佐吉の若い衆である横江惣太郎が、大正期、大阪から東京に流れ、やがて銀座や日本橋を庭場にして腰をすえ、東京盛代の家名を立てたのだった。

「東京盛代という家名は、一家が代々盛んになるようにとの願いをこめて名づけられたもの。初代・横江惣太郎のもとには、いい若い衆が沢山いて、三羽烏と言われたのが、千住の西岡清、深川の藤平作左衛門、墨田の星辰太郎（後年は盛岡）。私がゲソづけ（入門）したのは14歳の時、西岡清の一門で、地元石巻の鹿野久男という親分だったたな」

川崎永吉は東京盛代初代三羽烏の西岡清にことのほか可愛がられ、間もなくしてその直系に引き立てられ、30代にして西岡の一家名乗りを許されたという。

若い頃から川崎と最も仲のいい兄弟分であったのが、仙台で〝不良の神様〟の異名をとった西海家の吉田武という東北伝説のヤクザだった。吉田はヤクザ者のおおかたがダボシャツ、ジャンバー、雪駄の時代に、常にスーツにネクタイ、ソフト帽、寒い季節にはトレンチコートに白いマフラーといういでたちで、所作も垢抜けており、地元不良のカリスマ的存在であった。

昭和32年11月27日深夜、吉田は仙台の自宅で、日本刀や拳銃を手にした6人の刺客に寝込みを襲われ、斬殺されている。頭部、両腕、左腋下に13カ所の外傷があり、頭蓋骨にまで達した後頭部の切り傷が致命傷となった凄絶な最期だった。

当日の朝、石巻の自宅で、西海家初代の横田末吉から電報で事件を知らされた川崎は、すぐさま若い衆を召集するや、

「オレの大事な兄弟分が殺された。今から仙台へ、兄弟の弔い合戦に向かう！」

と獅子《しし》吼《く》した。調達したトラックには10人程の若い衆とともに、十数本の長ドスも積まれていたという。〝東北の和合神〟と呼ばれた後年の川崎からは信じられないような、若き武闘派時代があったわけである。

結局、この抗争は紆余曲折の末、東京・新宿の関東尾津組組長・尾津喜之助の仲介で、和解終結に至ったという。

その後、川崎は三代目小林正直の死去に伴い、東京盛代宗家四代目を継承、東北ヤクザ界の平

和共存に尽力してきた。

　だが、昭和末期、日本ヤクザ界は激動の時代に入り、テキヤ王国の北海道・東北地区は関東・関西の広域博徒組織の草刈り場と化して、系列化現象が起き、大きく様変わりしようとしていた。そうした状況に危機感を抱いた東北テキヤ界は、大同団結し東北神農同志会を結成、攻守同盟を結んだのだが、それでも時代の流れを止めることはできなかった。稼業違い（博徒）である山口組、稲川会、住吉会への流出はあとを絶たず、北海道同様、東北からテキヤの代紋は次々と消え、東北神農同志会は5年と保たなかったのだ。

　川崎もまた、最終的にはかねて縁のあった住吉会入りを決断するに至った。

「昔から住吉の堀政夫総裁とは交流があって、石巻にもよくきてくれてた。年寄りを立ててくれて、あんな立派な人はいないよ。私もずっと尊敬してたから」

　ただ東北神農同志会の結成式を目のあたりにし、あの空気を知っている私にすれば一抹の寂しさもあり、

「結局、東北神農同志会というのは、時代の徒花のようなものだったのですか」

　と川崎に問うと、その答えが振るっていた。

「それを言うなら、アンタ、我々の存在が徒花みたいなもんじゃないのかね」

　なかなかにニヒルな親分でもあったのだ。

牧野國泰

不死身の親分が最後に咲かせた「死に花」

平成30年2月、松葉会五代目・牧野國泰会長死去のニュースを、週刊誌の記事で初めて知った時、私は思わず、

〈えっ、あの親分にもやっぱり〝死〟は訪れるのか！……〉

と内心で驚きの声をあげ、ある種の感慨を覚えずにはいられなかった。

それほど〝不死身〟〝怪物〟のイメージが強烈で、あの親分だけは決して死なないのではないかとさえ思っていたから、訃報に何か不思議な気がしたのを憶えている。なにしろ、タフで無類の生命力、病さえ捩《ね》じ伏せてしまうような不屈の闘争心、強靭な精神力の持ち主であった。

平成に入り、60歳を過ぎてから5度の癌——順に睾丸、前立腺、直腸、大腸、声帯の癌を患って、5度の手術を行い治癒したものの、満身創痍の身で、その間、院内感染による病と腸閉塞を併発、あわやというところで何度も死の淵から生還を遂げているのだった。腸閉塞は部分的なものではなく、腸が100％くっつく厄介なもので、助かった者とてなく、手術も不可というのが、医師の診立てだった。それを牧野は医師に直談判し、強引に手術に踏み切らせたのだが、果たして手術は成功したのか、失敗だったのか、術後に昏々と眠り続けた。

1週間過ぎ、2週間経っても、彼は意識を取り戻さなかった。医師はついに、

「もはや助かる可能性はほとんどありません」

と宣告。残された身内や一家の者たちも、葬式の準備を始めたという。

だが、3週間後、牧野は長い眠りから目を醒まし、不死鳥の如く甦ったのだった。彼が松葉会五代目会長を継承するのも、このあとのことであったのだから、なんともはや、「不死身」「怪物」と言われるのも、むべなるかな。

意識を取り戻すまでの長い眠りの間、牧野はずっと夢を見続けていたという。それは鮮やかな色つきの不思議な夢で、のちのちまではっきり記憶に残っていた。氏は、その夢を私にこう披露してくれた——。

「どことも知らない土地を、私は1人で歩いてるんだよ。道端にポプラ並木がずっと続いていて、その下をとても清らかな川が流れていて、まるで絵のような風景なんだ。モノクロじゃなくてカラーだったな。

あまりの美しさに魅かれて、私がその川を渡ろうとすると、いきなり横あいから老人が出てきて、『そこを渡っちゃいけない』と私を止めるんだよ。とても品のいいお爺さんで、聖徳太子のような冠を被り、裁判官が法廷で着るような服を着て、脇にぶ厚い書物を抱えた、見るからに高貴な感じの老人で、さらに、『ここじゃなくてもっと上流の浅瀬を渡りなさい』と言うんだけど、その声は老人が喋ってるんではなく、私の頭の中から聞こえるんだ

よ。

で、少し上流の方へ行くと、確かに浅瀬があって、そこから向こう岸へ渡ろうとして川の途中まで行った時、ハッと気づいて振り返り、老人の方を見たら、姿が見えない。あれ、どうしたのかなと、私は急いで引き返してさっきのあたりまで戻っても、老人はいない。川を覗きこんだところ、相当深いんだけど、どこまでも水は透き通っていて、底の底まで見通せるんだな。

その一番深いところに、老人が仰向けに横たわっていて、目を閉じてピクとも動かない。こりゃいかんと、私が助けようと川に飛び込もうとしたところ、後ろから私を羽交い締めにして止めるヤツがいるんだ。振り払おうとしても、恐ろしく膂力《りょりょく》の強いヤツで、容易に離れない。『離せ！　離してくれ！』と叫ぼうとしても声が出ない。私の体も金縛りにあったように動かないんだ。何度か試みた末に、『離せ！』と死に物狂いで縛りを解こうと声を張り上げようとしたところで、私はようやく長い眠りから目を醒ましたというわけだな」

3週間ぶりに見開いた牧野の目に真っ先に飛び込んできたのは、

「パパ！　パパ！」

と胸にすがって泣く長女の姿だった。次いで、妻や北関東大久保一家の身内の顔、顔、顔。確定されていた「死」から、奇蹟の生還を遂げたのだった。

牧野はその不可解な夢のことはしばらく誰にも話さず、胸に秘めていたというが、数年後、知人に紹介された高僧に初めて話したところ、坊さんから、

「それが三途の川なんですよ。あなたがそこを渡っていたら、こっちの世界には戻れなかったで

しょ。何か強い力によって引き止められ、此岸に呼び戻されたんです」

と告げられ、合点がいったという。

「自分でもはっきり夢だってことがわかるんだけど、何せ、見渡す限りの花畑の上を、自分の身体が宙を飛んで水平飛行してるんだからな。けど、妙にリアルで鮮明なんだよ。色とりどりの花々がどこまでも咲き乱れて、そりゃ美しかったな」

いわゆる臨死体験というものであったのだろう。

夢の中で、空中飛行を終えて歩きだした時、牧野はとっくに亡くなった北関東大久保一家先代の中島豊吉や、松葉会始祖の関根賢とも対面し、言葉を交わしたという。牧野は関根に、

「親父さん、自分はとうとう親父さんが仰ってた死に花を咲かせることができませんでした」

と言ったのは、自分が死んだ身であるとの意識があったからであろう。

すると、関根は、

「いや、牧野、死に花はまだ先だ。まだ、おまえにはやることがあるんだ」

と謎めいたことを言い遺し、スーッと消えて行ったという。このあとで前述の三途の川と思しき場面へと至るのだが、むろんこれは私が小説にするための作り話ではなく（でき過ぎと感じる読者も多いだろうが）、紛れもなく牧野の体験談である。

牧野が松葉会五代目会長を継承するのは、この三途の川体験から3年後のことで、その時、彼は初めて、

「ああ、このことだったんですね、親父さん」

と関根賢が夢で言った言葉を理解したという。

松葉会・牧野國泰五代目会長は、平成に入って間もない2、3年の間に、たて続けに睾丸、前立腺、直腸、大腸にできた癌細胞の切除手術を行って治癒へと至り、その後の定期検診でも7年間、転移はなかった。

だが、平成11年が明けて早々、喉の調子がおかしくなり、唾を呑み込むのも痛くなった。果たして病院で検診を受けると、声帯癌と診断され、5度目の癌手術となった。松葉会会長を継承（平成5年12月）して、6年目のことだった。右側の声帯を抉りとったあと、放射線とコバルト治療を3カ月続けた。大部分の声帯を切った牧野は、担当医の「喉にマイクをつけますか」との勧めを断り、自力で喋れるように訓練する方法を選んだので、しばらくは声が出なかった。退院して2カ月後、初の定期検診の日、担当医が「えっ？」と驚きの声を上げたのは、嗄れ声ではあっても、牧野が普通に会話できるようになったのを知ったからだった。それが如何に並々ならぬ努力を要するものであったか、そのまま声を失う患者も多く見ていただけに、彼には容易に想像がついた。驚嘆する担当医に、

「喋れなくなったら私の役目は務まらない。発声練習を繰り返したのは喋りたいという虚仮《こけ》の一念ですよ」

と、牧野は事もなげに言ってのけたものだ。かくて5度の癌を克服し復活を遂げたわけで、まさに不屈の闘魂と言ってよいだろう。

私が初めて牧野会長の面識を得たのは、声帯癌が見つかる前年の平成10年4月22日のこと。同年2月号から月刊誌で連載が始まった松葉会初代会長・藤田卯一郎の生涯を描く実録小説「不退の軍治」（後に「義侠ヤクザ伝　藤田卯一郎」と改題して幻冬舎アウトロー文庫から刊行）の取材のためだった。タイトルの「不退」というのは正しきをもって退かず――との藤田の生涯を貫いた信念、「軍治」は藤田の通り名を指した。

ともあれ、河合徳三郎、関根賢、藤田卯一郎といった戦前・戦後の裏面史の大立者が名を連ね、数々の伝説や逸話で彩られた関東の名門中の名門組織トップの取材である。その日、私は胸弾ませると同時に少なからず緊張して、東京・乃木坂の牧野事務所を訪ねた。

が、豈図《あにはか》らんや、さすがに貫禄は嫌でも伝わって来ても、牧野会長は実に気さくでざっくばらん、そんな堅苦しさをまるで感じさせない親分であった。非常に話好きなかたで話題も豊富、話術にも長け、なかなかの論客でもあった。

午後1時から始まった取材は、気がついたら午後5時近くになっていた。こちらが質問するまでもなく、会長のほうでほとんど話が途切れることがないのだから、ありがたかった。

「松葉会の会長にって話があった時には、今さらこんな年寄りを担いでどうするんだって啞然としましたね。会のためにも良くないし、時代にも逆行することだろ。あたし自身、表に出るのは好きじゃないし、あくまで縁の下の力持ちで結構。その方が自分に相応《ふさわ》しい役回りとして力を発揮できると思うと何度もお断りしたんだけど、引き受けざるを得なくなった。それでも最後まで悩んだですよ。

今のヤクザ社会は明らかに私らの若い頃とは違ってきてる。道理を尽くして義理に生きようという心構えの者が1人でもいりゃいいんだけど、カネに負けていくヤツは多くても、義理に死んでいくヤツはそんなにいやしない。日本の伝統文化として培われてきたヤクザ社会である筈なのに〝暴力団〟と一刀両断に斬り捨てられる時代になってしまった。本質から外れ過ぎてる連中が多いからですよ。そんな時代に、会長をやってくれって言われても、果たしてオレの性格でどこまで務まるものか――」

それを牧野に決断させたのは、つい2年程前、腸閉塞で三途の川を渡りかけた時、その夢の中で「おまえにはまだ使命がある」と言ってくれた松葉会の始祖・関根賢への尊崇の念であったという。胸中で、

「親父さん、最後の御奉公をさせて貰いますよ」

と誓って、会長就任を決断したのだった。

関根賢が昭和11年に創建した関根組は、その戦後の全盛時には組員1万人、「関根組にあらずんばヤクザにあらず」とも、上野駅で列車が「ボォーッ」と汽笛を鳴らすと、北海道では「セキネグミー」と聞こえたとの伝説も残っている程。その関根との思い出を牧野はこう語ってくれた。

「晩年、よく言われたのは、『牧野、男には花道もあるけど、死に花ってのを、おまえは知っているかい？　オレは機会を逃したけど、おまえはまだ若いんだから頑張れよ』って。当初はいまひとつわからなかったけど、折に触れて思い出し考えたんだ。私なりに理解したのは、要は男は死にかたが肝心だということなんだな。いかに死ぬか、常にそれを肝に銘じ、死に身になって生

きなきゃならん、それが任俠に生きる者の務めなんだということだな」

そこから到達したのが、

「任俠とは己を捨てることなり」

という境地であった。これが牧野の揺るがぬ信念となったのである。

さて、松葉会会長としての牧野の初仕事は平成6年2月、警視庁で開催された東京都公安委員会による聴聞会への出席であった。暴対法に基く「指定暴力団」に松葉会を指定したことで、組織側からも意見や反論を聴こうという主旨のものだった。

この時、牧野はこう意見を述べている。

「貴方がたに言いたいのは、善と悪の線引きをどこでやるんだということです。貴方がたは法の番人として法に触れるものは悪、触れないものは善という。では、法に触れないものはすべて善なのか。法律が万能などということはあり得ません。博奕一つとっても、国でやってる競輪競馬は客から2割5分ものテラ銭をとって合法、私らの勝った者からだけ5分のテラをとる博奕は非合法とされ召し捕られる——これは全体どういうことでしょうかね」


松葉会五代目・牧野國泰会長のお誘いで、私は一度だけ会長の馴染みと思しき東京・赤坂のナイトクラブに同行したことがあった。

その時に驚いたのは、会長の入店と同時に、店の生バンドが、鶴田浩二の「さすらいの舟唄」を演奏しだしたことだった。会長の愛唱歌であるとは、かねて聞いており、もともと私も好きな曲であったから、すぐにそれとわかったのだが、思わず内心でニンマリせずにはいられなかった。〈ああ、これはボンノさんの「セントルイス・ブルース」や安藤昇さんの「サマータイム」のようなもんなんだろうな。けど、店も粋なことをするなあ！〉

と合点がいき、妙に感心したのを憶えている。

いわば、親分のテーマソングとでも言ったらいいのか、店側も心得たもので、当人の入店にあわせてバンド演奏をその曲に切り換えるという、何か映画のワンシーンに立ち会っているような感がした。

それにしても、鶴田の「さすらいの舟唄」とは、渋いチョイスである。〽流れ水藻のさみしく咲いた　月の入江のとなり舟　誰がひくやらギターがむせぶ——という歌詞も曲も、哀愁を帯びノスタルジックな昭和歌謡そのもので、ジャズの似合うボンノや安藤昇に比して、いかにも牧野國泰という親分を表しているように思えた。

牧野は徹底して古いタイプの親分であった。彼が俠道の範として尊敬するのは、地元上州の大俠客・国定忠治で、忠治のことを語りだしたら、いつも止まらなくなるのだった。

「あたしは上州路に腰を据えて50年以上経つけれど、当時、国定村に行って忠治の悪口なんか言ったら、水も貰えなかったよ。それくらい国定忠治という親分は地元の人たちから崇拝されてるんだ。それというのも、忠治が権力者に盾突いてまで、弱者である地元の人々を助けたからなんだ。

天保の大飢饉では、近隣35カ村の農民が飢餓に苦しんで、だいぶ死んでいった。忠治は、米蔵を開けて人々を救済するようにと、何度も代官に嘆願したけれど、代官は聞きいれない。その間にも、飢えて死んでいく者が絶えない。止むに止まれず、忠治は代官を斬って、その米蔵を破って、緊急の救済措置をとったわけだな。

権力者に虐げられ泣きを見ている弱者を、自分の命を投げうってでも助けるのが俠客というもの。まさに国定忠治みたいな男のことを言うんだよ……」

弱きを扶け強きを挫く忠治こそ俠客の鑑——牧野の話は、いつもそこにたどり着くのだった。

忠治の美談は、決して講釈師による作り話ではなく、江戸天保の時代の関東代官、のちに幕府の勘定吟味役となった羽倉外記の著「赤城録」においても、忠治に触れて、

《数々の凶状は許し難し。然れども天保の大飢饉に於いては私財をなげうって貧民を賑救するは見事也。為政を預かる此の身は恥じ入るばかりである》

と記されている。

ところが、今や国定忠治も俠客もなく、ヤクザは何もかも、おしなべて〝暴力団〟。忠治を歌った昭和の国民的歌手・東海林太郎の「名月赤城山」さえ、けしからんという話になりかねない御時世である。寂しい時代になったものだ。

牧野國泰の座右の銘は、

《任俠とは己れを捨てることなり》

というもので、松葉会の幹部たちにも折に触れて、

「任俠道とは何だ、俠客道とは何だという本質論からいけば、私らの真髄は、任俠とは己れを捨

てることなんだ。もし、自分を捨てることによって大きな救いがあるんであれば、捨てることが大事だ。それが私らの役目なんだ。任侠道に生きる者はそれぐらいの心構えを持たなきゃいけないんだよ。もっとも、それを実践していくことはなかなか困難だ。言うは易く、行うは難しい。ならば、せめて任侠の心を持って、今すぐにでも実行できること——任侠道の真似事でもいいからやっていこうじゃないか」

と話すのが常だった。

私が牧野会長の半生をモデルにした実録小説「千年の松」を、週刊実話に連載したのは、平成17年暮れから平成18年10月にかけてのこと。ちょうど小説の書き出しもリアルタイムで、現実に重なる平成17年12月13日の松葉会事始めのシーンから始まっている。

その時分の牧野会長は83歳、中村益大前会長の急逝に伴って松葉会会長を継承して11年、過去5回の癌と手術を経て、そればかりか、腸閉塞と院内感染の合併症で、もはや助からないと言われた病をも克服して来ていた。手術後3週間の意識不明ののちに、奇跡的に生還したのだった。

それでも牧野会長は到底そんな大病を患ってきた人には見えず、驚くほど元気で矍鑠としていた。何より覇気に溢れ、名門トップの大役をつとめ、ゴルフにも打ち込んで若手より歩き、その健啖家ぶりも若い頃と何ら変わらなかった。

ヤクザの親分云々という以前に、一人の男として、そんなたび重なる癌や死と紙一重の病魔を乗りこえてきた不屈の闘魂というのか、気力・精神力は、聞くだに凄まじかった。

現実に癌や厄介な病と闘っている人たちにすれば、氏の存在を知ったなら、どれほど励みになることか——と、思ったほどだった。

「うちの連中はひどいんだ。癌を4回も手術した、こんな年寄りを会長に担ぎ出したばかりか、5度目の声帯癌で、もう喋れないから跡目を決めてくれって言った時も、いや、いるだけでいいからって、辞めさせてくれねえんだから」

と、牧野は苦笑したものだった。私が感じた牧野会長の人柄は、〝陰〟ではなくて徹底して〝陽〟、話好きで話術に長け、やはり名門のトップらしい貫禄と華があって、馴染みのクラブが、その入店と同時にテーマソングを奏でて歓迎するのも、むべなるかな。

会長の登場に、一斉に集ってくる店のホステスさんたちも皆、笑みがこぼれてたちまち花が咲くようであった。

田村武志

誠友会二代目のルーツに謎の博徒組織が…

今はすっかりご無沙汰だが、私はかつて北海道の戦後ヤクザ史を彩った雁木のバラやジャッキー、般若の松、南海の松といった、際立った個性派が織りなすドラマに魅せられ、その取材のため、足繁く北海道へ通った時期があった。昭和末期から平成初頭にかけてのことである。

その際、関係者に繋いでくれたり、本人にもたびたび取材に応じて貰ったり、大変お世話になったのが、四代目山口組初代誠友会のナンバー2、田村武志親分だった。

石間春夫初代総長が凶弾に斃《たお》れ、氏が二代目誠友会を継承、山口組直参に昇格してからは疎遠になった感は免れないが、それまでは何かと接する機会が少なくなかった。私は氏と雪の舞い散る札幌ススキノの街を何度一緒に歩いたことだろうか。ススキノは新宿や銀座、赤坂を一カ所に詰め込んだような不思議なネオン街で、雁木のバラが歌のモデルとも言われる「484のブルース」が今にも聞こえてきそうなこの街が、私はたまらなく好きだった。

田村武志という親分は非常に面倒見のいいかたで、何より親しみを覚えたのは、その喋りかたがズーズー弁と言ったら失礼だが、私の故郷の東北弁にも似たアクセントであったことによるだろう。氏の出身地は函館の北、亀田郡七飯村大字中山村で、言葉は函館弁というより青森弁のほうに近い印象を受けた。

田村武志

すでに札幌では知られた親分であったが、私のような一介の物書きに対しても〝上から目線〟は一切なく、〝対等目線〟で接してくれ、喋りかた同様、気取ったところがまるでない人であったから、なおさら親しみが持てたのだった。

氏は昭和6年生まれ、7人兄弟の次男（三男は誠友会幹部の田村（一）組・田村一夫組長）で、興味深かったのは、父の田村勘五郎が戦前の北海道に存在した伝説の巨大ヤクザ組織・丸茂一家系列の博徒の親分で、函館の貸元であったということだ。

㋲（マルモ）こと森田常吉が率いた丸茂一家は、明治20年頃から函館を本拠に全盛期には北海道、樺太、東京、青森、宮城、山形、秋田、岩手、新潟の1府2庁6県下に勢力を持ち、2万余の子分を擁したというから、現在の山口組の走りのようなものであったろう。森田常吉は嘉永4年、千葉県下船橋の生まれ。明治2年、18歳の時に渡道し、北海道開拓人夫に応募し採用され道路開鑿《かいさく》工事の土工となるのだが、やがて、

《……精力絶倫、機略縦横、勇敢よく事を処し、衆を服する器ありしより、たちまち擢《ひきあ》げられて、工夫千人の長となるや、（中略）明治14、5年頃に至り、土工の業を捨てて、㋲一家と称する博徒団体を組織し、常吉自らその頭領となり、その配下を御するや（中略）これに仕うる乾部の輩ことごとく、常吉のためには一死なお辞せざるに至れり……》（予審決定終結理由書）

と記されるような博徒の大親分になったという。

だが、明治43年、函館警察署は丸茂一家に「博徒結合罪」を適用して、初代森田常吉、二代目森田常造はじめ、貸元・代貸81人を検挙、彼らは軒並み3年から5年の刑を受けた。これが決定打となって丸茂一家は壊滅に至ったという。

それにしても、明治から大正にかけて実在し、函館を中心に北海道や東北、東京等に2万人もの勢力を誇ったヤクザ組織がいつのまにか消滅し、今やその痕跡さえ残っていないというのは、何だかとてもミステリアスで、さながらヤクザ版ムー大陸と言ってもいいような趣きがある。

丸茂一家の若い衆は全員が左足首の踝《くるぶし》に桃の刺青を入れていたというのも、何か秘密結社じみている。私はそのことを田村氏に訊《き》かずにはいられなかった。

「お父さんも左の踝に桃の刺青を入れてたんですか」

「うん、あったよ。あまりカッコいいもんじゃなかったけどな」

「他に、周辺で桃の刺青をしてた人、見てますか」

「いや、オレは見たことないな。マルモの残党とか生き残りっていうのも、親父以外、会ったことないよ」

「そんな歴史的な博徒の巨大組織が北海道からきれいさっぱり消えて失くなって、今、跡形も残ってないのはなぜなんですか」

「さあ、なぜかな。マルモのこと、親父は何も話してくれたことはなかったからな。何で桃の刺青なのかも、聞いたことがない。謎だよ」

「お父上の影響は？」

「そりゃ親父は厳しくて、我儘な事をやってりゃ殴られたけど、オレがヤクザになったのは、父親の影響ということではないな。やはり、子供の頃からキカナかったから、小学生になると、もう戦争が始まってて、柔道とか相撲が奨励され、そういうことばかりやってて、学校大会ではいつもオレが選手に選ばれてた。腕っぷしも強くて喧嘩ばかりやっているうちに、自然とこの世界へ入ってしまったんだな」

ということで、結局㋲こと丸茂一家に関しては、父の勘五郎がその一員であったということ以外、田村にも皆目わからずじまい。

何にせよ、すでに明治の時代、戦後の山口組のような2万人を超す広域ヤクザ組織が北海道に実在し、なおかつそれがすっかり歴史の闇の中に埋もれてしまって、今やその片鱗さえ残っていないというのは、ヤクザ界七不思議のひとつと言っていいかもしれない。

丸茂一家を創設した森田常吉は、昭和10年3月24日、84歳で歿《ぼっ》し、その墓碑は函館港を見おろす立待岬に立っているという。

ある意味、田村武志も北海道伝説の博徒・丸茂一家の流れを汲む男と言えなくもないだろうが、それには、

「いや、それはない。親父がマルモだったというだけで、オレは関係ない。身体のどこにも桃の刺青は入ってないし、オレはもともと愚連隊だから」

と言下に否定し、苦笑したものだった。田村がジャッキーこと長岡宗一の門を叩いて、この稼業に本格的に足を踏み入れるのは、雁木のバラが殺されて間もない時期であったという。

私が札幌で田村武志氏と初めて会ったのは、昭和62年4月14日のこと。氏は前年暮れの12月25日、懲役6年の服役生活を終えて横浜刑務所を出所したばかりだった。一本独鈷の初代誠友会が四代目山口組入りしたのは昭和60年4月で、トップの石間春夫総長同様、田村も獄中にあった時である。それだけにシャバに帰って、特別な感慨もあったと思われるが、氏からは、

「いや、別にないね。もともとオレたちは柳川組の出だからさ。山口組といっても、古巣に戻ったというだけのことでね。よかったんじゃないかな。総長の選択も、まあ、ごく自然だよね」

と、冷静な答えが返ってきた。

田村のヤクザ渡世のスタートは、北海道一の大親分といわれた会津家・小高龍湖の一家を名乗ったジャッキーこと長岡宗一の若い衆となったことだ。ジャッキーは小高一門でも最大勢力を誇る若手実力者だった。

だが、小高とジャッキーの折りあいが悪くなって、2人の関係は間もなく破綻する。ジャッキーは小高に逆破門状を叩きつけて独立を宣言、長友会を結成したのだった。小高もすぐさま破門状を出し、ジャッキーは愚連隊の身となって、北海道中のヤクザを敵にまわすも同然となった。

そのため、ジャッキーが企図したのは北海道愚連隊の統一で、長沼町に勢力を張る〝北海のライオン〟こと石間春夫一派、砂川市の谷内二三男一派と手を結んで三派合同し、「北海道同志会」の結成を目論んだのだった。が、ジャッキーにとって、谷内は自分と同様、殺された雁木のバラの舎弟でよく知る間柄であったが、石間とは面識がなかった。そこで両者のパイプ役を担ったの

が、石間と心安くしていたジャッキーの実子分・田村武志であった。

田村が石間と親しくなったのは、喧嘩がきっかけだった。ある時、ひょんなことから揉め、両者は一歩も引けなくなり、時間と場所を決めての大時代的な決闘となったのだ。石間から指定された場所へ、田村は舎弟1人だけ連れて乗り込んでいった。

そこそこの人数を繰り出して、待ち構えていた石間は、それを見て、

「何だ、実子、2人かい？」

と怪訝な顔になった。石間は、長岡実子分の田村を、「実子」と呼んでいたのだ。

「オレと喧嘩すんのに、たった2人ってかい？」

「喧嘩すんのに、そんな人数は要らんべさ」

「……ふ〜ん、いい根性してるな。実子、気に入ったよ。よし、喧嘩は止めた」

という遣りとりがあって、喧嘩相手同士が仲よくなってしまったのだ。

田村は当時のことを振り返って、

「いや、あんときゃオレも懐に拳銃を忍ばせていたんだから、威張れたもんじゃなかったんだけどな」

と笑ったものだ。

さて、長岡ジャッキーの「北海道同志会」構想を実現させるために、その使者に立った田村から話を聞き、「長岡と兄弟分に」との申し出に対し、石間は、

「オレは長岡という人間は知らないが、実子がそれを望むなら、構わないよ」

ときっぱり応えた。

かくて長岡宗一、石間春夫、谷内二三男が五分兄弟分の盃を交わし、「北海道同志会」の結成となるのだ。

この北海道同志会が三代目山口組柳川組北海道支部と名を変えるのは、それから間もなくのことである。長岡が舎弟を介し、来道した大阪の谷川康太郎（後の柳川組二代目）と知りあい意気投合したのが始まりで、昭和37年暮れ、3人が揃って柳川組組長・柳川次郎の舎弟となったのだ。北海道に初めて山菱の代紋が揚がった瞬間であった。

その後、紆余曲折を経て、ジャッキーは引退し、柳川組も解散。昭和45年、石間を総長、田村を副総長とする独立組織・初代誠友会が結成される。後に道警から北海道唯一の壊滅指定団体としてマークされる最武闘派組織の誕生である。

田村氏との交流で、私が忘れられないのは、ある日、取材を終えたあとで、お酒に誘われたことがあり、

「今夜は札幌の友人と飲む約束がありますので」

と断ると、氏は気にせず、

「なら、その友人も一緒に誘えばええべさ」

との仰せ。内心で「えっ！」と驚いたが、

「じゃあ、聞いてみます」

どうせ友人も尻込みして断るだろうと思って電話を入れたところ、「いいよ」の答え。さすが

に大学空手部出身で空手三段の猛者、ヤクザ映画も大好きな男で、私もどんな親分か、田村氏のことを話していたから、興味を覚えたのであろうか。まさかの承諾だった。それにしたって、友人は一応テレビCMでも有名な大企業に勤めるサラリーマン（東京勤務から札幌支社に赴任してきたばかり）、今ならコンプライアンス上アウトであろうが、暴対法も暴排条例もないおおらかな時代であった。

待ちあわせした友人と私、田村親分の3人とで酒場へ向かって、雪の舞い散るススキノを歩いたことが、何たる不思議な組みあわせだったことだろうか——と、今も鮮やかに憶い出される。

友人は体育会のタテ社会が身についた男であったから、酒席でも礼を失することはなく、堂々とした所作で、田村氏を感心させていたが、友人のほうも、初めてヤクザの親分と接し、その気さくな人柄、人間臭い風情に、大層感じ入ったようであった。あとで、私に、

「映画とはだいぶ違うな」

と感想を述べたものだ。

田村氏が私に沈痛な表情を見せたのは一度だけ。平成2年、年が明けて早々、誠友会本部から自宅へ帰る途中、凶弾に斃れた石間総長の遺品が、当局から本部に返却されてきて、それを見せてくれた時のことだ。

事件の時、総長が身につけていたスーツやネクタイ、サイフ、中に入っていた一万円札等々で、いずれも血に染まった状態だった。それらはあまりに生々しく、その瞬間の凄まじい状況を物語っていた。

それを手にした氏の表情は険しく、それまで目にしたこともないものだった。

美尾尚利

山口組元直参との京都での再会は必然だった

それはまあ、びっくりするような劇的再会であった。こんなことってあるのか――と、思わず声を呑んだほど、出来過ぎの場面だったような気がする。

それは、平成29年4月10日の昼下がりのことである。この3日前から私は京都に滞在し、その日、南禅寺から永観堂を散策し、さらにそこから、いわゆる「哲学の道」に足を延ばし、銀閣寺方面に向かって桜並木を逍遙《しょうよう》していた。

桜はまさしく満開、大勢の観光客が花見を楽しんでいた。私も桜を愛でながら哲学の道をゆっくり歩いて、銀閣寺にかなり近づいた頃だった。

「おやっ?」と思ったのは、向こうからこちらに歩いてくる一行の姿が目に入ったためだ。いずれもジャンパーやセーターの普段着姿で、年配の男性ばかり5、6人。とはいえ、明らかに普通のお爺さんたちとは雰囲気が違っている。

果たして、その中心にいる人物は、紛れもなく私が昔からよく知る顔――いや、かつては極道ジャーナリズムに、トップの側近として活写される機会も多かった、全国的に名の知られた元組長の顔が、そこにあった。

〈えっ、何であの親分が、ここに……何で哲学の道を歩いているんだ!?〉

私は唖然とした。こんな偶然があるのだろうか、と。

誰あろう、山口組四代目、五代目の直参組長であり、五代目山口組・渡辺芳則組長時代には組長秘書として活躍、病気のため早くに引退していた元美尾組（静岡・清水）・美尾尚利組長、その人に他ならなかった。

氏とは近年、電話で話すことはあったものの、もう20年以上も会っていなかった筈で、ともかく挨拶しようと近づいたところ、取り巻きの人に阻まれた。

「どちらさん？」

ガードにすれば当然の行動であったが、すぐに美尾氏が私に気づいてくれて、

「おお、久し振りだなあ」

と笑みが零《こぼ》れた。さすがに氏も、思わぬ邂逅《かいこう》に驚いていたが、私を憶えていてくれたことが何より嬉しかった。

それにしても、氏とはよほど縁があったのか、よりによってバッタリ再会した場所が、桜の満開の下、京都学派の偉大な哲学者・西田幾多郎が散策し思索した「哲学の道」――というのだから、これ以上絶妙な舞台もなかったであろう。

「どうして京都におられるんですか」

「うん、こっちに病院があってね、その帰りなんだよ」

「病院とはまるで無縁のように見受けられますが」

「お陰さんでね。どう、あんたは元気でやってるの」

美尾尚利

「はあ、なんとかやっております」

「頑張ってよ」

という簡単な遣りとりでその場は別れたのだが、氏とどうしても会わなければならない用件ができるのは、この5カ月後のことだった。そう考えると、この日の出会いは偶然ではなく、やはり必然であったのだとしか言いようがない。

氏との縁は古かった。初めて面識を得たのは、昭和59年の暮れ、氏が三代目山口組黒澤組（黒澤明組長・大阪）舎弟頭補佐を経て、四代目山口組の直参組長に取り立てられたばかりの時期である。同じ静岡の四代目山口組直参組長の後藤組・後藤忠政組長とともに、新右翼リーダーの野村秋介氏から紹介されたのが始まりだった。

確か、野村氏が毎年、東京・蒲田で主催していた忘年会の席だったと記憶している。その時、後藤氏が、

「子供の頃からの兄弟分なんだよ」

と美尾氏との間柄を話してくれたことが、今も懐かしく思い出される。

美尾氏の出身母体は、地元清水の次郎長の流れを汲む清水一家。初代清水次郎長～二代目小沢惣太郎～三代目鈴木幸太郎～四代目田辺武一と譜が続いて、五代目田辺金吾の若い衆となったのが、氏のヤクザ渡世のスタートだった。

だが、田辺五代目は昭和41年11月13日、一家の解散を決断、清水市内の料亭「玉川楼」で解散式が執り行われた。時の清水市長や次郎長の遠縁にあたる静岡大学教授をはじめ、関係者170人が出席する中、田辺五代目が、涙ながらに、

「私たち一家は任侠道の鑑とされた清水次郎長翁の教えを処世の教えとして代々引き継いで参りましたが、一家を継ぐ者たちの中には、時には翁の教えに違背する所業もあり、このまま組織を続けていたら山岡鉄舟や榎本武揚が初代次郎長の徳を称えて設立した『精神満腹会』や『次郎長顕彰会』にまで迷惑を及ぼす。ここで組を解散し、今後はカタギに立ち戻り、立派な社会人になります」

と声明文を読み上げた。

この時、清水一家若衆として列席していた1人が、24歳の若き美尾尚利だった。清水一家の解散に伴って（その後、六代目山口組二代目美尾組の高木康男組長が、六代目清水一家を継承）、美尾は無所属になり、愚連隊も同然となった。それからおよそ15年もの間、一本独鈷を通してきたのだから、大組織の風当たりも強かった筈で、なまなかのことではなかったろう。

そうした中で出会ったのが、〝山口組のキッシンジャー〟の異名をとった切れ者、三代目山口組黒澤組・黒澤明組長であった。

やがて美尾は黒澤に惚れ込んで、その舎弟盃を受け、初めて山菱の代紋を背負ったのだ。昭和57年1月24日のことで兄・舎弟盃は大阪堺の黒澤邸で執り行われ、佐々木組・佐々木道雄組長の媒酌であったという。

が、その2年後、山口組は跡目争いから真っ二つに割れ、四代目山口組と一和会が誕生。黒澤組長は渡世のしがらみから苦渋の決断を迫られ、引退の道を選び、代わって黒澤組・前田和男副長（黒誠会会長・大阪）と同・美尾舎弟頭補佐の2人が四代目山口組・竹中正久組長のもと、新直参に昇格したのだった。

さて、京都の哲学の道で美尾氏と奇跡的な再会をした私が、その5カ月後、氏とどうしても会わなければならない用件ができたと前述したが、それが何だったのかといえば……。

美尾尚利組長と京都・哲学の道でバッタリ出会った私は、ちょうどその10日前——平成29年3月30日、ある人物との邂逅があって、深い感動を覚えていた。

六代目山口組二代目小西一家・落合勇治総長で、氏とは小菅の東京拘置所面会室で初めて会ったのだった。氏は埼玉県警に逮捕され、勾留されてすでに7年。問われているのは一家の抗争事件に絡んで、若い衆に「行け」と報復を指示したという組織犯罪処罰法違反（組織的殺人）であった。

が、総長は当初から一貫して容疑を否認し、裁判でも無罪を主張してきたが、一審、二審とも無期懲役の判決が下され、上告中の身であった。初対面なのに、会った瞬間から懐かしみを感じずにはいられないような人物が、落合勇治氏であった。強さとやさしさが同居していて、わずかな面会時間ながら、私はその人柄、人間性にすっかり魅了されてしまっていた。

文通を重ねるうちに、その思いはさらに強まっていった。よもや平成の世に、こんな男の中の男、サムライ、任侠の士がいたのか——という驚きを通りこした衝撃と感動。やがて事件や裁判のことを詳しく調べるにつけ、冤罪であるとの確信も出てきて、これは書かねばならないとの気持ちが強くなっていったのだった。

何のことはない。美尾元組長も、落合氏とは浅からぬ縁がある人で、京都で偶然会った時、そのことに思いが至らず、意識にものぼらなかったのだから、私も間が抜けている。あとで考えたら、美尾氏との不思議な再会は、まさに落合氏が導いてくれたものだった！——と思えてならないのだ。

さて、私は落合氏の事件、並びに評伝を書こうと思いたって、取材記者や弁護士、氏の知人・友人、縁のある人、関係者等々、でき得る限りの人に取材を重ねていった。そうした対象の1人が美尾元組長で、同年9月8日（京都の再会から5カ月後）、静岡・清水の美尾氏宅を訪ねたのだった。

この時、氏は75歳、脳梗塞を患ってヤクザ渡世を引退（平成14年10月）して、15年の歳月が流れていた。病の後遺症はほとんど感じられない程、お元気だった。

「その節は失礼しました」

私の挨拶に、氏も当然憶えていて、苦笑しつつ、

「珍しいところで会ったよな。私は肝臓移植したもんでね、年2回、京大病院に行って診て貰ってるんですよ。……今日は何、勇ちゃんの話だったたね」

氏は落合勇治総長のことを、親しみを込めて「勇ちゃん」と呼んだ。昭和56年の落合勇治・さ

とみ夫妻の結婚式にも出席し、元後藤組・後藤忠政組長ともどもスピーチもなさっていた。そんな間柄なのだった。

「なにせ勇ちゃんは懲役が長くて、めったにシャバにいなかったから、こっちであまり顔をあわせたことがないんだよ。それでも大阪の黒澤の兄貴と私との盃の時には、勇ちゃんも出てくれてね。嬉しかったですね」

昭和57年1月に執り行われた三代目山口組黒澤組・黒澤明組長と美尾組長との兄・舎弟盃のことで、氏は39歳にして初めて山口組の代紋を背負い、長い一本独鈷渡世にピリオドを打ったのだ。

「黒澤の兄貴との縁は、広島刑務所で一緒だったんだ。オレが第2工場へ行った時、大阪の元一心会系で宮川という年配者がいたですよ。こいつが大阪弁でよう喋ってて、黒澤の兄貴のとこへよく行ってた。で、刑務所で誕生日会を一緒にやったんだね。黒澤の兄貴が12月19日で、オレが20日。そこで紹介されて知りあったのが最初ですよ」

当時、黒澤明は明友会事件で懲役13年弱の刑を受け、服役中であった。美尾氏が言うように、黒澤の正式な誕生日は12月19日。が、出所日が12月29日だったこともあって、その日を再出発、再生の日として公式の誕生日にした——とは、私も直接黒澤氏本人から聞いたことがあった。

「黒澤の兄貴はともかく頭がいいし、紳士だった。広島刑務所でも、全員集まる場で『黒澤明』と表彰されるんですよ、ペン・習字かなんかだったかな。引退したあとも大概、一日置かれてたしね……」

黒澤組長引退後、美尾組は竹中四代目直系となり、山一抗争では後藤組組員と山広邸ダンプ特攻を敢行するなど、武闘派ぶりを見せつけた。渡辺五代目直参時代には、美尾氏は組長秘書として仕え、五代目の全幅の信頼を受けたのだった。

「五代目にオレは遠慮なく物言ったですよ。しょっちゅう怒られたけど(笑)。親分のお父さんが病院で亡くなる時も、私が一緒についてて、『親分、泣いちゃダメですよ』と言ったけど、その時は怒られなかったな。お母さんも私にはうんとよくしてくれてね、五代目がオレに『おまえな、うちのバアさん(母親)が、山口組で誰が一番、好きだって訊《き》くと、美尾だって言うんだ』って言ってたくらいだから(笑)」

美尾氏の現役時代のよもやま話は、とても面白くて興味深かった。話はあっちに飛んだり、こっちに飛んだりしているうちに、本題に戻って、落合総長のことになった。

「まあ、落合の勇ちゃんというのは、一本ピシッと芯が通っているというか、ピリッとワサビが効いててね、そりゃ、しっかりしてる。男らしい男だね。どこまでも筋を通すし、竹のようにまっすぐですよ。ただ、まっすぐ過ぎるから、今度の事件のように陥れられたり、冤罪に巻き込まれることにもなるんだろうね。あんないい男はいないですよ。そこらへんのヤクザとは全然違う。古いタイプでね、まあ、ヤクザとしては変わってるかもわからんね」

氏は獄中の落合氏に毎週1回、パソコンを使い左手一本で手紙を書いているという。取材中、私のケータイのゴッドファーザーの着メロが高らかに鳴った時、美尾氏は、「おおっ!」と笑って喜んでくれ、こんなに喜んでくれた人も初めてだったので、ああ、やさしい人だなと、私は恐縮しきりであった。

堀 政夫

代紋の力ではなく任俠によって人を制した

〈えっ!?〉

私は内心で声をあげて驚いていた。あり得ない人の顔が、私のすぐ隣りにあったからだった。

いやいや、まさか、そんな筈は……きっとよく似た人で、本人ではあるまいとも思ったが、どう見たってその人に間違いない。

何しろ、関東ヤクザ界のトップの1人、斯界では知らない者とてない有名親分なのだから、見間違えるわけがなかった。

その人が、広い立食パーティー会場の中、私の隣り(私も取材ではなく列席者の1人だった)、一番目立たない隅っこで、〝その他大勢〟といった佇まいでこっそり立っているのだから、私は目を疑わずにはいられなかった。付き人らしき人の姿も、見あたらない。

〈なんでこのかたが、こんなとこに!?……おかしいな。これだけ人が集まっているのに、誰も気がつかないってことがあるのかな……〉

私は不思議でならなかった。なぜなんだ?――と。

パーティー会場はすでに政財界、マスコミ、文化人、右翼民族派、任俠界等々、各界から1000人を超す列席者で埋まっていた。当然、立食パーティーではあったが、来賓のテーブル席は用意されてあったたし、だいたいどんなパーティーであれ、偉い人の席というのは決まっているものだ。

それなのに、その人——住吉連合会・堀政夫会長（当時）ときたら、そっちの方へは行こうともせず、隅っこが大好きな私と同じ場所にいて、知らんぷりを決め込んでいるのだ。

お陰で、私は初めて堀政夫という親分を、間近でマジマジと目にすることができる幸運に浴した。地味なスーツに黒ぶち眼鏡、どこから見ても教育者か大企業重役といった感じで、風格と品格があり、とてもコワモテのヤクザの親分には見えなかった。

私はといえば、ヤクザ取材の駆け出し、ミーハーもいいところで、ドンを前にして、握手して貰えないだろうかなどと、ショもないことを考えていた。

昭和61年11月26日午後6時前のことで、東京・九段下のホテルグランドパレスにおいて、新右翼リーダーといわれた野村秋介氏の新刊「塵中に人あり」（廣済堂出版＝後に「汚れた顔の天使たち」と改題され、二十一世紀書院から刊行）の出版パーティーが間もなく開会されようとしていたのだった。出版される野村氏の新刊の内容が、タイトル通り、氏の獄中交友録的なものだったこともあって、会場にはカタギの人たちに交じって、ヤクザ関係者も多く、全国から錚々《そうそう》たる親分衆の顔もあった（なんとおおらかな昭和の時代であったことか）。

さすがにそのうち、堀政夫に気づく人も出てきて、親分衆が続々と堀会長のもとに挨拶にやってきだした。たちまち私のいる隅っこの席が、上座に早変わりした感があって、それは見ものであった。

堀 政夫

私はその光景を見て、
〈ああ、なるほど、やっぱり堀政夫という親分は、噂通りの人なんだなあ〉
とつくづく思い知った次第だった。

ともかくこんな親分も珍しかった。全国どこへ取材に行っても、堀会長の話題となれば、最大級の賛辞を贈る声はあがっても、悪く言う人には出会ったためしがないのだ。

「何しろ、お伴も連れず1人で電車に乗っちゃう人だからね。あれだけの大組織のドンがですよ。人に気を遣わせるのを極力嫌ってね、そのくせ、御自分の気の遣いようは大変なものだった。誰に対しても腰が低くて対等の目線。驕ったところのかけらもない人格者ですわな」

「住吉主催の宴席じゃ、堀会長の席はあってもないのと一緒。宴会の間中、お客さんにずっと酒をついでまわって、自分の席にほとんど座らないからですよ」

「ヤクザは10人が10人とも自分を顕示して、他を押しのけても、『オレが、オレが』という人間ばかり。ところが、堀政夫という人は、自己顕示欲なんてかけらもないばかりか、自分がまとめたものでも他の人間に功績を譲って自分は引っ込んじゃう。自分のことは少しも勘定に入れてないんだ」

こうした数々の証言の裏づけともいえる堀の所作を、私は端なくもパーティー会場で目のあたりにすることになったわけだ。

このパーティーの主役である野村氏からも、堀会長の話は以前からよく聴いていた。ある時、氏が東京・赤坂のみすじ通りを歩いていると、同様にひとり歩きの堀会長とバッタリ遭遇したことがあったという。

野村氏が「総長！」（住吉一家五代目総長）と声をかけると、「おお」と堀会長も気づいて、「どこ行くの？」と笑顔を向けてくる。

「総長こそ、どちらまでですか？　送りますよ」

近くに車を待たせてあったので、野村氏が申し出ると、「とんでもないよ」と堀会長は断り、逆に野村氏のことを車まで送ってくれたという。

車で待っていた若い野村門下生がドンに気づいて、あわてて車から降り挨拶しようとすると、堀会長は、

「いやあ、挨拶なんか要らない、要らない」

と照れたように手を振る――堀政夫とはそういう男だった。野村は感慨深げに、

「ホントに何て言うのかな、街でバッタリ会っても、大会社の社長でもない、政治家でもない、言ってみれば、どっか田舎の村長さんみたいな感じでね。飄々として眼も実に優しい……。任侠社会にも人物は数多くいますが、中でも堀総長という人は、傑出した人格を持った、本当に光った存在だったなと思います」

と振り返ってくれたものだ。

私の堀政夫体験は、残念ながらこの出版パーティーで目のあたりにしたというだけで、ついぞ直接の取材は叶わなかった。が、その時の所作、佇まいは今も眼に灼きついて離れない。と同時

に本人の取材ができなかった分、どれだけ多くの関係者、縁のあった人たちから、堀政夫という人の話を聴いたことであったか。

やはり、その印象は強烈だった。

巨大組織の首領なのに、お伴も連れずに1人で電車移動する堀政夫・住吉連合会（現・住吉会）総裁を目のあたりにして、ビックリした関係者は少なくない。

日本有数の行動右翼の雄である日本青年社前会長・衛藤豊久も、そんな1人だった。今は亡き衛藤氏から聴いた話も、私にはとても印象深かった。

「まだおつきあい間もない時分、堀総裁から呼び出され、朝10時の約束で、東京の芝・神明で待ちあわせたことがあったんですよ。僕が少し早めにきて表で待っていると、ちょうど5分前に、目の前の路地からいきなり総裁が現れた時には、さすがに驚きましたね」

衛藤が思わず堀に、

「お1人ですか？」

と訊ねたのは、まさか名だたる大組織のドンが、ガードも付かず、1人で地下鉄に乗って来ようとは考えもつかなかったからだ。

「そうだよ。1人で電車に乗るほうが早いんだよ」

と堀はケロッと答えたものだ。後日、衛藤は堀と夕食をともにする機会があったので、そのことに触れ、

「いくらなんでもお1人というのは、危険じゃないですか」

と問うと、堀は、

「衛藤君な、危険と言うけども、何十人まわりを囲んだって、相手がその気なら同じだよ」

と言ってのけたという。

上に立つ者の堂々たる覚悟の程を知って、衛藤も改めて眼を見開かされる思いがしたという。と同時に、堀の場合、ヤクザ者がカタギの迷惑も顧みず、これ見よがしに列をなしたり、仰々しく目につくような真似をすることを極端に嫌った人だった。

私もある親分からこんな話を聴いたことがあった。

「堀総裁は用事があって行った先の空港に、身内の者が大挙して迎えにきてたことがあったんです。それを見た総裁は激怒して、そのまま飛行機でトンボ返りしてしまったこともありましたね。あとのことは幹部に任せてね。それくらいカタギ衆に迷惑をかけない、分をわきまえろということは徹底してましたね」

前述の衛藤豊久が小林楠扶会長のもとで総隊長、小林亡きあとに会長を務めた日本青年社は、昭和44年に住吉連合（当時）幹部の小林会会長・小林楠扶によって創設された政治結社。ちょうど堀政夫が住吉一家五代目を継承し、住吉連合の代表に就いた時期とほぼ一致していた。結成当初から堀は日本青年社最高顧問に就任、表に出ることはなかったが、民族派運動への理解は深く、衛藤たちにすれば、何かと支えになってくれる力強い存在であったという。

衛藤氏によれば、

「何より堀総裁から教わったのは、人への心遣い、思い遣りということですね。あれほど体調を悪くされても、最後の最後まで他人に気遣いをさせまいとして、病院にも入らなかった人ですから。自分の命より他人への心遣いを先に考える人なんて、他にいますか？　言ってみれば、命を懸けて人を気遣ったかたが、堀政夫という人でした」

堀が肝硬変のため、65歳の若さで世を去ったのは、平成2年10月25日のことである。１０００人を超す出版パーティーで、私のすぐ目の前、たった1人で片隅に佇む、その姿を見て、私が仰天してからわずか4年後の出来事だった。

死の前夜、体調がにわかに悪化したため、心配した家族らがすぐに病院行きを勧めても、堀は、

「いや、大丈夫だ。行かないよ」

と頑固に言い張った。それを皆が1時間余り説得し、堀もようやく重い腰をあげたのだが、そんな重篤とは誰にも思えない程、堀は普通に振るまった。

千葉・野田の自宅から東京・向島の病院に車で送ってくれた部屋住みの若者にも、堀は、

「もう遅いし、病院にいると、皆に迷惑をかけるから帰って寝ろよ」

といつもの調子で声をかけたという。それが彼の聞いた堀の最後の言葉となってしまう。翌日、堀は帰らぬ人となったのだ。

死去から3日後に執り行われた葬儀は、近年稀に見る盛大なものとなった。全国から錚々たる親分衆、関係者が駆けつけ、式場の東京・板橋の戸田斎場周辺は人、人、人の波で埋まった。その数、ざっと2万人。亡くなって、これほど惜しまれた任侠人というのも、極めて稀であったろ

う。

　堀総裁の死後、間もなくして、私がたまたま知りあった人に、「任俠映画のドン」といわれた東映の俊藤浩滋プロデューサーがいる。氏は堀総裁とは古くから親交があり、家族ぐるみのつきあいをされていて、総裁からそうした話を託されていたのかどうか、私は初対面の時、用談が済んだあとで、

「（総裁のお嬢さんのおムコさん候補で）誰か、ええのおらんか？……」

　と言われて驚いたことを憶えている。

　それはともかく、俊藤氏にすれば、堀政夫の生き様は、それまで数多く手がけてきた東映任俠映画の格好の題材、さぞや彼をモデルにした映画を作りたかったであろうことは容易に想像がつく。何しろ実際に「山口組三代目」「修羅の群れ」「最後の博徒」といった現存する親分をモデルにヒット作をモノにしてきたプロデューサーなのだから、当然の思いであったろう。

　が、ついにその映画化は実現しなかったのは知られる通りで、おそらく仮にそんな話があっても、堀総裁のほうで、

「私ごときが分不相応です。どうか御勘弁を」

　と拒み続けていたのに違いない。私の勝手な推測だが、そんな気がしてならない。そのあたりを俊藤氏に訊《たず》ねたのかどうか、私の記憶は曖昧である。

　堀総裁亡きあと、私は渡世人やカタギを問わず、多くのゆかりの人たちを取材し、「評伝堀政夫」というタイトルで某誌に連載を開始した。なんとかそれを本にまとめたく、その許諾を得る

のと合わせて、お話をお聴きしようと、千葉県野田市に、堀総裁未亡人をお訪ねしたことがあった。

千葉県野田市の堀総裁邸を訪ね、初めて総裁未亡人にお会いした私は、ことイメージと違って、まず姐さんが若々しいのに驚いた。

それまでいろんな方に故・堀政夫（住吉連合会総裁）のことを取材する過程で、おのずと姐さんの話にもなり、何かとその人となりを聴く機会も多かった。

そこで出てくるのは、渡世人の妻としていかに出来た姐さんであるか、ということだった。常に亭主を立てて「自分は厄介者です」と陰に控え、決して表に出ることなく、〃忍〃の一字で内助の功に徹してきた女性――という話だった。同時に、4人の子（3人の娘と1人の息子）を持つ母親としても、子供たちをきちんと躾け、立派に育てあげた良妻賢母の鑑のような女性との評も聞いていた。

堀政夫の死に、誰よりショックを受け、深い悲しみに襲われたであろうに、通夜・告別式では、そんな様子はみじんも人には見せず、終始、気丈に弔問客に応対していたという。

「堀政夫という人の一番の理解者こそ、他の誰でもない、あの姐さんでしたよ」

と私に、しみじみ語ってくれた人もいた。栃木県佐野市の親分で住吉会最高幹部の親和会光京家一家二代目・遠野幸男総長であった。

遠藤総長は総裁が亡くなって1カ月程経った頃、野田の堀邸に赴き、その霊前にお線香を手向けたことがあり、その時のことだった。

「姐さん、元気になりましたか」

氏が心配して訊ねると、

「ええ、私は大丈夫ですよ」

と、姐は変わらぬ気丈さを見せたという。

ちょうどその時分は、沖縄抗争の最中で、警官や高校生が巻き添えで被弾し、犠牲になる事件が起き、メディアを賑わしていた。

茶を御馳走になりながら姐さんとの世間話で、話題がそこに触れた時、彼女は、

「……うちの人は逃げたんですよ。私にはそうとしか思えません」

「え!?」遠藤総長は意味がわからず、聞き返すと、

「うちの人がいたら、この渡世の人間が、どうしてこんなことをするんだって、居ても立ってもいられなかったでしょ。だから、あの人は(向こうの世界に)逃げたんですよ」

「……」総長は絶句するしかなかった。姐さんを通して堀政夫の悲痛な声が聴こえてくるようでもあったという。氏は私に、こう述懐したものだった。

「確かに姐さんの言う通りで、もし総裁が生きていてこの現状を見たら、居たたまれなかったろうと思いますよ。抗争で高校生を巻き添えにするなんて、絶対にあっちゃならんこと。ヤクザ界からそういうことを失くすため、心血を注いで、そのために後半生のすべてを捧げて斃れたといっても過言ではないような人でしたから。やはり姐さんは、総裁の心を誰よりもわかってた人な

んだなと、その時改めて思い知りましたね」

こうしたことを聴くにつけ、私は総裁の姐さんに対し、さぞや古風で奥ゆかしくも凛として、着物姿も堂々とした、貫禄ある年配女性であるだろうな――と、勝手にイメージを膨らませていたのだった。

ところが、実際にお会いしてみると、その想像は見事に外れ、とても若々しくモダンな感じのする方であった。むろん貫禄は否めず、私は姐さんに見守られ、カチカチになりながら、堀総裁の仏壇にお線香をあげさせて貰ったものだった。

私が雑誌に連載中の「評伝堀政夫」も読んでくれていると知った時には、嬉しくもあり、怖くもあった。

姐さんは、こんなことを言ってくれた。

「主人のことをあなたがお書きになってるのは、読ませて戴いてました。一度、お食事を御一緒にとも考えていたのですが、でも、はたと思い直して、そんなことをしたら、かえってこっちが、よく書いてくださいよと何かそんなふうにとられてしまうのではないかと思ったりして、ためらいがありました」

と、ありがたくも、いかにも堀総裁姐らしいお言葉を承ったのであった。私にすれば、堀政夫という稀に見るような任俠人の姐さんに会えただけでも、とても幸甚なことであった。

堀政夫の心を誰より知り、堀イズムの最もよき理解者・信奉者であり、堀政夫がいてこの姐あり、この姐がいてこそ堀は存分に男の世界で活躍できたのだ――という前述の遠藤幸男総長をはじめ関係者の声も、わずかな時間の邂逅《かいこう》ながら私にも実感できたのだった。

当然ながら、姐さんに取材し、「評伝堀政夫」を完成させ、本にさせて戴くというこちらの願いは、叶わなかったのはいうまでもない。

自分が表に出たり目立つことを極力嫌い、縁の下の力持ちに撤してきた堀政夫が、映画化や本の話など、頑として断っていたことは聞こえてもいたし、容易に想像もつく。総裁が望まぬことを、姐さんがOKを出すわけがないではないか。

というわけで、私の望みは果たせなかったとはいえ、非常に意義深い野田訪問記となったのだった。

堀政夫は戦後、東京・麻布の四の橋に住んでいて、千葉県野田市に住居を移したのは、東北方面の長い旅を終えた昭和31年頃、中里一家・中里巳之助の跡目を継承するためだったとの話も伝わっている。

堀が野田で最初に住んだ家は二階建ての借家で、かつての遊廓跡にあったという。古いカタギの知人は、

「本当に安普請といった感じでね、雨漏りがするんじゃないかというような家でしたよ。堀さんはあまり家の中は構わなかった人。やはり姐さんが偉かったんですよ」

と言い、住吉会最長老だった滝野川一家四代目・福原陸三総長からも、

「今の家を建てる前に、自分は馬小屋みたいなところに住んでて、倉持直吉さん（住吉一家二代目）の未亡人の家だとか、先々代の家だとか、そういう住吉の功労者の家を全部作ったうえで、

最後に自分の家を建てた――という人が堀総裁なんです。とことん先輩や叔父さんを立てた人ですよ」

と聴いたものだった。

その親分は、故・堀政夫の思い出を語っているうちに感極まったのか、涙が止まらなくなっていた。そんな反応を見せた親分を目のあたりにするのは初めてのことで強く印象に残っている。

青森・弘前で渡世を張っていた住吉会顧問の千葉東一家二代目の栗田敦夫総長で、

「そりゃ、私が今日あるのも堀総裁のお陰ですから」

と、しみじみ言いきったものだ。昭和34年、32歳の時、千葉東一家二代目を継承すると同時に港会（住吉会の前身）に加盟、間もなくして堀政夫の舎弟になって以来、堀から受けた恩義は計り知れないという。

栗田は慶応大学予科中退という変わり種で、函館出身の千葉東次郎初代が弘前で興した千葉東一家も、テキヤ王国の東北・青森では当時唯一の博徒一家であった。初代から盃を受けてわずか1年後に二代目を継承したのが栗田で、まわりの風あたりもきつかった。

「自分はいきなり親分になったんだけど、まわりは全部テキヤさんだらけ。稼業のことを訊《き》くわけにはいかないので、堀総裁に、この場合はどうしたらいいのかとか、あるいは自分の悩みを、そのつど手紙に書いて訊いたり相談してました。すると、必ず返事をくれてね、姐さんの代筆なんですが、こういうふうにしなさいとか、こういうもんだと教えてくれたですね。私は渡世のことは先代からというより、堀総裁から教わったようなもんなんです。あの方がいなけりゃ、今頃、私はどうなっていたか……」

栗田は手紙だけでなく、時には上京して直接、千葉・野田の堀邸に教えを乞いに行くこともあったという。昭和35、36年の時分で、当時、堀政夫は野田で「堀興行」の看板で、相撲、浪曲、歌謡曲などの興行を一手に手がけていた。野田に落ち着き、地元の人にもすっかり融けこみ始めた頃である。栗田がこう回顧した。

「私が野田へ行ったある日、堀総裁へ電話で文句を言ってきた地元の者があったんです。何だろうと聞いてたら、自分の家の塀に興行のポスターを貼ったと言うんです。そしたら、堀総裁は、『今、お客さんを送るんで、その途中寄りますから。どうもすみません』って。私を乗せて送る途中、煙草をワンカートン買って、『いやぁ、どうも。断って貼ればいいものをねえ、本当に申し訳なかったです』と相手のところに謝りに行くんですよ。もう相手は『いやいや、何枚でも貼ってください』って(笑)」

そもそも堀と千葉東一家との縁は昭和28年頃、堀が博奕の凶状旅でワラジを脱いだのが始まりで弘前滞在は1年余りに及んだという。堀は20代半ばから30歳ぐらいにかけて、弘前ばかりか、青森、秋田、一ノ関、水沢、古川、山形、釜石、気仙沼、塩釜、石巻……等々東北を隈なく歩いて、各地に多くの足跡と逸話を残している。旅芝居一座の興行を打っていたからで、〝お役者政〟の異名をとったのも、この時期だった。

当時の興行仲間で、堀より一まわり年長の小幡《おばた》長三郎《ちょうざぶろう》という宮城・石巻の元渡世人が、その時代の堀をよく知っていた。

「やはり芝居の興行を打っていたことと、役者のように端正な顔立ちをしていたから、その異名がついたんだと思いますよ。私が初めて会った頃の印象は、大人しい顔でね、とてもヤクザ者には見えなかった。ただ話をすると、性根がすわってしっかりしてるというのはわかりましたね」

堀政夫は後年、よく人に芝居一座と歩いていたこの時代のことを、

「オレは幕引きしかしたことがないんだ」

と話していたという。

「そりゃ幕引いたり、役者の真似事もやったかもしれません。芝居は『瞼《まぶた》の母』とか『国定忠治』といったものでね。マーちゃんの仕事は、〝先乗り〟と言って、現地に先に入って小屋主と交渉し、契約を交わして役者を入れることでした」

と私が取材した時（堀逝去の翌平成3年）、とっくに渡世を引退し、76歳になっていた小幡は、若い時分のままに堀政夫のことを「マーちゃん」と呼んだ。

小幡は昭和初期から石巻で渡世を張り、米騒動で男を売った仙台の大親分・西方哲四郎の直系として、かつては関東にまで知られた金筋の博奕打ちだった。戦前より住吉一家二代目・倉持直吉と交流があり、同三代目・阿部重作の隠退の際の総長賭博には東北で唯一招かれた親分でもあった。

「マーちゃんは何千人という若い衆を持つ身になっても、昔と全然変わらないんだ。私がコートを着て行き、暑いから脱ごうとすると、彼みずから脱がせてくれて、そのコートをずっと持って

歩いてくれるんですよ」

同じ石巻の、東京盛代宗家四代目・川崎永吉も堀が東北を旅していた時代に知りあった1人だった。

「私みたいに半端ヤクザでも、堀総裁という人は粗末にしないで、『叔父さん』と言って立ててくれた。どんな場面でも、どなたさんがいようと、駆けつけてきて手を握って、労《ねぎら》ってくれるんです。それは演技でもないし、飾ってやるわけじゃない。自分の信念としてやってるんだ。まあ、あんな人もいなかったね」

20代の数年間、東北をずっと旅していたこともあって、堀政夫と東北との縁は深く、堀自身、その風土や東北人の純朴さを愛し、晩年には「心の故郷」と語ったこともあったという。東北に住吉会系勢力が少なくないのも、そうした堀の若い時分からの縁の賜ものとも言われる。

そして東北の関係者がこぞって口を揃えたのは、

「堀総裁の場合、大組織の代紋を背景に強圧的な物腰で相手を取りこんで傘下に入れようなんて姿勢はかけらもないんです。むしろ、その逆で、相手が堀総裁に惚れ込んで、なんとか住吉会に入れて貰えませんか、となるんだけど、総裁は色よい返事をしてくれないんです。一本で行けるなら一本で行ったほうがいいですよ——と、言ってね」

覇道にあらず、いわば任俠の王道を行った親分が、堀政夫であったということであろう。

堀政夫亡きあと、業界の最長老、住吉会の福原陸三名誉顧問が、堀を偲んでこんな一文を遺している。

《彼にとっては住吉連合会のドンなどという凡俗な名声にはさほど関心なく、仏法で謂う方便としてその地位を確保し、ひたすら和合の理想に邁進したと思う。その裏づけとして、何人にも自己顕示の欲望があるが、彼はいかなる大役をこなしても、仲間を表に立てて自らは縁の下の力持ちに徹したのである。

彼の如く謙虚に名を求めることなく和合にのみ没頭した人物は、売名出ずっぱりの横行する当世には極めて稀な存在で、まさに不世出のいい男と称賛したい》

私も堀政夫という親分に思いを馳せる時、決まって脳裡に浮かんでくるのは、

「任侠　人を制す」

という文言である。

これを座右の銘にしたのは、京都の三代目会津小鉄会・図越利一会長で、叔父貴分である〝兵隊竹〟こと中島竹次郎に形見分けされた額に書かれてあった言葉だという。任侠の神髄ともいえる名言を、堀総裁は果たして意識していたかどうかはともかく、紛れもなくその体現者であったと私は思う。多くの関係者も、

「堀総裁と接した人は皆、あのかたの魅力に引きこまれ、その人格・侠道姿勢に心酔したもんです。大住吉だから、大組織のドンだからというんじゃない。任侠人としての偉大さに圧倒されたんです。堀総裁は代紋の力ではなく、〝任侠〟で人を制した親分なんです」

と述べたものだ。当時、ヤクザ界の広域化・系列化が怒涛のように進む中、世の趨勢からひと

り、超然としていたのが、堀政夫である。戦国時代さながらに陣取り合戦が熾烈を極め、とりわけ一本独鈷が列をなす北海道・東北ヤクザ界など、大組織の草刈り場と化す中、堀はそうした覇権主義とは無縁であった。

仮に住吉会に入りたいという独立組織があったとしても、堀は、

「どうか貴家の代紋の歴史と伝統を守ってください。そのうえで、親戚以上のおつきあいをしましょう」

と応えるのが常だったという。ある最高幹部などは、代紋違いの兄弟分（一家のトップ）に懇願されて住吉会入りの話をまとめ、堀に打診したところ、

「おまえは関東二十日会の秩序を壊すつもりか！」

と誉められるどころか、叱りつけられたという。他組織なら、文句なしにお手柄となる話であろう。

だが、弱肉強食の世界にあって、そうした姿勢はとかく弱腰とか穏健派と言われかねないのだが、さすがに堀総裁に限ってそんな声は聞いたこともなかった。

それとは逆に、

「堀総裁の本質は武闘派。気性の激しさを誰より内に秘めてた人ですよ。だから、我慢も半端じゃなかったと思います」

との証言も少なからずあったのは確かである。

堀を終戦直後の頃からよく知る親分がいて、落合一家六代目の高橋岩太郎がその人。当時、堀

は20代前半で港区白金三光町に住み、渋谷・恵比寿の高橋岩太郎邸や彼の賭場にもたびたび遊びに来ていたという。

「堀総裁がお役者政と言われたのは、色が白くて男っぷりがよかったからだろうけど、そんな顔に似合わず、気性の激しい人だったたね。総裁の姿が見えると、あたりの愚連隊は皆、震えあがってたよ」（高橋岩太郎談）

事件が起きたのは、堀が例によって岩太郎の家に遊びにきた時のことだった。たまたま悪さしにきた品川の愚連隊と玄関先でカチあってしまったのだ。

「このヤロー、オレが世話になってるとこへハイダシ（恐喝）に来るとは、けしからんな！」

と言うが早いか、堀は持っていた匕首であっという間に向かってきたボス格の男の顔と腹を斬ってしまったという。岩太郎はすぐさま瀕死の傷を負った相手を、すぐ近くの行きつけの病院に担ぎ込んだ。馴染みの院長に、

「先生、命の助からないもんだったら、警察もしょうがない、だけど、もし助かるんだったら、警察には黙ってて欲しいんです」

と訴えた。幸い、この愚連隊は助かり、事件は表沙汰になることはなかった。

同じ頃、芝浦のとてつもなく悪いと評判の愚連隊とも、堀はぶつかっている。一対一のドスの勝負となって、堀は相手の耳を斬り落としたというから凄い。

「耳というのは案外パタッと落っこちちゃうんだな。事件にはならなかったが、その時分、そういうのは日常茶飯事なんだ。ああ見えても、堀総裁は若い頃は短気だったたな」

と岩太郎氏は振り返ったものだが、後年の堀総裁からは考えられないような激しさ、武闘派ぶりであろう。別の住吉会幹部は、

「もともと芯はものすごくきつい人なんです。それをひたすら我慢して、平和共存、和合に徹し、カタギには迷惑をかけないということを至上命題として、住吉をここまで持ってきたんだから、総裁の精神力というのは凄いですよ。普通なら爆発しますよ。それをグッと堪えるんですからね」

と述べたものだった。義理事（冠婚葬祭）となれば、堀は少々身体の具合が悪くても足を運び、主催者を感激させたという。

「いつも言っていたのは、お祝い事は仮に行けなくてもしょうがない。何回もあることだから。だけど、葬儀は1回きり、それでお終いなんだから、これは欠かしちゃいけない、と。お見舞いに行った時は必ず相手の手や肩を触って、頑張れよ、と励ましてましたね」

とは、千葉・野田の堀邸で5年間、部屋住みの経験がある若者の弁だった。

皮肉なことに、暴対法が「検討段階に入った」と警察庁によって発表されたのは、堀政夫の死の直後のことだった。間もなくして暴対法は施行され、今日に至っては暴排条例なるものとともに強化、定着を見て、ヤクザはおしなべて暴力団、今や任俠という言葉さえ死語となった感がある。

昭和の時代、紛うかたなき本物の任俠人が存在したことも、次第に忘却の彼方へと追いやられてしまうのであろうか。寂しい限りだ。

【初出】「週刊アサヒ芸能」平成26年3月13日号〜3月27日号。「週刊アサヒ芸能」平成31年2月7日号〜2月14日号。「週刊アサヒ芸能」令和2年12月10日号〜12月24日号。「週刊アサヒ芸能」令和4年3月10日号〜令和5年11月9日号。

（掲載時の原稿に加筆修正し、収録いたしました。また、登場する組織名・役職名などは当時のものです。文中一部敬称略）

山平重樹（やまだいら・しげき）

1953年山形県生まれ。法政大学卒業後、フリーライターとして活躍。著書にベストセラーとなった「ヤクザに学ぶ」シリーズほか多数。「愚連隊列伝　モロッコの辰」など映像化された著作も多い。近著に「爆弾と呼ばれた極道　ボンノ外伝　破天荒一代・天野洋志穂」（徳間書店）、「力道山を刺した男　村田勝志」（かや書房）、「東映任侠映画とその時代」（清談社 Public）がある。

極私的ヤクザ伝
昭和を駆け抜けた親分41人の肖像

2023年11月30日　初版発行

著　者　　山平重樹

装　丁　　鈴木俊文（ムシカゴグラフィクス）

発行者　　小宮英行

発行所　　株式会社徳間書店
〒141-8202　東京都品川区上大崎3-1-1　目黒セントラルスクエア
電話 03-5403-4379（編集）049-293-5521（販売）
振替 00140-0-44392

印刷・製本　　三晃印刷株式会社

ISBN 978-4-19-865720-8